westermann

Volker Barth, Dominik Barth

Fachrechnen

Berufe der Lagerlogistik

17. Auflage

Bestellnummer 31656

service@westermann.de
www.westermann.de

Bildungsverlag EINS GmbH
Ettore-Bugatti-Straße 6-14, 51149 Köln

ISBN 978-3-427-**31656**-5

westermann GRUPPE

Vorwort

Das vorliegende Unterrichtsbuch umfasst alle in den einzelnen Lernfeldern enthaltenen Recheninhalte des neuen Lehrplans für die Fachkräfte für Lagerlogistik sowie für die Fachlageristen. Durch seinen systematischen und übersichtlichen, die einzelnen Lernfelder begleitenden Aufbau eignet sich das vorliegende Buch sehr gut zum Einsatz im Unterricht sämtlicher Berufe der Lagerlogistik bzw. Lagerwirtschaft.

Sein bewährter Aufbau in

1. Erklärung der betrieblichen Sachverhalte zum Verständnis der nachfolgenden Inhalte;
2. Darstellung dieser Inhalte anhand von
   - Musteraufgaben,
   - Musterlösungen und
   - Lösungsschritten;
3. ausführliche Übungsaufgaben

befähigt die Schüler überdies, sich die Inhalte im Selbststudium zu erarbeiten. Darüber hinaus wurde in der Neuauflage des Buches bei einigen Inhaltspunkten ein 4. Aufbaupunkt „Prüfungsaufgaben“ aufgenommen. Bei diesen Aufgabentypen handelt es sich i. d. R. um eine Verknüpfung verschiedener Lernfelder zu einer umfassenden Prüfungsaufgabe.

Fachliche Verbindungen werden dabei über Querverweise hergestellt:

LOP → Logistische Prozesse – Berufe der Lagerlogistik, Bestell-Nr. 31542

WSP → Wirtschafts- und Sozialprozesse – Berufe der Lagerlogistik, Bestell-Nr. 31660

BWP → Betriebliche Werteprozesse – Berufe der Lagerlogistik, Bestell-Nr. 31653

Außerdem wurden die zum 14.07.2019 veränderten Gebührensätze der Deutschen Post AG berücksichtigt. Eine solchermaßen ständige Überarbeitung und Anpassung an Neuerungen erscheint umso wichtiger, je ernster man die Forderung einer praxisgerechten Ausbildung nimmt.

Aus Gründen der Einfachheit werden wir in diesem Buch nur die männliche Berufsbezeichnung verwenden; zukünftige Fachlageristinnen sprechen wir aber gleichermaßen an.

Die Verfasser

Abkürzungen	
AB	Anfangsbestand
AfW	Aufwendungen für Waren
AO	Abgabenordnung
AR	Ausgangsrechnung
AV	Anlagevermögen
AW	Anschaffungswert
BGA	Betriebs- und Geschäftsausstattung
d. h.	das heißt
EB	Endbestand
EK	Eigenkapital
ER	Eingangsrechnung
ESP	Einstandspreis
FK	Fremdkapital
GoB	Grundsätze ordnungsmäßiger Buchführung
GuV	Gewinn- und Verlustrechnung
HGB	Handelsgesetzbuch
i. d. R.	in der Regel
lt.	laut
MwSt.	Mehrwertsteuer
Rg.	Rechnung
RW	Restwert
SB	Schlussbilanz
u. a.	unter anderem
USt	Umsatzsteuer
usw.	und so weiter
UV	Umlaufvermögen
u. v. m.	und vieles mehr
Verz.	Verzeichnis
z. B.	zum Beispiel
zz.	zurzeit

Inhaltsverzeichnis

I Wirtschaftsrechnen

1 Grundrechenarten

1.1 Addition

Die Addition ist die einfachste Grundrechenart. Mit ihrer Hilfe werden einzelne Zahlen (Summanden) zu einer Gesamtzahl (Summe) vereinigt.

Beispiel: *17 + 34 = 51*

Summand + Summand = Summe

Merke

1. *Summanden können beliebig vertauscht werden, ohne dass sich der Wert der Summe ändert.*
2. *Die einzelnen Summanden können in beliebiger Weise zu Teilsummen zusammengefasst werden, ohne dass sich der Wert der Summe ändert.*
3. *Grundsätzlich können nur Zahlen gleicher Benennung (Dimension) zusammengezählt werden.*

Übungsaufgaben

1. Lösen Sie ohne Taschenrechner:

a) 25,00 € + 17,00 €

b) 38,79 € + 22,81 €

c) 3,75 € + 7,89 € + 0,67 € + 10,09 €

d) 6,78 € + 11,45 € + 48,73 € + 300,50 €

2. Die Sanitärgroßhandlung Esen & Co. ermittelt für die ersten 6 Monate folgende Warenumsätze:

Artikelart / Monat	Badewannen	Badearmaturen	Duschkabinen	Spiegel	Summe
Januar	14760,00	3547,00	8695,00	896,00	?
Februar	9345,00	7345,00	12546,00	2167,00	?
März	15231,00	7546,00	3543,00	1342,00	?
April	10934,00	8231,00	14328,00	5320,00	?
Mai	8764,00	3218,00	13213,00	3214,00	?
Juni	14965,00	5342,00	9768,00	1879,00	?
Summe	?	?	?	?	?

a) Berechnen Sie den Halbjahresumsatz je Artikelgruppe.

b) Ermitteln Sie den jeweiligen Monatsumsatz.

c) Errechnen Sie den Gesamtumsatz der Sanitärgroßhandlung für das erste Halbjahr.

1.2 Subtraktion

Die Subtraktion ist die Umkehr der Addition. Mit dieser Rechenart wird aus zwei oder mehreren Zahlen eine Differenz ermittelt.

Beispiel: *54 – 23 = 31*

Minuend – Subtrahend = Differenz

Merke

1. *Minuend und Subtrahend dürfen nicht vertauscht werden.*
2. *Grundsätzlich können nur Zahlen gleicher Benennung subtrahiert (abgezogen) werden.*

Übungsaufgaben

1. Lösen Sie ohne Taschenrechner:

a) 77 – 48
b) 45 – 16
c) 27 – 19
d) 39 – 12
e) 109 – 91
f) 89 – 23
g) 98 – 89
h) 143 – 63
i) 77 – 65

2.

a) 1 000,77 € – 598,23 €
b) 4234,89 € – 2098,21 €
c) 91 675,24 € – 31 663,89 €

3.

a) 768,43 € – 123,00 € – 98,45 €
b) 5 345,01 € – 3 000,89 € – 782,42 €
c) 45 634,52 € – 8 536,92 € – 22 893,26 €

4. Subtrahieren Sie, ohne die Zahlen untereinander zu schreiben:

a) 1500 m – 325 m – 600 m – 50 m = ?
b) 800,00 € – 75,00 € – 326,50 € = ?

5. Ermitteln Sie den jeweiligen Endbestand an Waren:

	Anfangsbestand	Verkäufe	Endbestand
a)	12 679 kg	7 643 kg	?
b)	152 674 kg	118 783 kg	?
c)	674 m	419 m	?
d)	184 m	94 m	?
e)	19 648,00 €	11 573,20 €	?
f)	195 542,80 €	88 270,89 €	?

6. Berechnen Sie den Kassenbestand:

2 679,00 € Anfangsbestand	698,97 € Abgänge
863,20 € Zugänge	1 762,72 € Abgänge
4 397,51 € Zugänge	1 497,24 € Abgänge
89,00 € Zugänge	2005,00 € Abgänge
1 000,00 € Zugänge	

7. ***Auf der Lagerfachkarte „Flüssigdünger" sind folgende Eingänge vermerkt: 325 l, 783 l, 98 l, 321 l und 376 l. Während des Betrachtungszeitraumes wurden folgende Mengen verkauft: 173 l, 659 l, 436 l, 79 l und 260 l.***
Wie hoch ist der gegenwärtige Bestand?

8. ***Ermitteln Sie den Saldo des angeführten Bankkontos:***

Soll	Bankkonto	Haben
786,00		565,90
12 023,90		9 753,10
2 983,60		79,45
21 970,30		17 646,20
4 762,20		9 758,15
2 923,10		7 453,85
362,90	Saldo	?
═══		═══

9. ***Familie Esen beabsichtigt mit ihrem Auto in Urlaub zu fahren. Im Kfz-Brief ihres Pkw steht: Leergewicht 1 350 kg; zulässiges Gesamtgewicht 1,8 t. Auf ihrer Ferienreise ist das Auto mit 2 Erwachsenen (75 kg und 55 kg) und ihren Kindern (43 kg und 31 kg) besetzt. Der voll gefüllte Tank wiegt 42 kg. Ermitteln Sie, wie viel Gepäck noch zugeladen werden kann.***

10. ***Der Auszubildende Uli Jaus muss eine dringende Sendung zum Bahnhof bringen. Uli rechnet mit einer 3/4 Stunde für die Fahrt vom Betrieb zum Bahnhof, 10 Minuten für das Suchen eines Parkplatzes sowie 15 Minuten für die nötige Abwicklung.***
Wann muss Uli spätestens von seinem Betrieb losfahren, wenn der Schalter um 13:15 Uhr schließt?

1.3 Multiplikation

Bei der Multiplikation handelt es sich um eine verkürzte Form der Addition.

Beispiel: $9 \cdot 5 = 45$

Faktor · Faktor = Produkt

Merke

1. *Beide Faktoren können beliebig vertauscht werden, ohne dass sich das Produkt ändert.*
2. *Faktoren unterschiedlicher Benennung müssen vor der Multiplikation auf eine einheitliche Benennung gebracht werden.*
3. *Die Faktoren werden bei der Multiplikation immer nebeneinander geschrieben.*

Übungsaufgaben

1. **Lösen Sie ohne Taschenrechner:**

a) $7 \cdot 5$	c) $8 \cdot 6$	e) $12 \cdot 7$
b) $9 \cdot 8$	d) $8 \cdot 4$	f) $18 \cdot 3$

2. **Ermitteln Sie den Warenbestand jedes einzelnen Artikels und insgesamt:**

Artikel	Stückpreis	Stückzahl
Brausegarnituren	17,80 €	23
Einhebelmischer	123,08 €	9
Konsolen	78,00 €	12
Brausehalterungen	13,45 €	23

3. **Ein Einzelhändler im Hi-Fi-Bereich bezieht 8 Fernsehgeräte zu einem Stückpreis von 799,00 €, 13 CD-Player zu einem Stückpreis von 348,00 € und 7 Tuner zu einem Preis von 618,00 € je Stück.**
Wie viel Euro beträgt der Rechnungspreis?

4. **Berechnen Sie den Gesamtwert folgender Inventurbestände:**
15000 Zigarillos zu 0,20 €
8000 Zigarillos zu 0,50 €
18000 Zigarillos zu 1,20 €
12500 Zigarillos zu 2,45 €
Zigaretten laut besonderer Aufstellung 23000,00 €
Tabak laut besonderer Aufstellung 10500,00 €

5. **Wie hoch ist der Einkaufspreis folgender Schuhwaren:**
45 Paar Damenhalbschuhe zu 53,00 € je Paar, 38 Paar Damenstiefel zu 125,00 € je Paar, 17 Paar Damenhausschuhe zu 15,80 € je Paar und 42 Paar Damensportschuhe zu 34,50 € je Paar.

6. **Laut Polizeibericht wurden folgende Waren aus einem Radio- und Fernsehfachgeschäft gestohlen:**
4 Farbfernsehgeräte zu je 895,00 €, 3 Notebooks zu je 420,00 €, 13 Radiogeräte zu je 195,00 €, 40 Musik CDs zu je 11,95 € sowie 25 DVDs zu je 22,95 €.
Auf wie viel Euro beläuft sich der Schaden?

7. **Ermitteln Sie die gesamten Benzinkosten einer Urlaubsreise, wenn folgende Tankstopps erfolgten:**
45 l à 1,48 €, 38 l à 1,43 €, 52 l à 1,51 €, 26,5 l à 1,37 €.

8. **Ein Schubverband soll mit 3800 t Koks beladen werden. Ein Güterzug bringt je 25 Waggons mit 28,2 t, 30 1/4 t und 31500 kg.**
Errechnen Sie, ob der Schubverband noch zwei weitere Züge mit je 30 Waggons von je 25,8 t Koks fasst.

9. **Eine Rangierlok wiegt 52 t und ist 12 m lang. Sie hat 3 Waggons angehängt, von denen jeder 19,2 m lang ist und 38,2 t wiegt.**

   a) Errechnen Sie das Gewicht des Zuges

   b) Mit wie viel Waggons darf die Lok höchstens über eine 52 m lange Drehscheibe fahren, wenn an den Kupplungsverbindungen jeweils 50 cm zusätzlich zu berücksichtigen sind?

10. **Das alteingesessene Mannheimer Transportunternehmen Werner & Else Schmitt KG setzt bei seinen Transporten u. a. auch unten beschriebenen Sattelauflieger der Marke „Schmitz Cargobull" mit einem zulässigen Gesamtgewicht von 34 500 kg ein.**

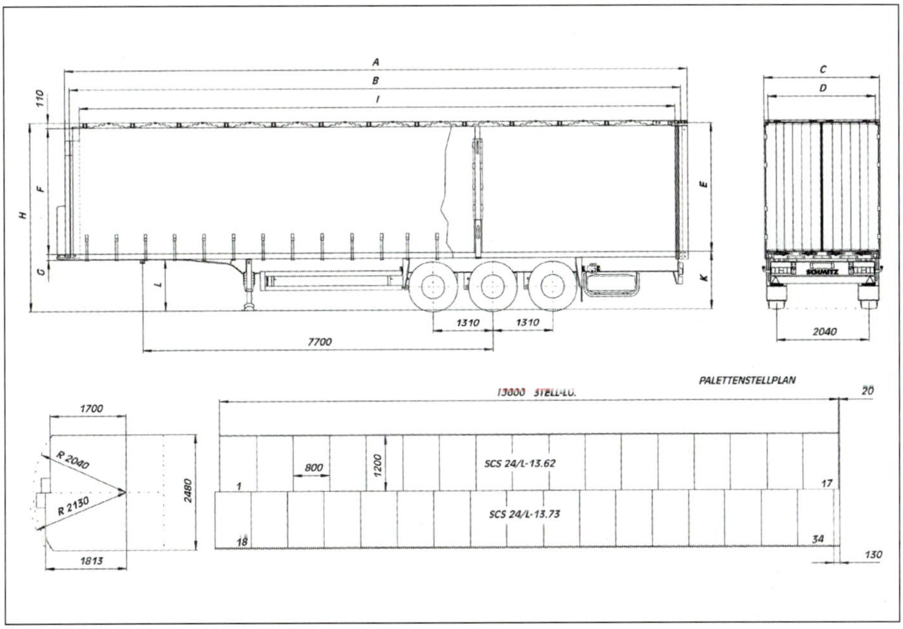

   a) Ermitteln Sie die Nutzlast, wenn das Leergewicht des Sattelaufliegers inkl. allem Zubehör 6,03 t beträgt.

   b) Errechnen Sie das Gesamtgewicht nachfolgender Sendungen:

8 Europaletten	à	1 050 kg	12 Europaletten	à	0,8 t
3 Europaletten	à	2/3 t	5 Europaletten	à	820 kg
4 Europaletten	à	3/4 t			

   c) Ermitteln Sie, ob der Sattelauflieger noch eine aus 3 Europaletten bestehende Zusatzladung zuladen könnte, wenn jede der Paletten 400 kg wiegt und sämtliche Paletten nicht stapelbar sind.

1.4 Division

Die Division ist die Umkehrung der Multiplikation. Mit dieser letzten Grundrechenart lassen sich Zahlen in ihre Teile zerlegen.

Beispiel: *39 : 13 = 3*

Dividend : Divisor = Quotient

Merke

1. *Dividend und Divisor dürfen nicht vertauscht werden.*
2. *Durch „0“ kann nicht geteilt werden.*
3. *Zahlen unterschiedlicher Benennung müssen vor der Division auf eine einheitliche Benennung gebracht werden.*

Übungsaufgaben

1. **Lösen Sie ohne Taschenrechner:**
   a) 35 : 7
   b) 72 : 9
   c) 24 : 3
   d) 99 : 11
   e) 108 : 12
   f) 49 : 7

2. **Die Gesamtmiete einer Wohnung beträgt 748,00 € monatlich.**
   Wie hoch ist die Miete pro m^2, wenn die Gesamtfläche der Wohnung 88 m^2 beträgt?

3. **Für eine Reise von Mannheim nach Hamburg (618 km) tankte ein Geschäftsmann in Mannheim 55 l Benzin.**
   Wie viel Liter musste er unterwegs tanken, wenn sein Pkw durchschnittlich 12,1 l Treibstoff auf 100 km verbraucht?

4. **Die Sanitärgroßhandlung Berg & Müller bezog aus der Schweiz 17 Einhebelmischer zum Preis von 1 062,50 €. An Bezugskosten und Transportversicherung entstanden außerdem 76,50 €. Berechnen Sie den Preis für 1 Einhebelmischer.**

5. **Ein Einzelhandelsgeschäft erzielte im vergangenen Jahr einen Umsatz in Höhe von 22 680 000,00 €, wobei 56 Verkäuferinnen 189 000 Kunden bedienten.**
   Berechnen Sie, wie viel Euro Jahresumsatz und wie viel Kunden auf jede Verkäuferin im Durchschnitt pro Jahr entfielen.

6. **Für ihre 6 Auszubildenden bezahlte die Spedition Anton Dittmann e. K. im vergangenen Jahr 29 700,00 € Ausbildungsvergütung.**
   Wie viel Euro Ausbildungsvergütung erhielt jeder Auszubildende monatlich?

7. **Auf der letzten Geschäftsreise verfuhr unser Reisender Herr Kleinschmidt 133 l Benzin.**
   Wie viel km ist Herr Kleinschmidt insgesamt gefahren, wenn unser Pkw im Durchschnitt 9,5 l Benzin auf 100 km verbraucht?

8. **Ein Akkordarbeiter erhielt für die Bearbeitung eines Auftrages über 54 Werkstücke insgesamt 121,50 € gutgeschrieben.**
   a) **Wie hoch ist sein Verdienst pro Werkstück?**
   b) **Wie viel Euro erhält er bei der Bearbeitung eines Auftrages über 78 Werkstücke gutgeschrieben?**

9. ***Das Mannheimer Großkraftwerk weihte 1998 einen neuen Portalkran ein.***
   a) ***Wie lange benötigt dieser Portalkran zum Entladen eines doppelten Schubverbandes mit 5200 t Kohle, wenn der Kran eine Entladeleistung von 500 Tonnen je Stunde aufweist?***
   b) ***Berechnen Sie das Fassungsvermögen des Greifers, wenn der Kran pro Stunde maximal 56 Spiele durchführen kann. Als Spiel bezeichnet man einen Greifvorgang von dem Eintauchen in die Ladung auf dem Schiff bis zum Loslassen des Greifgutes.***

10. ***Wie lange braucht ein Drehkran zum Entladen von 1 350 t Kies, wenn für ein Spiel 2 Minuten angesetzt werden und der verwendete Greifer durchschnittlich 7,5 t Kies fasst?***

11. ***Sabine Zöphel, verantwortliche Mitarbeiterin der Firma BIOGUT GmbH für die sachgerechte Lagerung von Lebensmitteln, lagert eine aus 9 Europaletten bestehende Sendung in das unten angegebene Palettenregal ein.***

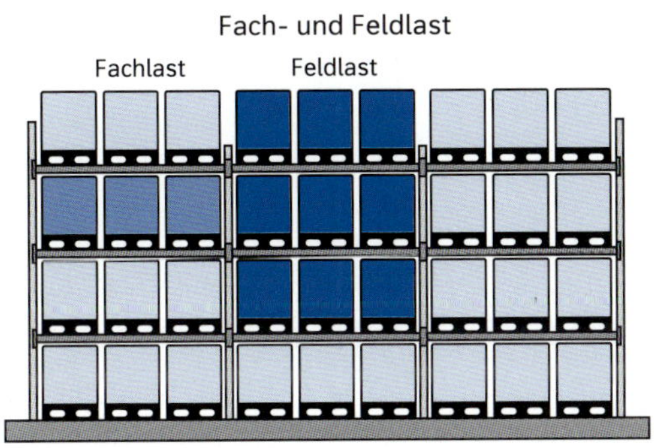

Hinweise:
Fachlast
= die Last mit der ein einzelner Regalboden bei gleichmäßig verteilter Last belastet werden darf

Feldlast
= Summe der Fachlasten zwischen zwei senkrechten Regalrahmen bei gleichmäßig verteilter Last auf die Fächer

Beachte: Bodenebenen werden nicht berücksichtigt

Quelle: BITO Lagertechnik, Gesamtkatalog, Januar 2008, S. 73

   a) ***Ermitteln Sie die Feldlast der eingelagerten Sendung – siehe farblich hervorgehobene Paletten –, wenn das Nettogewicht jeder Europalette 0,8 t beträgt und das Eigengewicht jeder Palette mit 20 kg angegeben wird.***
   b) ***Errechnen Sie die jeweilige Fachlast des Regallagers unter der Annahme, dass jede eingelagerte Palette das gleiche Bruttogewicht aufweist.***
   c) ***Wie viele kg Lebensmittel sind im angegebenen Palettenlager insgesamt eingelagert?***

1.5 Bruchrechnen

Brüche entstehen bei der Teilung eines oder mehrerer Ganzer. Dabei nennt man die Zahl auf dem Bruchstrich „Zähler“ und die Zahl unter dem Bruchstrich „Nenner“.

Beispiel

$$\frac{5}{9} \begin{array}{l} \leftarrow \text{Zähler} \\ \leftarrow \text{Nenner} \end{array}$$

Als Schreibweise ist ebenfalls möglich: 5/9 oder 5 : 9.

1.5.1 Brucharten

Innerhalb der Bruchrechnung lassen sich verschiedene Arten von Brüchen unterscheiden.

Echte Brüche

Hierbei gilt: Zähler < Nenner (Das Zeichen „<“ steht dabei für kleiner.)

z. B.: $\frac{5}{6}; \frac{12}{15}; \frac{1}{7}$

Unechte Brüche

Hierbei gilt: Zähler > Nenner (Das Zeichen „>“ steht dabei für größer.)

z. B.: $\frac{6}{5}; \frac{15}{12}; \frac{7}{1}$

Stammbrüche

Hierbei gilt: Zähler = 1

z. B.: $\frac{1}{3}; \frac{1}{7}; \frac{1}{9}; \frac{1}{13}$

Gemischte Zahl/gemischter Bruch

Er besteht aus: Ganzer Zahl + Bruch

z. B.: $1\frac{3}{5}; 7\frac{16}{27}; 45\frac{3}{17}$

Gleichnamige Brüche

Hierbei gilt: Nenner sind gleich

z. B.: $\frac{1}{8}; \frac{3}{8}; \frac{4}{8}$

Ungleichnamige Brüche

Hierbei gilt: Nenner sind unterschiedlich

z. B.: $\frac{3}{7}; \frac{7}{8}; \frac{5}{9}$

1.5.2 Umwandlung von Brüchen in Dezimalzahlen

Brüche können in Dezimalzahlen umgewandelt werden, indem man den Bruchstrich als „Geteiltzeichen“ darstellt, z. B.:

$$\frac{3}{4} = 3/4 = 3 : 4 = 0{,}75$$

$$\frac{1}{2} = 1/2 = 1 : 2 = 0{,}5$$

$\frac{1}{3} = 1/3 = 1 : 3 = 0{,}3333...$

$\frac{3}{16} = 3/16 = 3 : 16 = 0{,}1875$

1.5.3 Bruchregeln

Erweitern von Brüchen

Brüche werden erweitert, indem man Zähler und Nenner mit der gleichen Zahl multipliziert,

z. B.: $\frac{3}{5}$ erweitert mit „6" $= \frac{3 \cdot 6}{5 \cdot 6} = \underline{\underline{\frac{18}{30}}}$

Kürzen von Brüchen

Brüche werden gekürzt, indem Zähler und Nenner durch die gleiche Zahl dividiert werden,

z. B.: $\frac{18}{30}$ gekürzt durch „6" $= \frac{18 : 6}{30 : 6} = \underline{\underline{\frac{3}{5}}}$

Addition (Subtraktion) von Brüchen

Addition (Subtraktion) gleichnamiger Brüche
Gleichnamige Brüche werden addiert (subtrahiert), indem man die Zähler addiert (subtrahiert) und den Nenner beibehält,

z. B.: $\frac{3}{5} + \frac{4}{5} + \frac{1}{5} = \frac{8}{5} = \underline{\underline{1\frac{3}{5}}}$

$\frac{6}{7} - \frac{3}{7} + \frac{5}{7} = \frac{8}{7} = \underline{\underline{1\frac{1}{7}}}$

Addition (Subtraktion) ungleichnamiger Brüche

Ungleichnamige Brüche werden addiert (subtrahiert), indem die Nenner vor der Addition (Subtraktion) gleichnamig gemacht (Hauptnenner suchen) und danach wie gleichnamige Brüche addiert (subtrahiert) werden,

z. B.: $\frac{3}{4} + \frac{6}{7} = \frac{21}{28} + \frac{24}{28} = \frac{45}{28} = \underline{\underline{1\frac{17}{28}}}$

$\frac{8}{9} - \frac{3}{5} = \frac{40}{45} - \frac{27}{45} = \underline{\underline{\frac{13}{45}}}$

Addition (Subtraktion) gemischter Brüche

Gemischte Brüche werden addiert (subtrahiert), indem man zuerst die ganzen Zahlen und anschließend die Brüche addiert (subtrahiert),

z. B.: $5\frac{1}{6} + 7\frac{4}{6} = \underline{\underline{12\frac{5}{6}}}$

$8\frac{3}{7} - 2\frac{2}{7} = \underline{\underline{6\frac{1}{7}}}$

Multiplikation von Brüchen

Multiplikation von Brüchen mit einer ganzen Zahl

Ein Bruch wird mit einer ganzen Zahl multipliziert, indem man den Zähler mit der ganzen Zahl multipliziert und den Nenner beibehält,

z. B.: $3 \cdot \frac{4}{5} = \frac{3 \cdot 4}{5} = \frac{12}{5} = \underline{\underline{2\frac{2}{5}}}$

Multiplikation von Brüchen mit Brüchen

Brüche werden multipliziert, indem man Zähler mit Zähler und Nenner mit Nenner multipliziert,

z. B.: $\frac{4}{7} \cdot \frac{5}{8} = \frac{4 \cdot 5}{7 \cdot 8} = \frac{20}{56} = \underline{\underline{\frac{5}{14}}}$

Multiplikation von gemischten Brüchen

Gemischte Brüche (Zahlen) werden miteinander multipliziert, indem man die gemischten Brüche zunächst in unechte Brüche umwandelt und anschließend multipliziert,

z. B.: $3\frac{1}{3} \cdot 5\frac{2}{7} = \frac{10}{3} \cdot \frac{37}{7} = \frac{370}{21} = \underline{\underline{17\frac{13}{21}}}$

Division von Brüchen

Division von Brüchen mit einer ganzen Zahl

Ein Bruch wird durch eine ganze Zahl dividiert, indem man den Nenner mit der ganzen Zahl multipliziert und den Zähler beibehält,

z. B.: $\frac{4}{7} : 5 = \frac{4}{35}$

Division von einem Bruch durch einen Bruch

Brüche werden dividiert, indem man mit dem Kehrwert multipliziert,

z. B.: $\frac{3}{4} : \frac{4}{7} = \frac{3 \cdot 7}{4 \cdot 4} = \frac{21}{16} = \underline{\underline{1\frac{5}{16}}}$

Division eines gemischten Bruches mit einer ganzen Zahl

Ein gemischter Bruch wird durch eine ganze Zahl dividiert, indem man die gemischte Zahl vor der Division in einen unechten Bruch umwandelt und danach den Nenner mit der ganzen Zahl multipliziert,

z. B.: $4\frac{4}{5} : 2 = \frac{24}{5} : 2 = \frac{24}{10} = 2\frac{4}{10} = \underline{\underline{2\frac{2}{5}}}$

Division eines gemischten Bruches durch einen gemischten Bruch

Ein gemischter Bruch wird durch einen gemischten Bruch dividiert, indem die gemischten Brüche in unechte Brüche verwandelt werden und anschließend der erste Bruch mit dem Kehrwert des zweiten Bruches multipliziert wird,

z.B.: $4\frac{5}{6} : 3\frac{1}{3} = \frac{29}{6} : \frac{10}{3} = \frac{29}{6} \cdot \frac{3}{10} = \frac{87}{60} = 1\frac{27}{60} = \underline{\underline{1\frac{9}{20}}}$

Übungsaufgaben

1. Erweitern Sie folgende Brüche mit „3“:

a) $\frac{4}{5}; \frac{6}{7}; \frac{5}{8}; \frac{2}{9}; \frac{13}{17}; \frac{17}{21}$

b) $\frac{14}{19}; 3\frac{4}{5}; 16\frac{13}{14}; 9\frac{12}{17}; 1\frac{6}{7}$

2. Kürzen Sie nachfolgende Brüche durch „6“:

a) $\frac{12}{48}; \frac{72}{108}; \frac{48}{78}; \frac{60}{96}; \frac{54}{84}$

b) $\frac{24}{66}; \frac{30}{96}; \frac{96}{108}; \frac{66}{102}; \frac{108}{120}$

3. Wandeln Sie folgende Brüche in Dezimalzahlen um:

a) $\frac{3}{8}; \frac{12}{15}; \frac{13}{21}; \frac{24}{20}; \frac{48}{51}$

b) $2\frac{1}{4}; 13\frac{5}{9}; 17\frac{15}{22}; 132\frac{75}{98}$

4. Addieren Sie folgende Brüche:

a) $\frac{3}{4} + \frac{5}{4} + \frac{1}{4}$

b) $\frac{7}{9} + \frac{4}{9} + \frac{6}{9}$

c) $3\frac{4}{23} + \frac{17}{23} + \frac{13}{23}$

d) $\frac{3}{17} + 6\frac{16}{17} + 13\frac{9}{17}$

e) $9\frac{7}{31} + 5\frac{25}{31} + 13\frac{6}{31} + 3\frac{14}{31}$

5. Subtrahieren Sie folgende Brüche:

a) $\frac{7}{8} - \frac{3}{8}$

b) $\frac{5}{6} - \frac{2}{6} - \frac{1}{6}$

c) $3\frac{5}{9} - 2\frac{1}{9}$

d) $5\frac{2}{17} - 3\frac{1}{17} - \frac{11}{17}$

6. Ermitteln Sie die Summen der Brüche:

a) $\frac{5}{8}+\frac{3}{4}+\frac{1}{7}+\frac{1}{8}$

b) $\frac{1}{6}+\frac{2}{3}+\frac{1}{2}+\frac{5}{8}-\frac{1}{3}$

c) $4\frac{1}{2}+2\frac{3}{4}+3\frac{5}{8}-5\frac{1}{4}$

d) $14\frac{7}{18}-9\frac{2}{3}+5\frac{1}{2}+6\frac{5}{9}$

7. Multiplizieren Sie folgende Brüche:

a) $\frac{7}{8}\cdot 5$

b) $\frac{23}{29}\cdot 7$

c) $\frac{2}{3}\cdot 9$

d) $\frac{9}{11}\cdot 5$

e) $\frac{13}{16}\cdot 6$

f) $\frac{5}{11}\cdot 16$

g) $\frac{13}{8}\cdot 9$

h) $\frac{17}{18}\cdot 11$

8. Multiplizieren Sie folgende Brüche:

a) $7\frac{1}{4}\cdot 6$

b) $6\frac{11}{15}\cdot 8$

c) $12\frac{2}{3}\cdot 8$

d) $8\cdot 6\frac{7}{8}$

e) $21\frac{7}{9}\cdot 3$

f) $12\cdot 11\frac{5}{6}$

9. Multiplizieren Sie folgende Brüche:

a) $2\frac{7}{8}\cdot 1\frac{3}{4}$

b) $5\frac{1}{3}\cdot 3\frac{1}{9}$

c) $17\frac{5}{9}\cdot 12\frac{11}{15}$

d) $13\frac{3}{4}\cdot 8\frac{13}{17}$

e) $3\frac{6}{7}\cdot 6\frac{9}{11}$

f) $4\frac{2}{5}\cdot 3\frac{1}{4}$

10. Dividieren Sie folgende Brüche:

a) $\frac{3}{4}:2$

b) $\frac{5}{6}:3$

c) $\frac{2}{5}:4$

d) $\frac{11}{16}:12$

e) $\frac{13}{15}:24$

f) $\frac{8}{9}:13$

11. Dividieren Sie folgende Brüche:

a) $3\frac{2}{13}:3$

b) $\frac{7}{8}:5$

c) $18:\frac{9}{10}$

d) $14\frac{12}{17}:5$

e) $\frac{3}{4}:6$

f) $5:\frac{2}{3}$

g) $2\frac{1}{11}:\frac{3}{4}$

h) $\frac{11}{12}:\frac{5}{6}$

i) $6\frac{7}{12}:2\frac{1}{2}$

2 Dreisatzrechnen

2.1 Der einfache Dreisatz

Die Dreisatzrechnung ist eine der wichtigsten Rechenarten des Kaufmanns, lässt sich doch ein Großteil der übrigen Rechenarten mithilfe des Dreisatzes lösen, so z.B. die Währungs-, Prozent- und Zinsrechnung.

Bei der Dreisatzrechnung schließt man von 3 gegebenen Größen auf eine noch unbekannte 4. Größe. Die Errechnung geschieht in drei Schritten („3 Sätzen" = „Drei-Satz-Rechnung"), die im Folgenden gezeigt werden.

2.1.1 Der Dreisatz mit geradem Verhältnis

Musteraufgabe

Ein Ballen Stoff von 25,80 m kostet 1 780,00 €.
Wie viel Euro kosten 5,70 m?

Musterlösung

25,80 m (b) – 1 780,00 € (a)		1. Bedingungssatz
5,70 m (c) – x €		2. Fragesatz
$x = \dfrac{1\,780 \cdot 5{,}70}{25{,}80}$		3. Schlusssatz
$x = 393{,}26$ €		

Lösungsschritte

1. Aufstellen des Satzes mit den gegebenen Größen (Bedingungssatz), wobei die gesuchte Einheit (€) rechts steht.
   Hier: 25,80 m – 1 780,00 €

2. Aufstellen des Fragesatzes, wobei die gesuchte Einheit (€) ebenfalls rechts steht.
   Hier: 5,70 m – x €

Merke: *Gleiche Einheiten werden stets untereinander geschrieben!*

3. Aufstellen des Schlusssatzes.
   Dabei gilt es Folgendes zu beachten:
   a) Die Größe, die über dem „x" steht, kommt immer auf den Bruch, hier: 1 780,00 € (a).
   b) Fragestellung
      Frage: Kosten 5,70 m mehr oder weniger als 1 780,00 €?
      Antwort: 5,70 m kosten weniger als 1 780,00 €.

Folge: Weniger m kosten weniger Geld, d. h. soll das Ergebnis kleiner als 1 780,00 € (a) sein, so kommt die größere der beiden Zahlen 25,80 m (b) bzw. 5,70 m (c) unter den Bruch. Dies wird dadurch erklärt, dass die bereits auf dem Bruch stehende Zahl 1 780,00 € mit einer Zahl multipliziert werden muss, die kleiner als „1" ist (5,70 : 25,80 < 1).
Soll das Ergebnis größer als (a) sein, so kommt die größere der beiden Zahlen (b) bzw. (c) auf den Bruch.

Verändert sich die gesuchte Größe (weniger €) in der gleichen Weise wie die Veränderung der anderen Größe (weniger m), so spricht man von einem geraden oder direkten Verhältnis.

Für gerade Verhältnisse gilt:

Merke

je mehr – desto mehr
je weniger – desto weniger

Übungsaufgaben

1. **Auf den Bezug von 50 kg Teigwaren entfallen 30,00 € Bezugskosten.**
   Welche Bezugskosten entfallen auf a) 78 kg, b) 36 kg, c) 40 kg, d) 143 kg?

2. **Arbeiter Bergner erzielte in der vergangenen Woche einen Bruttolohn von 616,00 € bei 37,5 Arbeitsstunden.**
   Wie hoch ist sein Bruttoverdienst in dieser Woche, wenn er 41 Arbeitsstunden leistet?

3. **Die tägliche Arbeitszeit der 6 Mitarbeiter im Getreidelager der BTAG beträgt laut Tarifvertrag je 7,5 Stunden. Zur Erntezeit müssen die Lagermitarbeiter regelmäßig Überstunden leisten. Um dies zu vermeiden, schlägt der Lagerleiter für dieses Jahr vor, zusätzlich 3 Leiharbeiter mit jeweils 4 Stunden täglich einzusetzen.**
   Ermitteln Sie die von jedem Arbeiter zu leistenden Überstunden, wenn die Personalabteilung den Vorschlag ablehnen sollte.

4. **Die diesjährigen Ausbildungskosten der 7 Auszubildenden eines Betriebes betrugen 52 080,00 €.**
   Auf wie viel Euro steigen im kommenden Jahr die Ausbildungskosten, wenn der Betrieb nochmals 4 Auszubildende einstellt?

5. **Im vergangenen Monat erzielte eine Verkäuferin bei einem Umsatz von 95 000,00 € eine Prämie von 1 900,00 €.**
   Mit welcher Prämie kann die Verkäuferin in diesem Monat rechnen, wenn sie einen Minderumsatz von 8 000,00 € erzielte?

6. **Der m^2-Preis für eine gemietete Wohnung stieg im vergangenen Jahr von 6,00 € auf 6,80 €.**
   Um wie viel Euro erhöhte sich die monatliche Miete, wenn im letzten Jahr für eine 90 m^2 große Wohnung 540,00 € Miete gezahlt werden musste?

7. **Ein Pkw verbraucht auf 100 km durchschnittlich 9,4 l Benzin.**
   Wie viele l werden für eine Geschäftsreise über 1 455 km benötigt?

2.1.2 Der Dreisatz mit ungeradem Verhältnis

Musteraufgabe

Die letztjährige Inventur wurde von 12 Arbeitern in 4 Tagen durchgeführt.
Wie lange benötigen 8 Arbeiter für die diesjährige Inventur?

Musterlösung

12 Arbeiter (b) – 4 Tage (a)	1. Bedingungssatz
8 Arbeiter (c) – x Tage	2. Fragesatz
$x = \frac{4 \cdot 12}{8}$	3. Schlusssatz
$x = 6$ Tage	

Die diesjährige Inventur wird von 8 Arbeitern in 6 Tagen durchgeführt.

Lösungsschritte

1. Aufstellen des Satzes mit den gegebenen Größen (Bedingungssatz), wobei die gesuchte Einheit rechts steht.
   Hier: 12 Arbeiter – **4 Tage**
2. Aufstellen des Fragesatzes, wobei die gesuchte Einheit (Tage) ebenfalls rechts steht.
   Hier: 8 Arbeiter – **x Tage**
   Auch hier gilt wiederum: Gleiche Einheiten werden stets untereinander geschrieben.
3. Aufstellen des Schlusssatzes.
   Auch hier gilt es wieder zu beachten:
   a) Die Größe, die über dem „x" steht, kommt immer auf den Bruch.
      Hier: 4 Tage (a)
   b) Fragestellung
      Frage: Benötigen 8 Arbeiter mehr Zeit oder weniger Zeit zur Bewältigung der Arbeitsaufgabe?
      Antwort: 8 Arbeiter benötigen mehr Zeit.
      Folge: Weniger Arbeiter benötigen mehr Zeit, d. h. soll das Ergebnis länger als 4 Tage (a) sein, so kommt die größere der beiden Zahlen 12 Arbeiter (b) bzw. 8 Arbeiter (c) auf den Bruch.
      Dies ergibt sich dadurch, dass die bereits auf dem Bruch stehende Zahl (4 Tage) mit einem Faktor multipliziert werden muss, der größer als „1" ist (12 : 8 > 1).

Wie aus der Aufgabe hervorgeht, so verändert sich die gesuchte Größe (mehr Tage) in umgekehrter Weise zur Veränderung der anderen Größe (weniger Arbeiter). In solchen Fällen spricht man von einem ungeraden oder indirekten Verhältnis.

Für ungerade Verhältnisse gilt:

Merke

je weniger – desto mehr
je mehr – desto weniger

In Zukunft braucht man im Prinzip nicht mehr zwischen geradem und ungeradem Verhältnis zu unterscheiden. Voraussetzung ist jedoch, dass man sich vor der Lösung jeder Aufgabe nachfolgende Frage stellt und stets die sich daraus ergebende Konsequenz beachtet:

Merke

Frage: *Soll das Ergebnis größer oder kleiner als unter (a) angegeben sein?*

Konsequenz:
a) Soll das Ergebnis größer sein, so kommt die größere der beiden Zahlen (b) oder (c) auf den Bruchstrich.
b) Soll das Ergebnis kleiner sein, so kommt die größere der beiden Zahlen (b) oder (c) unter den Bruchstrich.

Übungsaufgaben

1. **Eine Baukolonne von 18 Arbeitern benötigt zur Herstellung eines Rohbaus 42 Tage. In wie vielen Tagen wäre der Rohbau fertig, wenn zusätzlich 6 Arbeitskräfte eingesetzt werden könnten?**
2. **6 Arbeitskräfte erledigen eine Arbeitsaufgabe in 14 Tagen. Wie viele Tage werden für die Erledigung der gleichen Arbeit benötigt, wenn infolge einer Erkrankung nur noch 4 Arbeitskräfte zur Verfügung stehen?**
3. **Der Bestand an Kopierpapier reicht bei einem durchschnittlichen täglichen Bedarf von 780 Blatt 35 Tage. Wie lange würde der Vorrat reichen, wenn im Zuge einer allgemeinen Sparmaßnahme täglich nur noch durchschnittlich 546 Vorlagen kopiert werden dürften?**
4. **Für den Abtransport von 180 m^3 Bauschutt werden 12 Lkw mit je 15 t Ladegewicht benötigt. Wie viele Lkw mit 20 t Ladegewicht müssten zur Beförderung obiger Menge bereitgestellt werden?**
5. **Für eine Werbekampagne entstanden den 8 beteiligten Unternehmen Kosten in Höhe von 68 750,00 €. Auf wie viel Euro würde sich der Kostenanteil eines Unternehmens belaufen, wenn sich statt der 8 nun 11 Unternehmen beteiligt hätten?**

Vermischte Dreisatzaufgaben

1. **Der Lagerbestand an 12 V 72 Ah Autobatterien reicht bei einem täglichen Absatz von durchschnittlich 180 Stück für 6 Tage. Wie lange würde der Vorrat reichen, wenn täglich 216 Stück verkauft würden?**
2. **Zum Tapezieren eines Raumes benötigt man 12 1/2 Rollen Tapete von 50 cm Breite. Wie viel Rollen benötigt man, wenn diese 70 cm breit sind?**
3. **Wie viele Minuten benötigt ein Motorradfahrer, um von Mannheim nach Heidelberg (20 km) zu fahren, wenn seine Durchschnittsgeschwindigkeit 90 km/h beträgt?**
4. **Ein Küstenmotorschiff legt die Strecke Lissabon – Hamburg in 7 Tagen zurück, wenn es durchschnittlich 16 Knoten fährt. Wie viele Tage, Stunden und Minuten würde es benötigen, wenn die Motorleistung auf 18 Knoten erhöht werden könnte?**

5. *Der Preis für 1 cwt (= 45,358 kg) Düngemittel beträgt 907,16 €. Wie viel Euro müsste man für 2 Tonnen Düngemittel bezahlen?*

6. *Zum Entladen eines Binnenschiffs mit 850 t benötigt ein Kran 15 Arbeitsstunden. Wie lange würde der Kran für die Löschung von 680 t brauchen?*

7. *Bei einer Arbeitszeitverkürzung auf 35 Stunden erhöht sich der Stundenlohn bei vollem Lohnausgleich von 11,20 € auf 12,00 €. Errechnen Sie die wöchentliche Arbeitszeit vor der Arbeitszeitverkürzung.*

8. *Beim Ausheben eines Kellers mit den Maßen 5 m · 8 m · 2 m entstehen Kosten in Höhe von 6 400,00 €. Welche Kosten würden beim Ausheben eines Kellers mit den Maßen 5,4 m · 7,5 m · 2,20 m anfallen?*

9. *Ein Güterzug benötigt für die Strecke Mannheim – München (450 km) 5 Stunden. Welche Zeit benötigt er, wenn er die bisherige Durchschnittsgeschwindigkeit um 10 km/h erhöht?*

10. *Zur Neugestaltung eines Fußgängerwegs von 10 m Länge · 3 m Breite benötigt man 240 Platten. Wie viele Platten benötigt man für die Neugestaltung eines Fußgängerwegs von 50 m Länge · 2,50 m Breite?*

11. *Wie viele Liter Dieseltreibstoff benötigt ein Lkw für die Fahrt von Mannheim nach Hamburg (627 km), wenn er im Durchschnitt 32,7 l auf 100 km verbraucht?*

12. *Zur Beförderung von 195 t Kies werden 15 Lkw mit einem Ladegewicht von 13 t benötigt. Wie viele 13-t-Lkw braucht man für die Beförderung von 156 t?*

13. *Ein Großraumbüro soll mit Teppichboden ausgelegt werden. Von einer 4 m breiten Veloursauslegware würde man 27 m benötigen. Wie viele m müssten geliefert werden, wenn der ausgewählte Teppichboden nur noch in 3 m Breite am Lager wäre?*

14. *Familie Müller bezahlte für ihre Wohnung bei einem Mietpreis von 4,50 € pro m² bisher 675,00 € Monatsmiete. Welche Monatsmiete muss Familie Müller künftig bezahlen, wenn der Vermieter die Miete je m² um 0,40 € erhöht?*

15. *Der Lagerarbeiter Toni Ausanio leistete im vergangenen Monat 16 Überstunden und erhielt dafür 192,00 € ausgezahlt. Wie viel Euro erhält er in diesem Monat ausgezahlt, wenn er nur noch 6,5 Überstunden leisten konnte?*

16. *Die Inhaberin der Boutique „Nadine“ möchte ihr Geschäft neu tapezieren lassen. Bei einer Bahnbreite von 90 cm benötigt sie 25 Rollen Tapeten. Wie viele Rollen benötigt sie bei einer Bahnbreite von einem 3/4 m?*

2.2 Der zusammengesetzte Dreisatz

Der zusammengesetzte Dreisatz besteht aus mehreren Dreisätzen, die sowohl in geradem als auch ungeradem Verhältnis zueinander stehen können.

Zur Lösung teilt man den zusammengesetzten Dreisatz in einzelne Dreisätze auf, die dann in der gewohnten Form gelöst werden. Als hilfreich bei der Lösung hat sich dabei das unten aufgeführte „Abdeckverfahren“ erwiesen.

Musteraufgabe

Die letztjährige Inventur wurde von 6 Arbeitern in 4 Tagen durchgeführt, wobei jeder Arbeiter 7,5 Stunden täglich arbeitete.
Wie viele Stunden müssen 10 Arbeiter täglich arbeiten, wenn die diesjährige Inventur in 3 Tagen durchgeführt werden soll?

Musterlösung

1. Dreisatz (6 Arbeiter – 7,5 Stunden)
2. Dreisatz (4 Tage – 7,5 Stunden)

6 Arbeiter – 4 Tage – 7,5 Stunden	1. Bedingungssatz
10 Arbeiter – 3 Tage – x Stunden	2. Fragesatz
	3. Schlusssatz

$$x = \frac{7{,}5 \cdot 6 \cdot 4}{10 \cdot 3}$$

$$\underline{\underline{x = 6 \text{ Stunden}}}$$

Lösungsschritte

1. Aufstellen des Satzes mit den gegebenen Größen (Bedingungssatz), wobei die gesuchte Einheit rechts steht.
   Hier: 7,5 **Stunden**
2. Aufstellen des Fragesatzes, wobei die gesuchte Einheit ebenfalls rechts steht.
   Hier: x **Stunden**

   Merke: *Gleiche Einheiten stets untereinander!*
3. Aufstellen des Schlusssatzes
   Dabei gilt es wiederum Folgendes zu beachten:
   a) Die Größe, die über dem „x“ steht, kommt immer auf den Bruch.
      Hier: 7,5 Stunden
   b) Anwendung des „Abdeckverfahrens“, d. h. sämtliche Größen werden stets bis auf einen Dreisatz abgedeckt, der anschließend in der bisherigen Form gelöst wird.

      Hier: 6 Arbeiter [ ] – 7,5 Stunden
      10 Arbeiter [ ] – x Stunden

      $$x = \frac{7{,}5 \cdot 6}{10}$$

Da 10 Arbeiter die besagte Arbeitsaufgabe schneller erledigen können als 6 Arbeiter, muss die größere Zahl unter den Bruchstrich (das Ergebnis soll ja kleiner werden).

Nachdem der 1. Dreisatz gelöst wurde, wendet man sich dem 2. Dreisatz zu, hier:

4 Tage	–	7,5 Stunden
3 Tage	–	x Stunden

$$x = \frac{7{,}5 \cdot 6 \cdot 4}{10 \cdot 3}$$

Wenn die Arbeit in 3 Tagen beendet sein soll, so muss natürlich täglich länger gearbeitet werden, dies bedeutet, dass die größere Zahl auf den Bruch geschrieben werden muss.

Übungsaufgaben

1. ***Zum Entladen eines Schiffes mit 760 t Kies benötigen 6 Arbeiter insgesamt 9 Stunden. Wie lange brauchen 4 Arbeiter, wenn 684 t Kies zu entladen sind?***

2. ***258 m³ Bauschutt wird von 2 Lkw in 9 Stunden abgefahren. Wie lange benötigen 3 Lkw für den Abtransport von 172 m³ Bauschutt?***

3. ***In der Innenstadtlage wird ein Grundstück von 50 m Länge und 16 m Breite zu einem Preis von 1,5 Mio. € angeboten. Wie teuer müsste ein vergleichbares Grundstück von 32 m Länge und 24 m Breite sein?***

4. ***Zum Entladen von 3 Lkw à 24 t benötigen 4 Arbeiter 9 Stunden. Wie viele Arbeitskräfte werden benötigt, wenn 7 Lkw à 20 t in 7 Stunden entladen werden sollen?***

5. ***800 m Kleiderstoff, 90 cm breit, wiegen 120 kg. Wie viel Kilogramm wiegen 520 m Kleiderstoff bei einer Breite von 1,2 m?***

6. ***Zum Löschen von 5 Binnenschiffen mit je 1 200 t Kohle benötigen 6 Kräne 7 Stunden. Wie viele Stunden benötigen 10 Krananlagen, wenn 8 Schiffe mit je 800 t entladen werden sollen?***

7. ***12 Arbeiter erledigen einen Auftrag über 54 Werkstücke in 12 Arbeitstagen bei 8-stündiger täglicher Arbeitszeit. Ein Eilauftrag über 81 Werkstücke soll nun in 9 Tagen ausgeführt werden. Wie viele Überstunden muss jeder täglich arbeiten, wenn insgesamt 18 Arbeiter eingesetzt werden können?***

8. ***Eine landwirtschaftliche Fläche von 125 ha wird von 18 Arbeitern in einem 5-tägigen Einsatz unter Zuhilfenahme von 3 Mähdreschern abgeerntet, wobei die Arbeiter täglich 10 Stunden im Einsatz waren. Wie lange müssen die Arbeiter zur Ernte einer 80 ha großen Fläche täglich arbeiten, wenn 2 Arbeiter erkrankten und die Arbeit in 4 Tagen beendet sein soll?***

9. ***Die Firma Maurer & Schneider möchte für die Registratur neue Regale bestellen. Bisher konnten auf einem Regal von 18 m Länge in 8 Fächern übereinander 3 250 Aktenordner gelagert werden. Wie viele Aktenordner können untergebracht werden, wenn die Regale um 4 m verlängert und zusätzlich um 2 Fächer erhöht werden sollen?***

10. *Ein Unternehmen fertigte bisher in einem Monat mit 8 Maschinen 36 000 Gussgehäuse bei einer 5-Tage-Woche und einer 7,5-stündigen Arbeitszeit pro Tag.*
Wie viele Gussgehäuse können nun hergestellt werden, wenn 10 Maschinen bei einer 4-Tage-Woche zur Verfügung stehen und die Arbeitszeit auf 9 Stunden täglich erhöht wurde?

11. *Der Dieseltank einer Möbelspedition reicht mit seinem Vorrat 38 Tage, wenn jeder der 9 Lkw täglich 54 l Diesel verbraucht.*
Wie lange würde der Vorrat reichen, wenn 3 Lkw ausgemustert würden und die restlichen Lkw täglich nur 50 l verbrauchten?

12. *Der Rohbau eines neuen Hochregallagers der BASF soll von 20 Arbeitern in 40 Tagen hochgezogen werden. Nach 24 Tagen stehen jedoch erst 2/5 des Rohbaus.*
Wie viele Arbeiter müssen zusätzlich eingestellt werden, damit der Rohbau vertragsgemäß am 40. Tag übergeben werden kann?

13. *Die Duisburger Umschlags-AG entlud mit 9 Arbeitern in den vergangenen 10 Tagen 25 Schiffe mit einem Fassungsvermögen von je 1 200 t unter Zuhilfenahme von drei Krananlagen, wobei jeder Arbeiter 8 Stunden täglich arbeitete. In den kommenden 12 Tagen sollen nun 20 Schiffe mit einem Fassungsvermögen von je 1 600 t entladen werden.*
Wie viele Stunden müssen die 9 Arbeiter täglich arbeiten, wenn eine Krananlage aufgrund einer TÜV-Überprüfung ausfällt?

14. *Laut der Personaleinsatzplanung eines Betriebes sollte die diesjährige Inventur von 5 Arbeitskräften in 6 Tagen durchgeführt werden. Nach 2 Tagen sind jedoch erst 1/5 der notwendigen Teile erfasst.*
Wie viele Arbeiter müssen zusätzlich für die Inventur abgestellt werden, wenn diese wie geplant nach 6 Tagen beendet sein soll?

15. *5 Mitarbeiter der Lagereigesellschaft Würzburg GmbH benötigen zur Erledigung eines Auftrages bei einer täglichen Arbeitszeit von 7,5 Stunden insgesamt 4 Tage.*
Ermitteln Sie, wie viele Überstunden jeder Arbeiter täglich leisten muss, wenn ein doppelt so großer Auftrag von 4 Arbeitern in 6 Tagen ausgeführt werden soll.

16. *Drei Abfüllmaschinen benötigen für einen Auftrag 21 Stunden. Nach fünf Stunden fällt eine Maschine infolge eines Schadens aus.*
Wie viele Stunden brauchen die beiden restlichen Maschinen zur Beendigung des Auftrages?

17. *Der Spediteur Werner Schmitt beabsichtigt einen Teil seines Lagers umzubauen.*
Das beauftragte Bauunternehmen plant, mit drei Arbeitern den Lagerbereich in 5 Tagen zu je 8 Stunden Arbeitszeit umzugestalten.
Vor der Auftragsausführung fällt jedoch ein Arbeiter verletzungsbedingt aus.
Außerdem entschließt sich Herr Schmitt, den ursprünglichen Auftrag um 1/10 auszuweiten.
Ermitteln Sie, mit wie vielen Arbeitstagen für den Umbau nun gerechnet werden muss.

18. *Die Umorganisation unseres Materiallagers soll in 10 Tagen beim Einsatz von 8 Arbeitskräften durchgeführt werden. Nach 4 Tagen sind aber erst 1/4 der notwendigen Arbeiten erledigt.*
Wie viele Arbeitskräfte müssen zusätzlich eingesetzt werden, damit das Vorhaben in der vorgesehenen Zeit abgeschlossen werden kann?

3 Prozentrechnen

3.1 Die allgemeine Prozentrechnung

BWP

Als wichtigste Rechenart des Kaufmanns darf die **Prozentrechnung** gelten, lassen sich doch mit ihrer Hilfe beliebige Zahlen in ein Verhältnis zur Bezugszahl „100" setzen und dadurch besser miteinander vergleichen.

Wählt man als Vergleichsgröße „1 000", so spricht man von der **Promillerechnung**.

Problem: Im vergangenen Jahr ereigneten sich in einer bundesdeutschen Großstadt bei 17 827 zugelassenen Motorrädern 1 280 Motorradunfälle. In diesem Jahr wurden bei 20 174 zugelassenen Motorrädern 1 390 Unfälle registriert.

In welchem Jahr ereigneten sich Ihrer Meinung nach verhältnismäßig mehr Unfälle?

Da sich aus den Angaben nicht unmittelbar erkennen lässt, in welchem Jahr sich verhältnismäßig mehr Unfälle ereignet haben, muss die Vergleichbarkeit erst geschaffen werden. Dies geschieht dadurch, dass man als Bezugsgröße für beide Jahre die Vergleichszahl „100" wählt.

Berechnung mit dem Dreisatz:

vergangenes Jahr:

Auf 17 827 M. kommen 1280 U.
Auf 100 M. kommen x U.

$$x = \frac{1\,280 \cdot 100}{17\,827}$$

$$x = 7{,}18 \text{ U.}$$

dieses Jahr:

Auf 20 174 M. kommen 1 390 U.
Auf 100 M. kommen x U.

$$x = \frac{1\,390 \cdot 100}{20174}$$

$$x = 6{,}89 \text{ U.}$$

Ergebnis: Erst nachdem man beide Zahlenangaben auf die einheitliche Bezugsgröße „100" bezog, wurde die objektive Aussage:

„Im vergangenen Jahr ereigneten sich mit 7,18 Unfällen auf 100 zugelassene Motorräder verhältnismäßig mehr Unfälle als in diesem Jahr" möglich;

kaufmännisch ausgedrückt:

„Im vergangenen Jahr betrug die Unfallrate 7,18 %, in diesem Jahr nur 6,89 %."

Merke

1. *Die Prozentrechnung ist eine Vergleichsrechnung, bei der die Zahl „100" als Vergleichsgröße dient; Prozent bedeutet „vom Hundert"; Zeichen %.*
2. *Die Promillerechnung ist eine Vergleichsrechnung mit der Zahl „1 000" als Vergleichsgröße; Promille bedeutet „vom Tausend"; Zeichen ‰.*

Wie aus dem Einführungsbeispiel hervorgeht kennt die Prozentrechnung neben der Vergleichszahl „100" noch folgende 3 Größen:

Grundwert	Prozentwert	Prozentsatz
= der Wert, der zur Zahl 100 in Beziehung gesetzt wird. Grundwert (alter Wert) = 100 %	= der Wert, der aus dem Grundwert mithilfe des Prozentsatzes berechnet wird.	= die Zahl, die angibt, wie viel Teile vergleichsweise auf 100 entfallen. Die Angabe erfolgt stets in %.

Für das Einführungsbeispiel gilt:
Grundwert – Zahl der zugelassenen Motorräder (17 827)
Prozentwert – Zahl der Motorradunfälle (1 280)
Prozentsatz – Anteil der Unfälle (7,18 %)

Wie wir bereits gesehen haben, müssen neben der Vergleichszahl „100" noch zwei weitere Größen der Prozentrechnung gegeben sein. Die jeweils gesuchte dritte Größe errechnet man danach in der Regel mit dem Dreisatz.

Beispiel

Gliederungspunkt	Grundwert	Prozentsatz	Prozentwert
3.1.1	800,00 €	15 %	?
3.1.2	800,00 €	?	120,00 €
3.1.3	?	15 %	120,00 €

3.1.1 Berechnung des Prozentwertes

Musteraufgabe

Der Auszubildende Englert erhält eine monatliche Ausbildungsvergütung von 800,00 €. Aufgrund eines neuen Tarifvertrages wird die Ausbildungsvergütung um 15 % angehoben.
Wie viel Euro beträgt die Erhöhung?

Musterlösung

1. Mit Dreisatz

$$\begin{array}{rcr} 100\,\% & - & 800{,}00\ € \\ 15\,\% & - & x\ € \end{array}$$

$$x = \frac{800 \cdot 15}{100} = \underline{\underline{120{,}00\ €}}$$

2. Kaufmännische Lösung

$$1\,\%\text{ von }800{,}00 \left(= \frac{1}{100}\text{ des Grundwertes} = \frac{800}{100}\right) = 8{,}00$$

$$15\,\% = 15 \cdot 8{,}00 = \underline{\underline{120{,}00\ €}}$$

Lösungsschritte

1. Beim Dreisatz
   a) Aufstellen des Bedingungssatzes, d. h., der Grundwert wird gleich 100 gesetzt.
   Hier: 100 % – 800,00 €
   b) Aufstellen des Fragesatzes.
   Hier: 15 % – x €
   c) Aufstellen des Schlusssatzes und Lösung, wie bereits beim Dreisatz ausführlich besprochen.
2. Bei der kaufmännischen Lösung
   Bei einfachen Aufgaben zur Ermittlung des Prozentwertes geht man zunächst von 1 % (10 %) des Grundwertes (Verschieben des Kommas beim Grundwert um 2 [1] Stellen nach links) aus und multipliziert den Betrag mit dem angegebenen Prozentsatz.
   Hier: 1 % von 800,00 € = 8,00;
   15 % = 15 · 8,00 = 120,00 €

Bei verschiedenen – sogenannten bequemen – Prozentsätzen lässt sich der Rechengang dadurch erleichtern, dass man die Prozentsätze durch gemeine Brüche ersetzt.

Merke

Prozentsatz	Bruch
1 %	1/100
2 %	1/50
3 1/3 %	1/30
5 %	1/20
6 2/3 %	1/15
8 1/3 %	1/12
10 %	1/10

Prozentsatz	Bruch
12 1/2 %	1/8
16 2/3 %	1/6
20 %	1/5
25 %	1/4
33 1/3 %	1/3
50 %	1/2
66 2/3 %	2/3

Übungsaufgaben

1. Lösen Sie kaufmännisch:
a) 1 % von 250, 375, 500, 415, 1 280, 5,20;
b) 3 % von 400, 160, 730, 625, 4 400, 6,00;
c) 5 % von 700, 350, 950, 520, 5 100, 8,60;
d) 10 % von 420, 575, 298, 417, 3 890, 7,80.

2. Lösen Sie kaufmännisch:
a) 1 ‰ von 3 250, 5 780, 6 500, 780, 925;
b) 5 ‰ von 4 670, 8 500, 1 600, 840, 556.

3. Berechnen Sie die Umsätze der verschiedenen Warengruppen, wenn diese am Gesamtumsatz von 675 500,00 € wie folgt beteiligt waren:

Warengruppe	Umsatz in %
Teppichböden	55 %
Fliesen	15 %
Tapeten	16 2/3 %
Kleister	8 1/3 %
Klebeband	5 %

4. **Das Nettogewicht einer Sendung Schrauben beträgt 50 kg, die Tara (Verpackungsgewicht) 15 %. Wie hoch ist das Bruttogewicht der Sendung?**

5. **Beim Einkauf von 15 DVDs im Gesamtwert von 345,00 € gewährt uns der Verkäufer 15 % Rabatt. Berechnen Sie den Preis für eine DVD.**

6. **Die Firma Müller & Bauer, Elektrofachgeschäft, ist in Konkurs gegangen. Unsere Forderung an sie beläuft sich auf 18 600,00 €. Welchen Betrag erhalten wir, wenn die Konkursquote 12,5 % beträgt?**

7. **Im Jahr 2017 erwirtschaftete die deutsche Exportwirtschaft Ausfuhren in Höhe von ca. 1279 Mrd. €, wovon fast 58,6 % auf EU-Länder entfielen.**
   Ermitteln Sie, auf wie viel Euro sich der Exportanteil an die EU-Länder belief.

8. **Drei Kaufleute bringen in ein neu gegründetes Geschäft 229 000,00 € ein. A gibt 46 %, B 18 % und C den Rest des Kapitals. Wie hoch ist die Einlage jedes Gesellschafters?**

9. **Ein Pkw im Anschaffungswert von 40 000,00 € wird jährlich mit 20 % vom Anschaffungswert abgeschrieben. Wie hoch ist der Wert am Ende des 3. Jahres?**

10. **Ein Handelsvertreter erhält für den Verkauf von Ware A 2,5 %, von Ware B 6 2/3 % und von Ware C 3 % Provision.**
    Wie viel Euro verdient er im Monat Mai, wenn er Ware A im Wert von 25 600,00 €, Ware B im Wert von 13 750,00 € und Ware C im Wert von 21 760,00 € verkauft hat und ein Fixum (Grundgehalt) von 500,00 € zu berücksichtigen ist?

11. **Von den in Deutschland zugelassenen ca. 43 Mio. Fahrzeugen sind 4 % Lkw.**
    a) Berechnen Sie, wie viele im Inland zugelassene Lkw unsere Straßen befahren.
    b) Wie hoch ist die Jahresfahrleistung sämtlicher zugelassener Lkw, wenn jeder Lkw im Durchschnitt 80 000 km jährlich zurücklegt?
    c) Ermitteln Sie die gesamten Benzinkosten bei einem durchschnittlichen
    - **Benzinpreis von 1,15 €,**
    - **Verbrauch von 30 l je 100 km.**

12. **Eine Lagerhalle ist 75 m lang und 28 m breit.**
    Wie viel m² reine Lagerfläche stehen zur Verfügung, wenn eine Weg- und Verkehrsfläche von 12 % zu berücksichtigen ist?

13. **Nach Angaben von Strom-Report trugen die in Deutschland 2018 betriebenen Atomkraftwerke mit 13,3 % zur gesamten Nettostromerzeugung in Höhe von 541 Mrd. kWh bei. Ermitteln Sie anhand der abgebildeten Grafik,**
    a) wie viel Mrd. KWh dies entspricht.
    b) die Stromleistung der weiteren Energieträger.

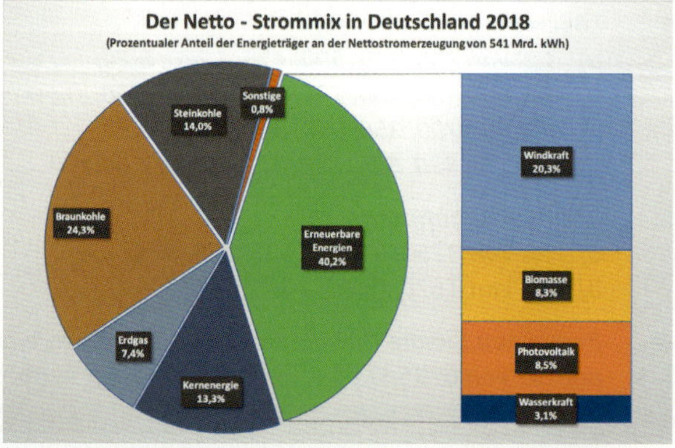

Vgl.: Der Deutsche Strommix: Stromerzeugung in Deutschland unter www.strom-report.de

3.1.2 Berechnung des Prozentsatzes

Musteraufgabe

Der Auszubildende Englert erhält eine monatliche Ausbildungsvergütung von 800,00 €. Aufgrund eines neuen Tarifvertrages wurde diese um 120,00 € monatlich erhöht.
Wie viel % betrug die Erhöhung?

Musterlösung

800,00 € – 100 %
120,00 € – x %

$$x = \frac{100 \cdot 120}{800} = 15\,\%$$

Lösungsschritte

1. Aufstellen des Bedingungssatzes.
   Hier: 800,00 € – 100 %
2. Aufstellen des Fragesatzes.
   Hier: 120,00 € (Prozentwert) – x %
3. Aufstellen des Schlusssatzes und Lösung mithilfe des Dreisatzes.

Übungsaufgaben

1. ***Die wöchentliche Arbeitszeit des Auszubildenden Klaus Beier beträgt 38,5 Stunden***
   Wie viel Prozent entfallen davon auf den Besuch der Berufsschule, wenn die Unterrichtszeit 11 Stunden pro Woche beträgt?

2. ***Wie viel Prozent betrug die Preiserhöhung von 45,00 €, wenn bisher 750,00 € zu zahlen waren?***

3. ***Auf eine Fracht in Höhe von 750,00 € wird ein Zuschlag von 115,00 € erhoben.***
   Welchem Prozentsatz entspricht dieser Zuschlag?

4. ***Der Automobilindustrie ist es in den letzten Jahren gelungen, den durchschnittlichen Benzinverbrauch pro 100 km von 12,6 l auf 8,8 l zu senken.***
   Wie viel % betrug die Senkung?

5. ***Das Gehalt des Sachbearbeiters Karl Bauer wurde um 84,00 € auf nun 2484,00 € erhöht.***
   Wie viel Prozent betrug die Gehaltserhöhung?

6. ***In einem Großmarkt stand zu lesen: „Beim Bezug von 15 Kartons Waschpulver brauchen Sie nur 14 Kartons zu bezahlen.“***
   Welchem Rabattsatz entspricht diese Dreingabe?

7. ***Beim Abfüllen von 15 Literflaschen Eau de Toilette betrug der Abfüllverlust (Leckage) 0,2 l.***
   a) Wie hoch ist der Abfüllverlust in Prozent?
   b) Wie viel Flacons von je 50 cm³ können abgefüllt werden?

8. ***Doris Utz kauft sich ein neues Auto im Wert von 22800,00 €. Beim Kaufabschluss weist der Verkäufer darauf hin, dass er bei Barzahlung einen Nachlass von 684,00 € gewähren könnte.***
   Welchem Prozentsatz entspricht der Nachlass?

9. ***Berechnen Sie den jeweiligen Kilometeranteil der einzelnen Transportmittel an der gesamten Verkehrsleistung (Personen- und Güterverkehr) in Deutschland.***

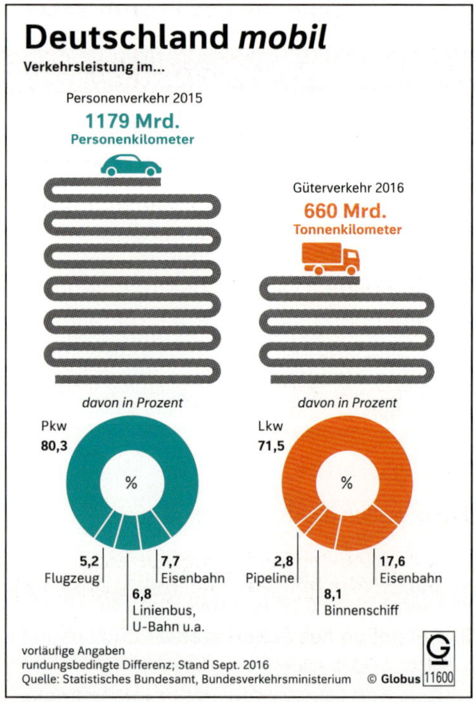

10. ***Der Umsatz der Firma Bürkle & Ecker sank im vergangenen Jahr von 2,7 Mio. € auf 2,4 Mio. €. Wie viel Prozent betrug die Umsatzeinbuße?***

11. ***Welchem Prozentsatz entspricht die Beitragssenkung von 15,5 % auf 14,6 % bei der Angestellten-Krankenversicherung?***

12. ***Ein Einzelhändler erzielt mit einem eingesetzten Eigenkapital von 125 000,00 € einen Gewinn von 18 750,00 €.***
Wie viel Prozent betrug der erzielte Gewinn (Eigenkapitalverzinsung)?

13. ***Bei einer Kommunalwahl nahmen von 238 000 wahlberechtigten Bürgern lediglich 142 800 teil.***
Wie hoch war die Wahlbeteiligung in Prozent?

14. ***Der Buchwert einer Maschine beträgt nach einer Abschreibung von 2 160,00 € noch 8 640,00 €.***
Wie hoch war der Prozentsatz der Abschreibung?

15. ***Der Auszubildende Michael Huber schließt mit dem Autohändler Klein zum Kauf eines gebrauchten Pkw im Gesamtpreis von 5 800,00 € einen Ratenzahlungsvertrag ab. Michael zahlt 1 200,00 € bar an. Den Rest bezahlt er in 10 Monatsraten zu je 500,00 €.***
Wie viel Prozent beträgt der Preisaufschlag bei Ratenzahlung?

16. ***Petra Schmidt bekam im vergangenen Jahr für ihr Sparguthaben von 1 450,00 € 43,50 € Zinsen gutgeschrieben. Welcher Verzinsung entspricht dies?***

17. ***Die sich auf großvolumige Frachtgüter spezialisierte NLB-Logistic Solution GmbH, Mannheim, befördert mit ihren fünf je 16,5 m langen Sattelzügen täglich 170 Europaletten von Nürnberg zum Frankfurter Frachtflughafen FRAPORT.***
Der Eigentümer der NLB-Logistic Solution GmbH, Herr Noah Laurent Barth, beabsichtigt, in nächster Zeit das Frachtaufkommen zu steigern und die fünf bisher eingesetzten Lkw durch vier sogenannte Gigaliner zu ersetzen.
Ermitteln Sie, um wie viel Prozent sich das Frachtaufkommen bei Vollauslastung steigern ließe, wenn ein einzelner Lang-Lkw – wie aus der nachfolgenden Verladeskizze hervorgeht – 53 Euro-paletten transportieren könnte.

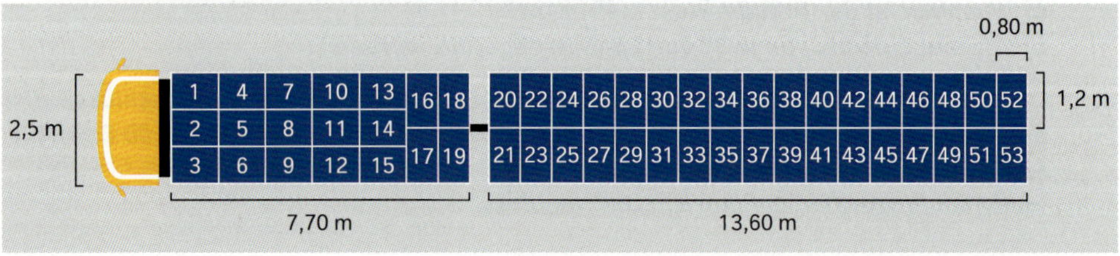

3.1.3 Berechnung des Grundwertes

Musteraufgabe

Die für 2015 ausgehandelte Erhöhung der Ausbildungsvergütung von 15 % ergab für den Auszubildenden Englert einen Mehrverdienst von 120,00 € brutto.

Wie hoch war die Ausbildungsvergütung vor der Erhöhung?

Musterlösung

15 %	–	120 €
100 %	–	x €

$$x = \frac{120 \cdot 100}{15} = \underline{\underline{800{,}00\ €}}$$

Lösungsschritte

1. Aufstellen des Bedingungssatzes.
   Hier: 15 % Lohnerhöhung entsprechen 120,00 €
2. Aufstellen des Fragesatzes.
   Hier: 100 % – x € (Grundwert)
   Beachte: Der Grundwert entspricht immer 100 %.
3. Aufstellen des Schlusssatzes und Lösung mithilfe des Dreisatzes.

Übungsaufgaben

1. ***In einer kaufmännischen Berufsschule bestanden 6 Schüler die Abschlussprüfung nicht. Dies entspricht einer Durchfallquote von 4 %. Berechnen Sie, wie viel Schüler an der Prüfung teilgenommen haben.***

2. ***Aufgrund der diesjährigen Lohnerhöhung von 4,5 % stiegen die Lohnkosten eines kleineren Industriebetriebes um 13 750,00 €. Wie hoch waren die Lohnkosten vor der Lohnerhöhung?***

3. ***Bei dem Konkurs eines Kunden erhielt die Firma Müller & Schneider nur 18 % ihrer Forderungen. Auf welchen Betrag belief sich die Forderung, wenn 1 035,00 € ausgezahlt wurden?***

4. ***Beim Bau einer Lagerhalle wurde der Kostenvoranschlag um 6,5 % = 91 000,00 € überschritten. Wie hoch war der Kostenvoranschlag?***

5. ***Familie Schneider zahlt für ihre 3-Zimmer-Wohnung monatlich 598,00 €. Dies entspricht 23 % des Nettoeinkommens. Berechnen Sie das Nettoeinkommen der Familie Schneider.***

6. ***Von einer Liefererrechnung konnten 2,5 % Skonto abgezogen werden. Dies entsprach einem Preisnachlass von 46,25 €. Über welchen Betrag lautete die Rechnung?***

7. ***Für eine Warenlieferung mussten 2,5 ‰ Versicherungsprämie = 80,00 € bezahlt werden. Wie hoch war die Versicherungssumme?***

8. ***Der Reisende Markus Eberle erhält ein monatliches Fixum von 800,00 € sowie 2 3/4 % Provision von den vermittelten Umsätzen.***
Welchen Umsatz muss Herr Eberle erreichen, wenn er 1 900,00 € im Monat verdienen will?

3.2 Die Prozentrechnung vom vermehrten und verminderten Grundwert

Vom vermehrten oder verminderten Grundwert wird immer dann gesprochen, wenn der angegebene Wert größer oder kleiner als 100 % ist.

Merke

Sowohl beim vermehrten als auch beim verminderten Grundwert wird immer der reine Grundwert = 100 % gesucht.

3.2.1 Die Prozentrechnung vom vermehrten Grundwert (Die Prozentrechnung auf Hundert)

Musteraufgabe

Nach einer Lohnerhöhung von 4 % verdient der Arbeiter Thomas Storz 1 800,00 €.
Wie hoch war der Verdienst vor der Lohnerhöhung?

Musterlösung

1. Vorüberlegung
   Frage: Worauf bezieht sich die Lohnerhöhung?
   Antwort: Auf den bisherigen Verdienst = Grundwert; Grundwert = 100 %.
   Ergebnis: Demnach ist der neue Verdienst um die Lohnerhöhung von 4 % größer als der alte Verdienst;
   alter Lohn + Lohnerhöhung = neuer Lohn
   100 % + 4 % = 104 %

2. Darstellung

Grundwert (alter Wert)	= 100 %	= alter Lohn	–	? €
vermehrter Wert	= 104 %	= neuer Lohn	–	1 800,00 €
	4 % Lohnerhöhung			

3. Errechnung

104 %	–	1 800,00 €
100 %	–	x €

$$x = \frac{1\,800 \cdot 100}{104} = 1\,730{,}77\ €$$

Lösungsschritte

1. Vorüberlegungen anstellen.
2. Aufstellen des Bedingungssatzes.
   Hier: 104 % – 1 800,00 €
3. Aufstellen des Fragesatzes.
   Hier: 100 % – x €
   Beachte: Gesucht ist immer der reine Grundwert = 100 %.
4. Aufstellen des Schlusssatzes und Lösung mittels Dreisatz.

Merke

Vermehrter Grundwert = Grundwert + Prozentwert

Übungsaufgaben

1. ***Nach einer Preiserhöhung von 15 % beträgt der Verkaufspreis eines Laptops 460,00 €.
   Wie hoch war der bisherige Preis und die Preiserhöhung?***

2. ***Nach einer Umsatzerhöhung um 16 2/3 % betrug der neue Umsatz der Firma Göttmann & Haupt 2,8 Mio. €.
   Wie hoch war der Umsatz im Jahr zuvor?***

3. ***Der diesjährige Gewinn der Firma Esen OHG beträgt 243 800,00 €. Er hat sich gegenüber dem Vorjahr um 6 % erhöht.
   Berechnen Sie die Gewinnsteigerung sowie den letztjährigen Gewinn.***

4. ***Ein Spediteur berechnet einem Kunden eine Bruttofracht von 1 785,00 €.
   Wie hoch ist die Nettofracht, wenn die Umsatzsteuer 19 % beträgt?***

5. ***Der Umfang der beförderten Güter im Nahbereich stieg bei der Spedition „Weltweit“ gegenüber dem letzten Jahr um 5 % auf nun 1 470 t an.
   Berechnen Sie das Frachtaufkommen im Nahverkehr für das letzte Jahr.***

6. ***Im Jahr 2010 waren in Baden-Württemberg rund 1,2 Millionen Kfz zugelassen, davon 620 000 Pkw, 320 000 Motorräder und der Rest Lkw. Die Zahl der zugelassenen Pkw stieg dabei gegenüber dem Vorjahr um 22 %.
   a) Ermitteln Sie den Prozentanteil der Pkw, Motorräder und Lkw.
   b) Wie hoch war der Pkw-Anteil im Jahr 2009?***

3.2.2 Die Prozentrechnung vom verminderten Grundwert (Die Prozentrechnung im Hundert)

Musteraufgabe

Nach einer Preissenkung von 12 % beträgt der neue Preis einer Ware noch 202,40 €.
Wie hoch war der Preis vor der Preisreduzierung?

Musterlösung

1. Vorüberlegung
   Frage: Worauf bezieht sich die Preissenkung?
   Antwort: Auf den bisherigen Preis = Grundwert; Grundwert = 100 %.
   Ergebnis: Demnach ist der neue Preis um die Preissenkung von 12 % niedriger als der alte Preis;
   alter Preis – Preissenkung = neuer Preis
   100 % – 12 % = 88 %
2. Darstellung

Grundwert (alter Wert) = 100 %		= alter Preis	–	?	€
verminderter Preis = 88 %	12 % Preissenkung	= neuer Preis	–	202,40	€

3. Errechnung

88 % – 202,40 €
100 % – x €

$$x = \frac{202{,}40 \cdot 100}{88} = \underline{\underline{230{,}00\ €}}$$

Lösungsschritte

1. Vorüberlegungen anstellen.
2. Aufstellen des Bedingungssatzes.
   Hier: 88 % – 202,40 €
3. Aufstellen des Fragesatzes.
   Hier: 100 % – x €
   Beachte: Gesucht ist immer der reine Grundwert = 100 %.
4. Aufstellen des Schlusssatzes und Lösung mittels Dreisatz.

Merke

Verminderter Grundwert = Grundwert – Prozentwert

Übungsaufgaben

1. ***Nach Abzug von 2,5 % Skonto überweisen wir an einen Lieferanten 1 511,25 €. Wie hoch war der Rechnungsbetrag?***
2. ***Bei einem Räumungsverkauf wurde ein Herrenanzug mit einem Nachlass von 35 % für 312,00 € verkauft. Wie hoch war der Preisnachlass?***

3. ***Im Schuljahr 2017/2018 nahm die Schülerzahl einer kaufmännischen Berufsschule um 5 % auf 1 615 Schüler ab.***
Wie viele Schüler besuchten die Schule im Schuljahr 2016/2017?

4. ***Die Zahl der tödlichen Verkehrsunfälle ging voriges Jahr um 3 % auf 7 954 Todesfälle zurück.***
Wie viele Todesfälle ereigneten sich ein Jahr zuvor?

3.3 Die zusammengesetzte Prozentrechnung

Diese Rechenart findet immer dann Anwendung, wenn mehrere prozentuale Veränderungen hintereinander durchgeführt werden. In den meisten Fällen wird dabei der ursprüngliche (alte) Wert vor der ersten Veränderung gesucht.

Als Hilfsmittel zur Errechnung hat sich dabei das sog. „Treppenschema“ bewährt.

Musteraufgabe

Der Umsatz eines Unternehmens nahm 2018 gegenüber 2017 um 12 % zu, im darauf folgenden Jahr um 6 % ab und erhöhte sich 2020 gegenüber dem Vorjahr um 7 % auf nun 563 248,00 €.
Wie hoch war der Umsatz 2017?

Musterlösung

1. Zeitlich geordnete Aufstellung der prozentualen Veränderungen.
   Hier: 2017 gesuchter Wert
   2018 + 12 % (1)
   2019 – 6 % (2)
   2020 + 7 % (3) auf 563 248,00 €
2. Treppenschema

2017	100 %						500 000,00 €	3.
	+ 12 %	(1)						
2018	112 %	→	100 %				560 000,00 €	2.
			– 6 %	(2)				
2019			94 %	→	100 %		526 400,00 €	1.
					+ 7 %	(3)		
2020					107 %	=	563 248,00 €	

Lösungsschritte

1. Prozentuale Veränderungen chronologisch herausschreiben.
2. Treppenschema aufstellen
   a) das Treppenschema beginnt immer mit der gesuchten Größe = alter Wert = Grundwert = 100 %.
   b) die prozentualen Veränderungen werden danach stufenweise auf den jeweiligen Ausgangswert – der immer 100 % beträgt – bezogen.

Merke

Jede Treppenstufe beginnt immer mit 100 %.

3. Stufenweise Rückwärtsrechnung
   a) über den Dreisatz

   z. B. 107 % – 563 248,00 €
   100 % – x €

   $$x = \frac{563\,248 \cdot 100}{107} = 526\,400{,}00\ €$$

   b) über die vereinfachte, sich aus dem Schlusssatz ergebende Methode
   - Eintippen der gegebenen Größe, hier 563 248,00 €
   - Mulitplikation mit der oberen Treppengröße; diese beträgt immer 100,00 %
   - Division durch die untere Treppengröße, hier 107 %

   Das Ergebnis von 526 400,00 € im Rechner belassen und anschließend in der gleichen Art die übrigen Treppen abhandeln, bis die gesuchte Größe gefunden ist.

Übungsaufgaben

1. ***Ein Pkw wird nach seiner Anschaffung im ersten Jahr mit 20 % vom Anschaffungswert und in den folgenden beiden Jahren mit jeweils 20 % vom Restwert abgeschrieben. Am Ende des 3. Jahres steht er noch mit einem Restwert von 12 800,00 € zu Buch. Wie hoch war sein Anschaffungspreis?***

2. ***Nach Abzug von 25 % Liefererrabatt und 3 % Liefererskonto überwies ein Kunde an seinen Lieferanten noch 1 309,50 €. Über welchen Wert war die Rechnung ausgestellt?***

3. ***Der Preis eines 50 Zoll Plasma-TV wurde zunächst um 12 % erhöht, anschließend wegen zu geringer Nachfrage wieder um 8 % gesenkt und schließlich nochmals um 4 % auf 1 800,00 € herabgesetzt.***
   a) Wie viel Euro kostete das Fernsehgerät ursprünglich?
   b) Wie viel Euro würde der Fehler betragen, wenn die Preiserhöhung mit den Preissenkungen verrechnet worden wäre?

4. ***Aufgrund starker Konkurrenz ging der Umsatz des Baumarktes Gottmann in den letzten Jahren stark zurück. 2018 um 8 %, 2019 um 5 % und 2020 um 6 % auf gerade noch 26 289 920,00 €. Wie hoch war der Umsatz 2013?***

5. ***In einer Pressemitteilung einer süddeutschen Tageszeitung stand zu lesen:***

   Weniger Schienen-Fracht

   Im Fahrwasser der Konjunkturschwäche geht der Gütertransport auf der Schiene weiter zurück. Laut Statistik nahm der gewerbliche Eisenbahngüterverkehr 2017 im Vergleich zum Vorjahr um vier Prozent auf gut 348 Mio. Tonnen ab. Im Jahr davor hatte der Rückgang 1 Prozent betragen.

   a) Berechnen Sie, wie viele Tonnen der gewerbliche Eisenbahngüterverkehr im Jahr 2015 beförderte.
   b) Wie viel Prozent betrug die Senkung insgesamt?

Vermischte Prozentaufgaben

1. Der Umsatz der Maschinenfabrik Volker Bothe, Duisburg, entwickelte sich wie folgt:

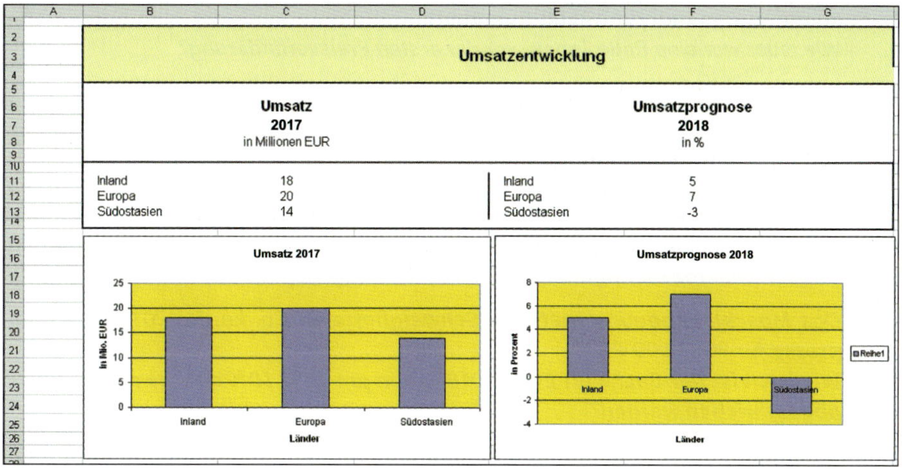

Umsatzentwicklung

	Umsatz 2017 in Millionen EUR		Umsatzprognose 2018 in %
Inland	18	Inland	5
Europa	20	Europa	7
Südostasien	14	Südostasien	-3

a) Wie viel Prozent betrug der Inlandsumsatz 2017 am Gesamtumsatz?

b) Um wie viel Prozent ist der Umsatz in Europa höher als der Umsatz im Inland?

c) Um wie viel Prozent könnte der Umsatz in Europa sinken, damit der Gesamtumsatz im Jahre 2018 gleich hoch wäre wie im Jahre 2017?

2. Die ledige 22-jährige Fachkraft für Lagerlogistik Sven erhält ein monatliches Bruttoeinkommen von 1 700,00 €. Die an das Finanzamt abzuführende Lohnsteuer beträgt 25 % des Bruttolohns, die Kirchensteuer 8 % der Lohnsteuer. Die von Sven zu zahlenden Sozialversicherungsbeitragssätze belaufen sich zurzeit auf: WSP BWP

- **Rentenversicherung 9,3 %**
- **Krankenversicherung 7,3 %**
- **Arbeitslosenversicherung 1,25 %**
- **Pflegeversicherung 1,525 %**

a) Errechnen Sie die einzelnen Abzüge.

b) Ermitteln Sie das Nettoeinkommen von Sven.

**c) Wie viel Prozent betrugen die gesamten von Sven zu entrichtenden Abzüge?
Hinweis: Die Sozialversicherungsbeiträge sind von Arbeitgeber und Arbeitnehmer je zur Hälfte zu entrichten.**

**3. Nach einer Preissenkung von 18 % verkauft ein Baumarkt den m² Waschbetonplatten für 18,45 €.
Um wie viel Euro wurde der Preis reduziert?**

**4. In diesem Jahr stieg der Gewinn eines großen deutschen Elektrokonzerns um 65 % auf 922 Mio. US-$.
Wie viel Euro betrug der Gewinn im letzten Jahr bei einem Kurs von 1,125?**

**5. In der Bilanz des Transportunternehmens Münster & Zimmermann GmbH, Bremen, wird das Eigenkapital mit 1 840 000 € und das Fremdkapital mit 7 360 000 € ausgewiesen.
Wie viel Prozent beträgt der Eigenkapitalanteil am Gesamtkapital?**

6. ***Steigende Kosten zwangen ein Tapetenfachgeschäft, den Preis für abwaschbare Tapeten um 11 2/3 % zu erhöhen. Nach einigen Monaten lag noch ein Restposten von 10 Rollen auf Lager. Daraufhin wurde der Preis um 5,50 € je Rolle gesenkt und der gesamte Restposten für 280,00 € verkauft.***
   Wie teuer war eine Rolle Tapete vor der ersten Preisveränderung?

7. ***Nach einer Gehaltserhöhung von 3,5 % verdiente die Angestellte Marlies Barth monatlich 43,75 € mehr.***
   Wie hoch war das Gehalt vor der Erhöhung?

8. ***Der Personalbestand des Musikmarktes Karlsruhe reduzierte sich im Jahr 2020 um 24 Mitarbeiter gegenüber dem Jahr 2019. Im Jahr 2020 sind noch 476 Mitarbeiter beschäftigt.***
   Um wie viel Prozent hat der Personalbestand abgenommen?

9. ***Das Maschinenbauunternehmen Schweighoffer & Co. kaufte 2015 eine Hydraulikpresse für 80 000,00 €.***
   Wie hoch ist der Buchwert Ende 2018, wenn pro Jahr 10 % des jeweiligen Restwertes abgeschrieben werden?

10. ***Nach einer Mitteilung des Bundesverkehrsministeriums von Ende Dezember 2010 wurde die mautpflichtige Fahrleistung der Lkw aus der Vorkrisenzeit noch nicht wieder erreicht. Schätzungsweise 26 Milliarden mautpflichtiger Kilometer werden für 2010 erwartet, was eine Steigerung von 6,5 % gegenüber dem Vorjahr bedeuten würde. Allerdings musste 2009 ein Minus von 11,6 % gegenüber 2008 verkraftet werden.***

    Ihr Vorgesetzter beauftragt Sie, folgende Fragen zu klären:
    a) Wie viel mautpflichtige Kilometer wurden im Jahr 2008 zurückgelegt? (Bitte auf eine Dezimalstelle runden.)
    b) Um wie viel Prozent veränderte sich die mautpflichtige Fahrleistung von 2008 auf 2010?

    Weiter hieß es in der Pressemitteilung, dass die Mauteinnahmen 2009 bei lediglich 4,3 Mrd. € und somit 685,00 Millionen € unter dem Plan lagen.
    c) Auf wie viel Prozent beliefen sich die Mindereinnahmen 2009?

    Außerdem waren 2010 Mauteinnahmen von 4,87 Mrd. € vorgesehen. Letztlich werden es aber voraussichtlich nur 4,5 Mrd. €.
    d) Ermitteln Sie den prozentualen Ausfall der Maut im Jahr 2010.
    e) Auf wie viel Euro summierten sich die Mautausfälle der Jahre 2009 und 2010?

    Laut einer ebenfalls vorgestellten aktuellen Prognose des Bundesverkehrsministeriums wird der Lkw-Fernverkehr bis 2025 um 80 % gegenüber 2010 steigen.
    f) Welcher mautpflichtigen Lkw-Fahrtstrecke würde dies entsprechen?

11. ***Bei einem Einzelhandelsgeschäft konnte nach der Umstellung auf Selbstbedienung eine Umsatzsteigerung von 16 2/3 % auf 350 000,00 € gegenüber dem Vormonat festgestellt werden.***
    Wie hoch war der Umsatz im Vormonat?

12. ***Ein Auszubildender bekommt auf alle Waren, die er in seinem Ausbildungsunternehmen kauft, einen Personalrabatt von 12,5 %.***
    Über welchen Preis war ein Produkt ausgezeichnet, das der Auszubildende für 700,00 € erwarb?

13. Der Gewinn der Spedition Martin Klamm e. K. wurde vom Finanzamt wegen mangelhafter Buchführung auf 36500 € geschätzt.
a) Wie viel Prozent des Jahresumsatzes in Höhe von 292000 € legte das Finanzamt seiner Schätzung zugrunde?
b) Herr Klamm hatte 7,5 % Gewinn angemeldet. Welchem Gewinn entsprach diese Angabe?
c) Ermitteln Sie, um wie viel Prozent die Schätzung der Finanzbehörden höher lag.

14. Nach Angaben des Statistischen Bundesamtes stieg die Güterbeförderung der Binnenschifffahrt 2017 gegenüber dem Vorjahr leicht um 0,6 % auf 222,7 Millionen Tonnen an. Im Jahr 2016 war dagegen ein leichtes Minus von 0,1 % zu verzeichnen gewesen. Ermitteln Sie wie viele Millionen Tonnen Güter im Jahr 2015 von der Binnenschifffahrt befördert wurden.

3.4 Die Bezugskalkulation

Eine weitverbreitete Anwendungsmöglichkeit der zusammengesetzten Prozentrechnung bietet die Bezugskalkulation, mit deren Hilfe der Kaufmann den Einstands- bzw. Bezugspreis seiner gekauften Ware ermittelt. LOP

Die Kenntnis der Bezugskalkulation ist für den Kaufmann deshalb so wichtig, weil verschiedene Angebote erst nach der Ermittlung des Einstandspreises miteinander verglichen werden können und erst nach dem Vergleich die richtige Entscheidung bezüglich des kostengünstigsten Lieferanten getroffen werden kann.

Einfaches Kalkulationsschema zur Ermittlung des Einstandspreises:

	Einkaufspreis (EK)
–	Liefererrabatt
	Zieleinkaufspreis
–	Liefererskonto
	Bareinkaufspreis
+	Bezugskosten
	Einstandspreis (ESP)

Bezugskosten können sein: Fracht, Rollgeld, Zölle, Wiegegebühren, Transportversicherung, Verladekosten und dergleichen.
Sind Bezugskosten zu ermitteln, so werden diese immer auf das **Bruttogewicht** der Sendung bezogen.

Häufig sind jedoch vor der eigentlichen Kalkulation Vorarbeiten zu leisten, so z. B.:

1. Berechnung des Nettogewichtes einer Sendung. Dabei gilt:

	Bruttogewicht
–	Tara (Verpackungsgewicht)
	Nettogewicht

Besonderheiten: bfn (b/n) – brutto für netto
d. h., die Verpackung wird wie Ware gerechnet. In diesem Falle geht man zur Errechnung des Einkaufspreises vom Bruttogewicht der Sendung aus.

2. Ermittlung des Einkaufspreises der Sendung. Dabei gilt:

Einkaufspreis = Nettomenge · Preis je Einheit

Erst im Anschluss an diese Arbeiten kann mit der Kalkulation begonnen werden.

Musteraufgabe

Eine Kölner Handelsgesellschaft bezieht eine Sendung Waren im Bruttogewicht von 8755 kg, Tara 255 kg, zu 1,75 €/kg netto.

Wie hoch ist der Einstandspreis der gesamten Sendung (je kg), wenn der Lieferer 12 % Mengenrabatt und 3 % Skonto gewährt und an Bezugskosten 380,00 € anfallen?

Musterlösung

1. Berechnung des Nettogewichts der Sendung

	8755 kg	Bruttogewicht
–	255 kg	Tara
	8500 kg	Nettogewicht

2. Ermittlung des Einkaufspreises
8500 kg · 1,75 €/kg = 14875,00 € EK

3. Durchführen der Bezugskalkulation

Kalkulationsschema

			Treppenschema	
	14875,00 €	EK	100 %	
–	1785,00 €	Liefererrabatt (12 %)	– 12 %	
	13090,00 €	Ziel-EK	88 %	100 %
–	392,70 €	Liefererskonto (3 %)		– 3 %
	12697,30 €	Bar-EK		97 %
+	380,00 €	Bezugskosten		
	13077,30 €	ESP : 8500 kg = 1,54 €/kg		

Lösungsschritte

1. Ermittlung des Nettogewichts.
2. Berechnung des Einkaufspreises.
3. Aufstellen des Kalkulationsschemas.
4. Aufstellung des Treppenschemas und Lösung wie unter Pkt. 3.3 angegeben.
5. Ermittlung des ESP unter Berücksichtigung der Bezugskosten (eventuelle Errechnung des Stück- bzw. kg-Preises).

Übungsaufgaben

1. Die Maschinenfabrik Isolde Heuser GmbH, Duisburg, bezieht aus Hamburg 200 Antriebswellen zum Stückpreis von 275,00 €.
   Berechnen Sie den Einstandspreis der gesamten Lieferung, wenn der Lieferer 18 % Rabatt und 2,5 % Skonto gewährt und an Bezugskosten 527,50 € anfallen.

2. Wir beziehen 8 Rasenmäher im Gesamtpreis von 1 920,00 €. Der Lieferer gewährt uns zunächst 10 % Rabatt und, da wir bar zahlen, 2 % Skonto.
   Wie viel Euro müssen wir für einen Rasenmäher bezahlen?

3. Ein Fahrradfachgeschäft bezieht 14 Mountainbikes zum Listeneinkaufspreis von 800,00 € je Stück. Der Lieferant gewährt 25 % Wiederverkäuferrabatt.
   Wie viel Euro müssen wir überweisen, wenn wir unter Abzug von 2,5 % Skonto bezahlen?

4. Der Lebensmittelhändler Uwe Leuck erhält 6 Kisten Bananen im Gesamtgewicht von 240 kg, Tara je Kiste 3 kg. Der Preis beträgt 80,00 € je 50 kg netto, wobei der Lieferer 15 % Rabatt und 1,5 % Skonto gewährt.
   Wie hoch ist der Einstandspreis je kg Bananen, wenn die Ware frei Haus geliefert wird?

5. Vergleichen Sie die beiden Angebote und wählen Sie das Günstigste aus:
   Angebot 1: SD Speicherkarten je Stück 3,00 € ab Werk, Verpackung und Fracht 18,72 € je 12 Dutzend, Liefererskonto 1 %.
   Angebot 2: SD Speicherkarten je Dutzend 42,00 € frei Haus, Mengenrabatt 6 %.

6. Die M & D Mannheim AG bezieht 5 Kisten Eisenteile im Gesamtgewicht von 320 kg, Tara 4 kg je Kiste. Der Einkaufspreis beträgt 1 850,00 € je Kiste.
   Wie hoch ist der Einstandspreis der gesamten Sendung, wenn die Bezugskosten pro angefangene 100 kg 36,00 € betragen und der Lieferer 18 % Rabatt und 3 % Skonto gewährt?

7. Die Maschinenfabrik Bauer & Schulz, Saarbrücken, benötigt für eine Serie von 400 Automaten ebenso viele Spezialhalterungen. Hierfür liegen ihr bisher von zwei ausländischen Lieferanten folgende Angebote vor:
   - Schweizer Anbieter: 120,00 sfr je Stück, 5 % Rabatt, 3 % Skonto, Transportkosten für die gesamte Lieferung 690,00 €.
   - US-amerikanischer Anbieter: Stückpreis 130,00 US-$, 10 % Rabatt, Lieferung frei Haus.

   Ermitteln Sie das günstigste Angebot, wenn folgende Kurse gelten:
   1 EUR = CHF 1,028
   1 EUR = USD 1,125

8. Aus Konkurrenzgründen darf der Einstandspreis einer Ware nicht höher als 1200,00 € sein.
   Berechnen Sie den Einkaufspreis, wenn der Lieferer 20 % Rabatt und 3 % Skonto gewährt und die Sendung frei Haus geliefert wird.

9. Das Elektrofachgeschäft Marcel Barth & Co., Mannheim, bezieht Laptops der Marke „Laufgut“ zu einem Einstandspreis von 500,00 € je Stück.
   Wie hoch ist der Einkaufspreis für ein Gerät, wenn der Lieferer 25 % Rabatt und 1 3/4 % Skonto gewährt und Bezugskosten in Höhe von 8,00 € je Rekorder entstehen?

10. ***Der Einstandspreis für 4 Winterreifen 195/60 R 15 T beträgt 600,00 €.***
Berechnen Sie den Einkaufspreis für einen Reifen, wenn der Lieferer 15 % Rabatt und 2,5 % Skonto gewährt und sich die Bezugskosten für die 4 Reifen auf insgesamt 20,00 € belaufen (auf volle Euro runden).

11. ***Eine Metallwarenfabrik in München bezieht von einem Zulieferer „Metallklemmen" für 85,00 € je Stück. Der Lieferant gewährt einen Mengenrabatt von 30 % sowie 2,5 % Skonto bei Zahlung innerhalb von 8 Tagen.***
Wie hoch ist der Einstandspreis (Bezugspreis) pro Stück, wenn die Skontogewährung ausgenutzt wird und überdies 1,49 € an Bezugskosten pro Metallklemme anfallen?

12. ***Der Automobilzubehörgroßhandel Knapp & Co. erhält von seinem langjährigen Lieferanten ein Angebot über 4 Pakete zu je 24 Dosen Politur zu einem Einkaufspreis von 4,80 € je Dose.***
Die Verpackungs- und Transportkosten betragen je Paket 19,50 €.
Wie viel Euro beträgt der Einstandspreis insgesamt und je Dose, wenn der Lieferer 15 % Treuerabatt und 2,5 % Skonto gewährt?

13. ***Der Eisenwarenfachmarkt Emil Neumann & Co. erhält folgendes Angebot über Messingbeschläge:***

Sehr geehrte Damen und Herren,

vielen Dank für Ihre Anfrage. Hiermit bieten wir Ihnen ab Werk 150 Messingbeschläge Modell „Sicher" zum Stückpreis von 48,00 € an.

Auf unseren Rechnungspreis gewähren wir 15 % Mengenrabatt sowie bei Zahlung innerhalb von 8 Tagen 2,5 % Skonto.

Die Frachtkosten belaufen sich auf insgesamt 120,00 €.
Über eine Auftragserteilung würden wir uns sehr freuen.

Ist dieses Geschäft für Herrn Neumann interessant, wenn ein weiterer Anbieter vergleichbare Beschläge zu einem Einstandspreis von 41,50 € liefert?

14. ***Die Elektrogroßhandlung Schweighoffer GmbH, Mannheim, erhält folgende zwei Angebote über Energiesparlampen:***

Leuchtenfabrik Hell AG, München, Stückpreis 22,50 € ab Werk, 8 % Mengenrabatt bei Abnahme von mindestens 150 Stück, Bezugskosten je 100 Stück 40,00 €, Zahlungsziel 30 Tage rein netto, bei Zahlung innerhalb von 10 Tagen 2 % Skonto.

Lampen- und Leuchtenfabrik Elisabeth Dittmann OHG, Köln, Stückpreis 21,80 € und 10 % Rabatt bei Abnahme von 300 Stück, Lieferung frei Haus, 2 % Skonto innerhalb von 8 Tagen oder 20 Tage Ziel.

Erstellen Sie einen Angebotsvergleich unter folgenden Annahmen:
1. ***Die Elektrogroßhandlung Schweighoffer GmbH bezahlt immer unter Skontoabzug.***
2. ***Es sollen zunächst lediglich 200 Energiesparlampen bestellt werden.***

15. *Die oberbayerischen Glaswerke AG, Weiden, beabsichtigen ihre Produkte zukünftig in 3-lagigen Wellpappkartons zu versenden. Auf ihre Anfrage bei verschiedenen Herstellern gingen folgende drei Angebote ein:*

Angebot 1	Angebot 2	Angebot 3
Wellpapp AG, München	Heidelberger Pappwerke GmbH, Heidelberg	Kartonagenfabrik Neumann & Ausanio OHG, Bremen
Wellpappfaltkisten dreilagig mit Presspappe als Innen-einsatz	Wellpappfaltkartons dreilagig mit Styroporeinsatz	Wellpappfaltkisten dreilagig
Stückpreis	Stückpreis	Stückpreis
Ab 1 000 Stück 2,40 €	Ab 500 Stück 2,60 €	Bis 10 000 Stück 2,20 €
Ab 10 000 Stück 1,90 €	Freibleibend	Ab 10 000 Stück 1,80 €
5 % Sonderrabatt	Kein Rabatt	3 % Rabatt
2 % Skonto bei Barzahlung oder 30 Tage Ziel	3 % Skonto bei Zahlung innerhalb von 8 Tagen oder 60 Tage Ziel	Barzahlung
Lieferung frei Haus	Lieferung frei Haus	Lieferung ab Werk

Ermitteln Sie in einem Angebotsvergleich auf der Basis von 4 500 Stück das rechnerisch günstigste Angebot, wenn die Transportkosten aus Bremen 50,00 € je angefangene 1 000 Stück betragen.

16. *Die Kfz-Zubehörgroßhandlung Leuck & Eberle KG, Mannheim, beabsichtigt Navigationssysteme in ihr Verkaufsprogramm aufzunehmen. Hierzu werden mehrere Hersteller von Navigationssystemen schriftlich um die Abgabe eines Angebotes gebeten.*

Aufgrund dieser Anfragen gingen die beiden nachfolgenden Angebote ein:

	Angebot 1	Angebot 2
Listenpreis	1 060,00 €	1 300,00 €
Rabatt	25 %	30 %, bei Abnahme von mindestens 5 Stück 35 %
Lieferbedingungen	Ab Werk	Frei Haus
Bezugskosten pro Bestellung	12,00 €	–
Lieferzeit	sofort	Innerhalb von 8 Tagen ab Bestelldatum
Zahlungsbedingungen	Innerhalb von 10 Tagen 2 % Skonto oder 30 Tage rein netto	Innerhalb von 8 Tagen 3 % Skonto oder 60 Tage Ziel
Besonderheiten	Eigentumsvorbehalt	–

Ermitteln Sie das günstigste Angebot, wenn die Leuck & Eberle KG regelmäßig Skonto in Anspruch nimmt und zunächst 10 Navigationssysteme bestellt werden sollen.

Prüfungsaufgabe

Tipp

Bei nachfolgender Aufgabe handelt es sich um eine Aufgabe, die sowohl Inhalte der Allgemeinen Betriebswirtschaft als auch Rechen- und Buchungsinhalte miteinander verknüpft und somit Prüfungscharakter besitzt.

Die Marlies Schweighoffer GmbH ist ein mittelständisches Unternehmen in Mannheim, das Kleinmotoren herstellt. Aufgrund der schwierigen Marktsituation sieht sich das Unternehmen gezwungen, sämtliche Unternehmensbereiche auf Kosteneinsparungsmöglichkeiten hin zu untersuchen. So sollen etwa im Beschaffungsbereich die Einstandspreise durch neue Lieferanten gesenkt werden.

Bisher wurden die Gussteile für die Kleinmotoren von einem inländischen Lieferanten zum Netto-Einstandspreis von 33,50 €/Stück frei Haus, zahlbar innerhalb von 30 Tagen ohne Abzug, bezogen.

Ein neuer Lieferant in Norwegen unterbreitet für die Gussgehäuse nachfolgend dargestelltes Angebot (siehe Anlage).

a)** **Sie werden von Ihrem Vorgesetzten gebeten, den Einkaufspreis je Gussgehäuse des norwegischen Anbieters zu errechnen, wenn der Kurs laut Internetauskunft 8,5000 norwegische Kronen für 1 € beträgt.

b)** **Anschließend sollen Sie unter Verwendung des Bezugskalkulationsschemas eine Ermittlung des Einstandspreises durchführen und sich begründet für einen Lieferanten entscheiden, wenn monatlich 100 Gussgehäuse benötigt werden und wir uns für ein Jahr festlegen würden.

c)** **Geben Sie neben dem Einstandspreis drei weitere Kriterien an, von denen Ihre Entscheidung abhängen könnte.

d)** **Um wie viel Prozent ist das günstigere Angebot lukrativer?

e)** **Wie wäre der Wareneinkauf zu buchen, wenn wir die benötigten Gussgehäuse
- ***wie bisher von unserem inländischen Lieferanten beziehen oder***
- ***beim neuen norwegischen Hersteller einkaufen würden?***

f)** **Verbuchen Sie die Begleichung der Rechnung durch Banküberweisung einen Monat später, wenn wir die Ware wie bisher von unserem inländischen Lieferanten bezogen hätten.

Svenson

Gießerei Olaf Svenson
Rue de Hammerfest 15 • Oslo

Gießerei Olaf Svenson, Rue de Hammerfest 15, Oslo

Kleinmotorenfabrik
Marlies Schweighoffer GmbH
Siegstr. 26
68163 Mannheim

Angebot

Oslo, 11. 05. 20..

Sehr geehrte Damen und Herren,

vielen Dank für Ihre Anfrage. Gerne können wir die gewünschten Gussteile gemäß Ihren technischen Vorgaben zu

289 norwegische Kronen (nkr) je Stück

anbieten.

Bei Abschluss eines Rahmenvertrages über ein Jahr gewähren wir Ihnen Rabatte gemäß folgender Aufstellung:

5 % Rabatt bei einer Jahresabnahmemenge ab 500 Stück,
10 % Rabatt bei einer Jahresabnahmemenge ab 1 000 Stück,
15 % Rabatt bei einer Jahresabnahmemenge ab 1 500 Stück.

An Bezugskosten müssen wir Ihnen laut Auskunft unseres dänischen Spediteurs 75,00 Euro je 50 Gehäuse berechnen. Bei Zahlung innerhalb von 8 Tagen ab Rechnungsdatum gewähren wir 3 % Skonto, sonst ist die Rechnung innerhalb von 30 Tagen rein netto zu begleichen.

Wir freuen uns bereits heute auf eine gute Zusammenarbeit.

Mit freundlichen Grüßen

Gießerei Olaf Svenson

Ole Neudahlen

Ole Neudahlen

4 Maße und Gewichte

4.1 Metrische Maße und Gewichte

Maße und Gewichtseinheiten sind in der kaufmännischen Praxis Grundlage für jeden Waren- und Leistungsaustausch, wird doch, z. B. bei der Entgeltberechnung im Güterverkehr, neben der Entfernung besonders das Gewicht des Fracht- oder Lagergutes zugrunde gelegt. Vor diesem Hintergrund und angesichts der Tatsache, dass in den meisten Staaten heute das metrische System als gesetzliches Maß- und Gewichtssystem eingeführt ist, sollte jede Fachkraft im Logistikbereich in der Lage sein, das metrische Maß- und Gewichtssystem zu beherrschen.

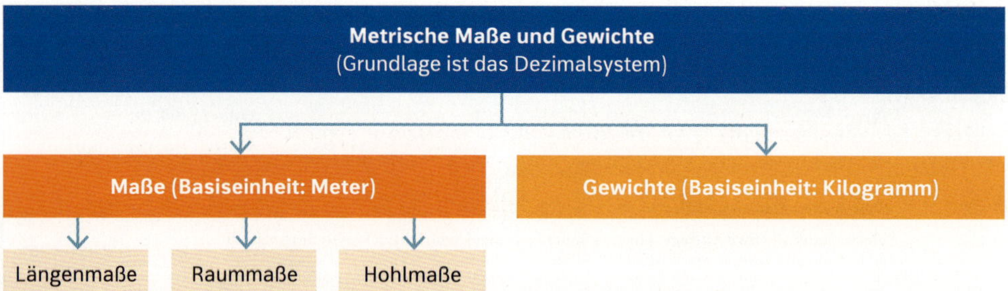

Merke

Maßeinheiten	*Längenmaße*	*1 km =*	*1 000 m*			
			1 m =	*10 dm*		
				1 dm =	*10 cm*	
					1 cm	*= 10 mm*
	Raummaße	*1 m^3 =*	*1 000 dm^3*			
			1 dm^3 =	*1 000 cm^3*		
				1 cm^3 =	*1 000 mm^3*	
	Hohlmaße	*1 hl =*	*100 l =*	*0,1 m^3 =*	*100 dm^3*	
			1 l =		*1 dm^3*	

Merke: 1 m^3 = 1 000 l
1 dm^3 = 1 l

Gewichtseinheiten	*1 t =*	*10 dz*[1] *=*	*20 ztr =*	*1 000 kg*	
		1 dz =	*2 ztr =*	*100 kg*	
			1 ztr =	*50 kg*	
				1 kg	*= 1000 g*

[1] *Bei den kursiv angegebenen Größen handelt es sich um kaufmännische Einheiten*
dz = Doppelzentner
ztr = Zentner

Musteraufgabe

Geben Sie das Gesamtgewicht nachfolgender Sendung in Tonnen an.

4	Pakete	à	78 kg
3	Gitterboxpaletten	à	785 kg
2	Europaletten	à	1 018 kg
1	Kiste		297 kg

Musterlösung

4	Pakete	à	78 kg	312 kg	
3	Gitterboxpaletten	à	785 kg	2 355 kg	
2	Europaletten	à	1 018 kg	2 036 kg	
1	Kiste		297 kg	297 kg	
	Gesamtgewicht			**5 000 kg**	**= 5 Tonnen**

Lösungsschritte

1. Ermittlung des Gewichts je Verpackungs- bzw. Versendungsform
2. Ermittlung des Gesamtgewichtes der Sendung
3. Umwandlung der kg in Tonnen, wobei gilt: 1 000 kg = 1 t

Übungsaufgaben

1. ***Eine Luftfrachtsendung besteht aus***
2 Frachtstücken zu je 3 750 g
4 Frachtstücken zu je 17,5 kg
1 Frachtstück zu 32 750 g
Berechnen Sie das Bruttogewicht in kg.

2. ***Berechnen Sie das in kg anzugebende Gesamtgewicht nachfolgender Expressgutsendung:***

2 Pakete zu je	*17,6 kg*	*2 Pakete zu je*	*12 400 g*
7 Pakete zu je	*8,9 kg*	*1 Paket zu*	*7 700 g*

3. ***Ein Öltank mit einem Fassungsvermögen von 12 hl weist nach unseren Berechnungen noch einen Inhalt von 275 l auf.***
Wie viel Liter Öl müssen bis zum Maximum nachgekauft werden?

4. ***In einem Waggon, der ein Fassungsvermögen von 25 t aufweist, sollen nachfolgende Sendungen von Mannheim nach Berlin transportiert werden:***

8 Europaletten mit je	*950 kg*
9 Gitterboxpaletten mit je	*620 kg*
2 Einwegpaletten mit je	*591 kg*

Ermitteln Sie, wie viel Tonnen noch zugeladen werden könnten.

4.2 Nicht metrische Maße und Gewichte

Obwohl vor mehr als 40 Jahren das metrische System nahezu weltweit eingeführt wurde, wenden auch heute noch einige Staaten, unter ihnen die USA, weiterhin das nicht metrische (nicht dezimale), auf ‚Foot' und ‚Pound' basierende System an. Da ein Großteil des **Welthandels** jedoch mit diesen Staaten erfolgt, erscheint eine Beschäftigung auch mit deren Bezugssystem unverzichtbar. LOP

4.2.1 Rechnen mit nicht metrischen Maßeinheiten

Während sich in den westlichen Ländern als Längeneinheit der Meter durchgesetzt hat, bezieht sich das englische und amerikanische Maßsystem auf Foot und Yards.

Die im Folgenden verwendeten Abkürzungen sind:
- yd = Yard (Yards) = Stab
- ft = Foot (Feet) = Fuß
- in = Inch (Inches) = Zoll

Englisches und amerikanisches Maßsystem

	Dezimalzahlen des Yard	Umrechnungen in m
1 Yard = 3 Feet = 36 Inches =	1,000 yd	= 0,9144 m
1 Foot = 12 Inches =	0,333 yd	= 0,3048 m
1 Inch =	0,028 yd	= 0,0254 m

In der Praxis bedient man sich zur Umrechnung häufig folgender Vereinfachung:

Merke

12 yds = 11 m

Schreibweise **yds** 16.2.7 **oder** 16 yd 2' 7"

Yards Feet Inches

4.2.1.1 Umwandlung von Yards in Feet und Inches und umgekehrt

Musteraufgabe 1

Wandeln Sie Yards 7.2.6 in Inches um.

Musterlösung 1

yds	7.2.6				
1.	7. = 7 yds	·	36 Inches	=	252 Inches
2.	2. = 2 ft	·	12 Inches	=	24 Inches
3.	6. = 6 in	·	→	=	6 Inches
					282 Inches

Lösungsschritte 1

1. Multiplikation der Yards mit 36 (1 yd = 36 in).
2. Multiplikation der Feet mit 12 (1 ft = 12 in).
3. Berücksichtigung der angegebenen Inches und Addition zur Gesamtsumme.

Musteraufgabe 2

Wandeln Sie 558 Inches in Yards, Feet und Inches um.

Musterlösung 2

1.	558	:	36	=	15 Yards
2. Rest	18	:	12	=	1 Foot
3. Rest	6	→		=	6 Inches
				=	yds 15.1.6

Lösungsschritte 2

1. Division der angegebenen Inches durch 36 (36 Inches = 1 Yard).
2. Division des Rests durch 12 (12 Inches = 1 Foot).
3. Der übrig gebliebene Rest sind die restlichen Inches.

Übungsaufgaben

1. ***Wandeln Sie folgende angegebenen Strecken in Inches um:***

a) 14.2.9 *c) 19.2.0* *e) 45.1.11*
b) 18.2.10 *d) 33.1.4* *f) 9.1.7*

2. ***Wie viele Yards, Feet und Inches sind:***

a) 506 Inches *d) 29 Inches* *g) 452 Inches*
b) 3425 Inches *e) 6329 Inches* *h) 5209 Inches*
c) 249 Inches *f) 980 Inches* *i) 510 Inches*

4.2.1.2 Umwandlung von Yards in Meter und umgekehrt

Musteraufgabe 1

Ein Importeur bezieht yds 28.1.11 Stoff aus Neuengland.
Wie vielen Metern entspricht diese Länge?

Musterlösung 1

I. Schritt: Umwandlung von Yards in Dezimalen von Yards

yds 28.01.11	Umwandlungsfaktoren für Dezimalzahlen von Yards lt. Tabelle		Dezimalgrößen
1. 28 yds	· 1,000	=	28,000
2. 1 ft	· 0,333	=	0,333
3. 11 in	· 0,028	=	0,308
4. yds 28.1.11			28,641 yds

nicht dezimales System → Umwandlung → dezimales System

II. Schritt: Umrechnung von Yards in Meter mithilfe der Vereinfachungsregel

5. 12 yds – 11 m
   28,641 yds – x m

$$x = \frac{11 \cdot 28{,}641}{12} = \underline{\underline{26{,}25\ \text{m}}}$$

Lösungsschritte 1

I. Schritt

1. Übertragung der ganzen Yards-Zahl.
2. Multiplikation der Feet mit dem Umwandlungsfaktor 0,333.
3. Multiplikation der Inches mit dem Umwandlungsfaktor 0,028.
4. Ermittlung der Yards als Dezimalzahl.

II. Schritt

5. Umwandlung der Yards in Meter, wobei gilt:
   12 yds = 11 m

Musteraufgabe 2

Wie viele Yards, Feet und Inches (Zoll) Kunststoffplanen müssen in Neuengland bestellt werden, wenn insgesamt 225 m benötigt werden?

Musterlösung 2

I. Schritt: Umwandlung von m in yds mithilfe der Vereinfachungsregel

11 m – 12 yds
225 m – x yds

1. $$x = \frac{12 \cdot 225}{11} = \underline{\underline{245{,}455\ \text{yds}}}$$

II. Schritt: Rückrechnung der Dezimalzahlen des Yards in yds, ft und in

2. **245**,455 yds = **245** yds
3. 0,455 yds · 3 = **1**,365 ft = **1** ft
4. 0,365 ft · 12 = 4,38 = **4** in

245,455 yds → dezimales System

yds 245. 1. 4 → nicht dezimales System

dezimales System — Umwandlung → nicht dezimales System

Lösungsschritte 2

I. Schritt:

1. Umwandlung der Meterangaben in eine Dezimalzahl des Yard

II. Schritt:

2. Übertragung der ganzen Yards-Zahl.
3. Multiplikation der Dezimalzahl des Yard mit 3. Die ermittelte Zahl stellt die Feet (Fuß) dar.
4. Multiplikation der Dezimalzahl der Feet mit 12 und kfm. Rundung auf eine ganze Zahl. Diese stellt die restlichen Inches dar.

Übungsaufgaben

1. ***Ein Hamburger Importeur erhält verschiedene Stoffsendungen aus den USA, deren Maße in Meter umzurechnen sind:***

a) 92.2.10	*c) 17.–.3*	*e) 13.–.–*
b) 182.1.6	*d) 13.2.11*	*f) 16.2.–*

2. ***In einem Bremer Exportgeschäft sind die Meterangaben auf US-Maße umzurechnen:***

a) 350 m	*c) 55 m*	*e) 82,75 m*
b) 175 m	*d) 228,5 m*	*f) 87 m*

3. ***Wie viele Yards, Fuß und Zoll müssen bestellt werden, wenn eine Kunststoffplane von 80 m Länge gewünscht wird?***

4. ***Geben Sie die Maße eines 20 (40) Fuß Containers (20 Fuß · 8 Fuß · 8,5 Fuß) in Meter an und bestimmen Sie dessen Rauminhalt.***

   Container 20 Fuß

5. ***Zum wiederholten Male legte eines der größten Binnencontainerschiffe der Welt, die MS „Jowi“, im Ludwigshafener Containerterminal an.***
   a) Ermitteln Sie, wie viele Container (Länge 30 ft; Breite 8,5 ft) obiges Schiff maximal transportieren kann, wenn die Länge des Frachtraumes 92 m und die Breite 15,80 m beträgt und die Container auf 4 Etagen hoch gestapelt werden können. (1 ft = 0,3048 m)
   b) Welches durchschnittliche Bruttogewicht kann ein solcher Container höchstens aufweisen, wenn das Schiff max. 4800 t zuladen kann?

4.2.2 Rechnen mit nicht metrischen Gewichtseinheiten

Beim Rechnen mit ausländischen nicht dezimalen Gewichtseinheiten wollen wir uns auf das amerikanische System beschränken.

Die dabei verwendeten Abkürzungen sind:

- ton = Ton (Tons) = Tonne
- cwt = Hundredweight (Hundredweights) = Hundertgewicht
- qr = Quarter (Quarters) = Viertel
- lb = Pound (Pounds) = Pfund
- oz = Ounce (Ounces) = Unzen

Amerikanisches Gewichtssystem

	Umrechnungen in kg (gerundete Werte)	Dezimalzahlen des cwt
1 ton – 20 cwts	= 907,20000 kg	= 20
1 cwt – 4 qrs	= 45,36000 kg	= 1
1 qr – 25 lbs	= 11,34000 kg	= 0,25
1 lb – 16 oz	= 0,45360 kg	= 0,01
1 oz	= 0,02835 kg gerundet	

Schreibweise: 17.3.21

cwts qrs lbs

4.2.2.1 Umwandlung von Hundredweights in Quarters und Pounds und umgekehrt

Musteraufgabe 1

Wandeln Sie cwts 19.2.17 in Pounds um.

Musterlösung 1

cwts	19.2.17						
1.	19.	=	19 cwts	·	100 lbs	=	1900 lbs
2.	2.	=	2 qrs	·	25 lbs	=	50 lbs
3.	17	=	17 lbs	→		=	17 lbs
							1 967 lbs

Lösungsschritte 1

1. Multiplikation der Hundredweights mit 100 (1 cwt = 100 lbs).
2. Multiplikation der Quarters mit 25 (1 qr = 25 lbs).
3. Berücksichtigung der angegebenen Pounds und Addition zur Gesamtsumme.

Musteraufgabe 2

Wie viel cwts und qrs sind 3217 lbs?

Musterlösung 2

1.	3217	:	100	=	32 cwts
2. Rest	17	:	25	=	0 qrs
3. Rest	17	→		=	17 lbs
				=	cwts 32.0.17

Lösungsschritte 2

1. Division der angegebenen lbs durch 100 (dadurch erhält man als ganze Zahl die cwts; 100 lbs = 1 cwt).
2. Division des Rests durch 25 (dadurch erhält man als ganze Zahl die Quarters; 25 lbs = 1 qr).
3. Die Restgröße stellt die Pounds (lbs) dar.

Übungsaufgaben

1. *Wandeln Sie folgende Gewichte in US-lbs um:*

a) cwts 12.3.17 ***d) cwts 8.1.–*** ***g) tons 11.6.2.25***
b) cwts 9.–.16 ***e) cwts 13.2.21*** ***h) tons 21.15.3.5***
c) cwts 17.2.21 ***f) cwts –.3.21*** ***i) tons 32.16.2.14***

2. *Wandeln Sie die angegebenen lbs in tons, cwts und qrs um:*

a) 12300 lbs ***c) 17913 lbs*** ***e) 3251 lbs***
b) 5128 lbs ***d) 817 lbs*** ***f) 215 lbs***

4.2.2.2 Umwandlung von Hundredweights in Kilogramm und umgekehrt

Musteraufgabe 1

Wie viel Kilogramm wiegt ein Frachtstück von cwts 3.2.6, das wir aus den USA beziehen?

Musterlösung 1

I. Schritt: Umwandlung von cwts in Dezimalen von cwts

cwts	3.2.6	Umwandlungsfaktoren für Dezimalzahlen von cwts lt. Tabelle		Dezimalgrößen
1. 3 cwts	←	· 1	=	3,000
2. 2 qrs	←	· 0,25	=	0,500
3. 6 lbs	←	· 0,01	=	0,060
4. cwts	3.2.6			3,560 cwts

↓ nicht dezimales System → Umwandlung → dezimales System ↓

II. Schritt: Umrechnung von cwts in kg

5. 1 cwt – 45,3600 kg
   3,56 cwts – x kg

$$x = \frac{45{,}36 \cdot 3{,}56}{1} = \underline{\underline{161{,}4816\ \text{kg}}}$$

Lösungsschritte 1

I. Schritt

1. Übertragung der ganzen cwts-Zahl.
2. Multiplikation der Quarters mit dem Umwandlungsfaktor 0,25 (1 cwt = 4 qrs; 0,25 cwt = 1 qr).
3. Multiplikation der Pounds mit dem Umrechnungsfaktor 0,01.
4. Ermittlung der Hundredweights als Dezimalzahl.

II. Schritt

5. Umwandlung der Hundredweights in Kilogramm, wobei gilt: 1 cwt = 45,3600 kg.

Musteraufgabe 2

Wie viel Hundredweights, Quarters und Pounds Kupferdraht müssen wir in den USA bestellen, wenn genau 161,4816 kg benötigt werden?

Musterlösung 2

I. Schritt: Umwandlung von kg in cwts

1. 45,3600 kg – 1 cwt
   161,4816 kg – x cwts

$$x = \frac{1 \cdot 161{,}4816}{45{,}36000} = \underline{\underline{3{,}56\ \text{cwts}}}$$

II. Schritt: Rückrechnung der Dezimalzahlen des Hundredweight in cwts, qrs und lbs

2. 3,560 cwts = 3 cwts
3. 0,560 cwts · 4 = 2,240 = 2 qrs
4. 0,240 qrs · 25 = 6 = 6 lbs

3,560 cwts → dezimales System

cwts 3.2.6 → nicht dezimales System

dezimales System — Umwandlung → nicht dezimales System

Lösungsschritte 2

I. Schritt:

1. Umwandlung der Kilogrammangaben in eine Dezimalzahl der Hundredweights.

II. Schritt:

2. Übertragung der ganzen Hundredweight-Zahl (cwts).
3. Multiplikation der Dezimalzahl des cwts mit 4. Die ganze Zahl stellt die Quarters (qrs) dar.
4. Multiplikation der Dezimalzahl der Quarters mit 25 und kfm. Rundung auf eine ganze Zahl. Diese stellt die restlichen Pounds (lbs) dar.

Übungsaufgaben

1. Welchen kg-Gewichten entsprechen folgende Posten Stoffe, die wir aus Neuengland beziehen:
a) cwts 19.1.16 c) cwts 17.2.–
b) cwts 11.3.21 d) cwts 1.–.21

2. Wandeln Sie folgende kg-Posten in cwts, qrs und lbs um:
a) 525 kg c) 175,8 kg e) 16517 g
b) 715 kg d) 17 kg 350 g f) 1,045 t

3. Eine Ladung Kentucky-Whiskey wiegt insgesamt cwts 21.3.18.
Ermitteln Sie, welchem kg-Gewicht dies entspricht.

4. Wie viele 24-t-Waggons sind erforderlich, um eine Partie Wintergerste über cwts 8976.–.– abzutransportieren? (Auf volle Waggon runden.)

Am Ende dieses Kapitels soll der Vollständigkeit halber noch das alte englische Gewichtssystem dargestellt werden.

Englische Gewichtseinheiten

	Umrechnungen in kg (gerundete Werte)	Dezimalzahlen des cwt
1 ton – 20 cwts	= 1016 kg	= 20
1 cwt – 4 qrs	= 50,8 kg	= 1
1 qr – 28 lbs	= 12,7 kg	= 0,25
1 lb – 16 oz	= 0,4536 kg	= 0,009
1 oz	= 0,0283 kg	

5 Flächen-, Körper- und Umfangberechnung

LOP

Neben dem richtigen Umgang mit Maß- und Gewichtseinheiten wird das Beherrschen der Flächen-, Körper- und Umfangsberechnung als unabdingbare Voraussetzung für die Berufe der Lagerlogistik betrachtet, so etwa beim **Beladen von Lkw**, Waggons etc. mit Säcken, **Paletten** und Ähnlichem oder bei der optimalen Ausnutzung vorhandenen Lagerraums.

1. Quadrat

- Umfang $U = 4 \cdot a$
- Fläche $F = a \cdot a$

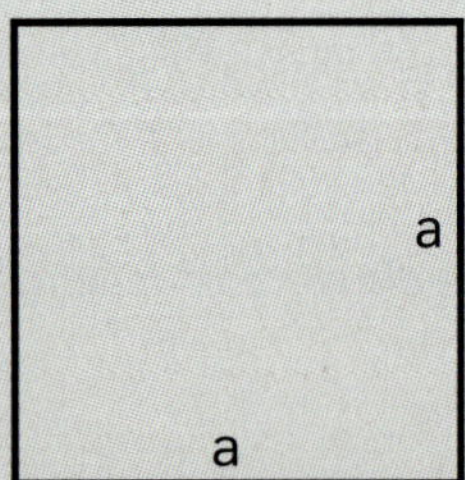

Würfel

- Volumen $V = a \cdot a \cdot a$
- Oberfläche $O = 6 \cdot a^2$

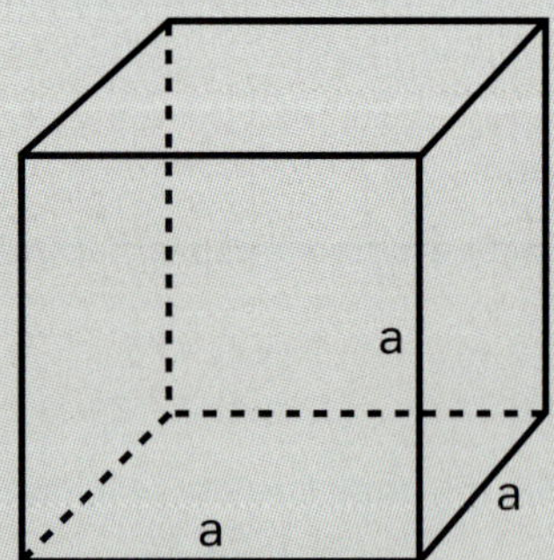

2. Rechteck

- Umfang $U = 2a + 2b$
- Fläche $F = a \cdot b$

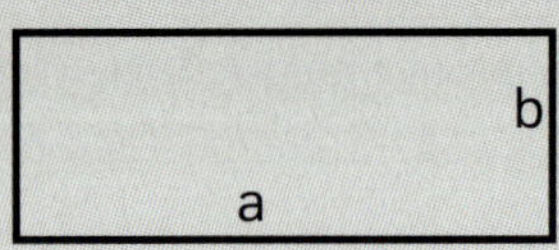

Quader

- Volumen $V = a \cdot b \cdot c$
- Oberfläche $O = 2ab + 2ac + 2bc$

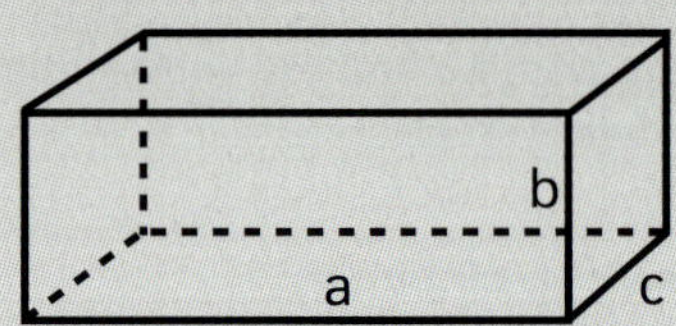

3. Dreieck

- Umfang $U = a + b + c$
- Fläche $F = \frac{g \cdot h}{2}$

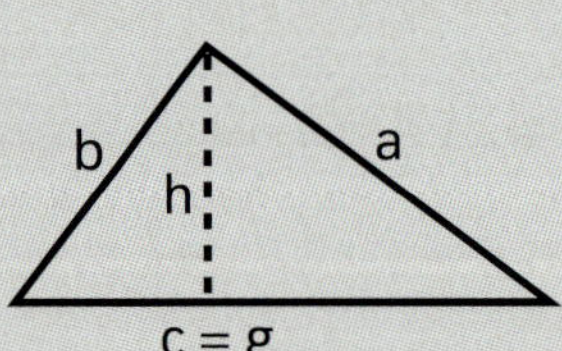

Dreiecksäule

- Volumen $V = \frac{g \cdot h}{2} \cdot l$

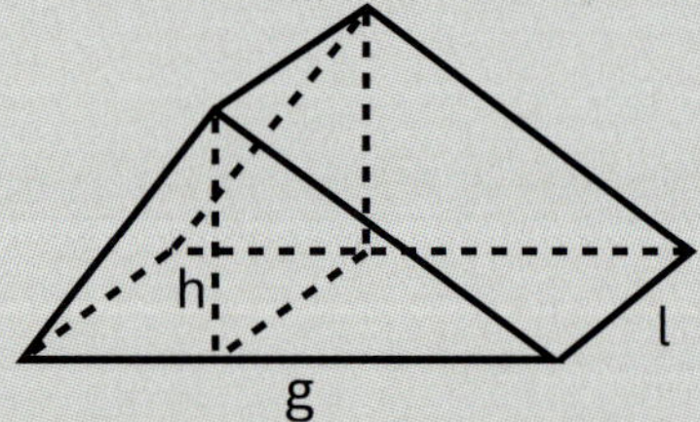

4. Kreis

- Umfang $U = 2r\pi$
- Fläche $F = r^2\pi$

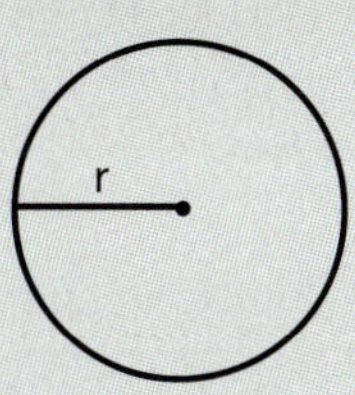

Kugel

- Volumen $V = \frac{4}{3} r^3\pi$

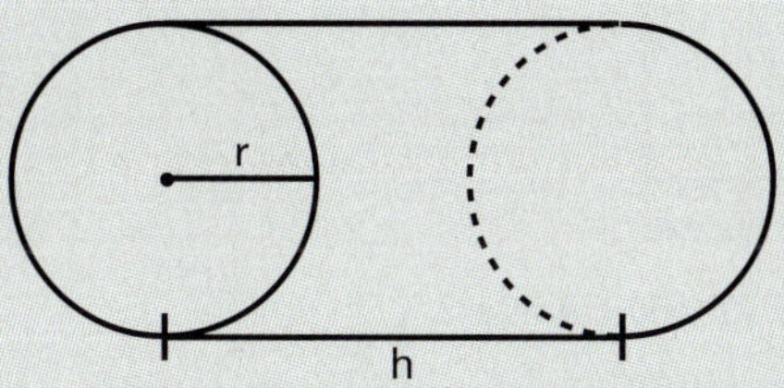

Zylinder

- Volumen $V = r^2\pi h$
- Oberfläche $O = 2r^2\pi + 2r\pi h$

5.1 Allgemeine Berechnungen

Musteraufgabe

Bei der Maschinenfabrik Bauer & Reinhard sollen 5 für den Export bestimmte würfelförmige Holzkisten mit einer Kantenlänge von 80 cm in Ölpapier verpackt werden. Wie teuer ist das Ölpapier, wenn der m² Preis 3,50 € beträgt?

Musterlösung

Oberfläche $= 6\ a^2$
$= 6 \cdot a \cdot a$
$= 6 \cdot 0{,}8\ m \cdot 0{,}8\ m$
$= 6 \cdot 0{,}64\ m^2$
$= \underline{\underline{3{,}84\ m^2}}$

Preis $= 3{,}84\ m^2 \cdot 3{,}50\ €/m^2 \cdot 5$ Kisten
$= \underline{\underline{67{,}20\ €}}$

Lösungsschritte

1. Überlegung, um welche Fläche/Körper es sich bei der vorliegenden Aufgabe handelt.
   Hier: Oberfläche Würfel
2. Auswahl der Berechnungsformel.
   Hier: Oberflächenformel $O = 6\ a^2$
3. Errechnung der geforderten Größe.

Übungsaufgaben

1. **Die Sanitärgroßhandlung Weber & Co. hat die Möglichkeit, ein an ihr Geschäft angrenzendes Grundstück zu kaufen. Das Grundstück hat folgende Abmessungen:**

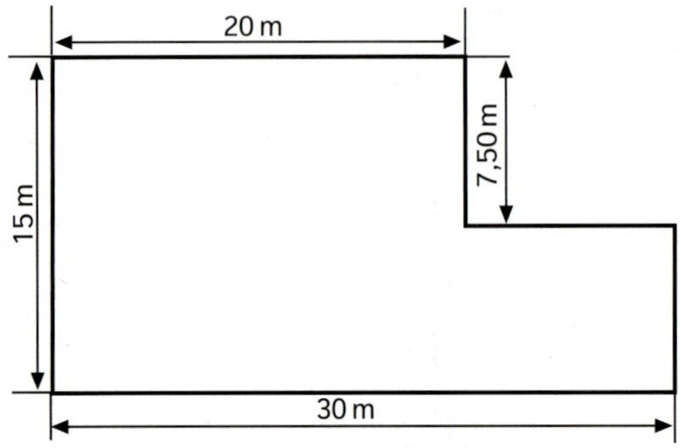

Wie teuer ist das Grundstück, wenn der m² 280,00 € kostet?

2. **Der Fußballverein Eintracht Bonifaz plant den Bau eines neuen Sportplatzes.**
   a) **Welche Fläche umfasst das Fußballfeld, wenn es 110 m lang und 50 m breit werden soll?**
   b) **Wie viel m legt ein Zuschauer zurück, wenn er einmal um das Spielfeld läuft?**
   c) **Welche Fläche umfasst der Strafraum mit den Maßen 32 m · 16 m?**

3. **Der Radius eines Rennrades beträgt 0,45 m.**
   Wie viel m legt es mit einer Umdrehung zurück?

4. **Ein Sattelauflieger hat folgende Innenmaße: Länge 12 m, Breite 2,50 m und Höhe 2,20 m. Berechnen Sie den zur Verfügung stehenden Laderaum.**

5. **Wie viel m³ Weizen fasst ein Silozug der Spedition Kruse, der folgende Innenmaße aufweist: Länge 7 m, Breite 2,50 m, Höhe 2,10 m?**

6. **Die Spedition Meier möchte an ihr Lagerhaus eine Auffahrt aus Beton anbauen lassen. Die Auffahrt soll folgendes Aussehen haben:**

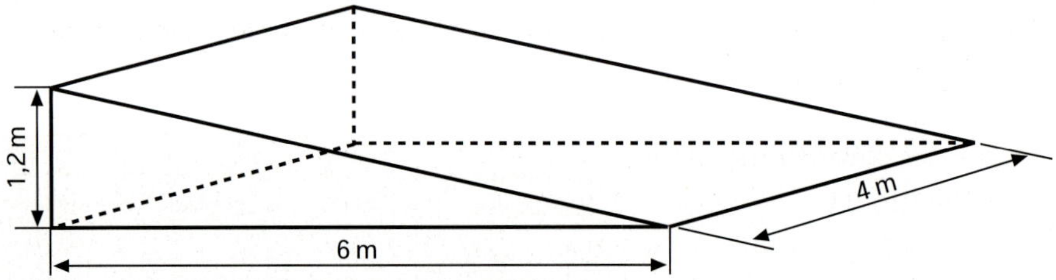

   a) **Wie viel m² Holz benötigt man für eine Seitenschalung?**
   b) **Wie teuer wird die Auffahrt, wenn für 1 m³ Beton 1 150,00 € zu zahlen sind?**

7. **Ermitteln Sie die Lagerkosten pro m² und pro Monat, mit denen die Spedition Meier für ihr zweigeschossiges Lagerhaus rechnet, wenn pro Quartal folgende Lagerkosten entstehen:**
   - **Miete 35 000,00 €**
   - **Personal 40 000,00 €**
   - **Abschreibungen 5 000,00 €**
   - **sonstige Kosten 10 000,00 €**

   Die Grundfläche des Lagerhauses beträgt 50 m · 25 m.

8. *Wie viel Liter Wasser fasst ein Wassertank, der 5 m lang, 3,50 m breit und 2 m hoch ist?*

9. *Errechnen Sie die maximale Lagerkapazität (in Tonnen) des neu erbauten, dreigeschossigen Lagerhauses der Mannheimer Lagerhausgesellschaft mbH, wenn die Grundmaße 60 m · 20 m betragen und der m² mit max. 3000 kg belastet werden kann.*

10. *Aufgrund der hohen Nachfrage nach Lagerraum entschließt sich die Geschäftsleitung der Mannheimer Lagerhausgesellschaft mbH zum Anbau einer eingeschossigen Halle mit folgenden Grundmaßen:*

Wie viel m² zusätzlicher Lagerraum kann die Lagerhausgesellschaft ihren Kunden zur Verfügung stellen?

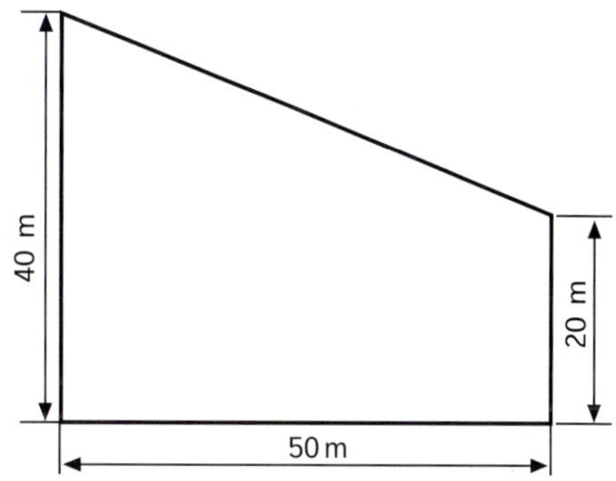

11. *Wie viel 40 Fuß ISO-Container (Maße: 40 Fuß · 8 Fuß · 8,5 Fuß) werden benötigt, um 838,64 m³ Bauschutt abzutransportieren, wenn 1 Fuß = 30,48 cm? (Berechnung bis auf zwei Stellen nach dem Komma.)*

12. *Wie viel Öl muss die Firma Schulze & Co. bestellen, wenn sie ihren Tank vollfüllen möchte und ein eingetauchter Stab auf eine Höhe von 40 cm ölig ist? Tankinnenmaße: 4,5 m · 2 m · 1,80 m.*

13. *Ein Grundstück von 200 m Länge und 50 m Breite soll mit Reihenhäusern bebaut werden.*
    a) Welche Fläche umfasst das Grundstück?
    b) Wie teuer ist das Grundstück, wenn der m²-Preis 450,00 € beträgt?
    c) Wie viel m² umfasst das Grundstück eines Reihenhauses, wenn dieses 8 m breit und 50 m lang (tief) sein soll?
    d) Wie viele Reihenhäuser gleichen Typs kann eine Immobiliengesellschaft auf dem obigen Grundstück bauen?

14. *Die Gesamttragfähigkeit einer Lagerhalle beträgt 2500 t. Wie viele m² umfasst die Halle, wenn der m² mit max. 2500 kg belastet werden darf?*

15. *Gbs – großer geschlossener Standardwaggon:*
Länge des Laderaumes 12,71 m
Breite des Laderaumes 2,65 m
Ladekapazität 27 t (89 m³)

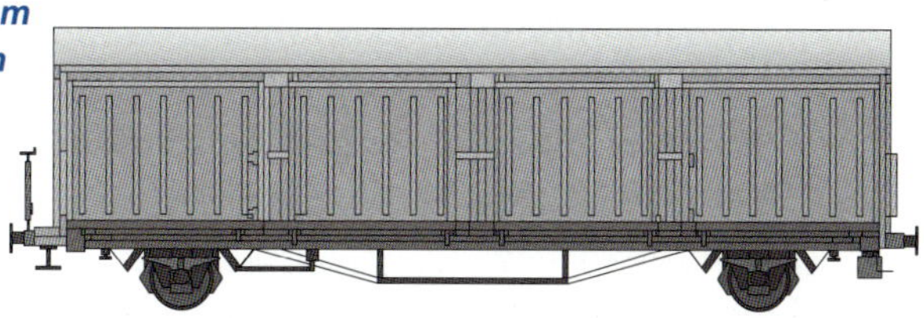

Hbis – geschlossener Waggon mit Schiebewänden:
Länge des Laderaumes 12,78 m
Breite des Laderaumes 2,60 m
Ladekapazität 25 t (94 m³)

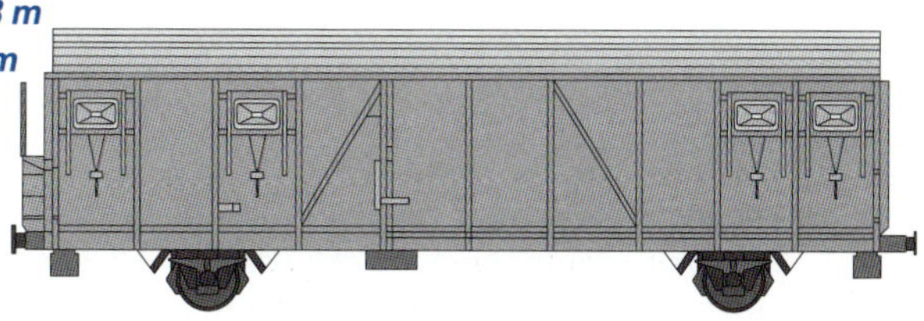

a) Berechnen Sie die Höhe der abgebildeten Waggons.
b) Ermitteln Sie, wie viele kg bei obigen Waggons höchstens pro m^2 geladen werden können.
c) Wie viele t Düngemittel können mit je 23 Gbs und Hbis befördert werden, wenn jeder Waggon nur zu 3/4 seiner Ladekapazität beladen werden kann?

16. Wie viele Liter fasst ein Tanklastzug mit folgenden Maßen:

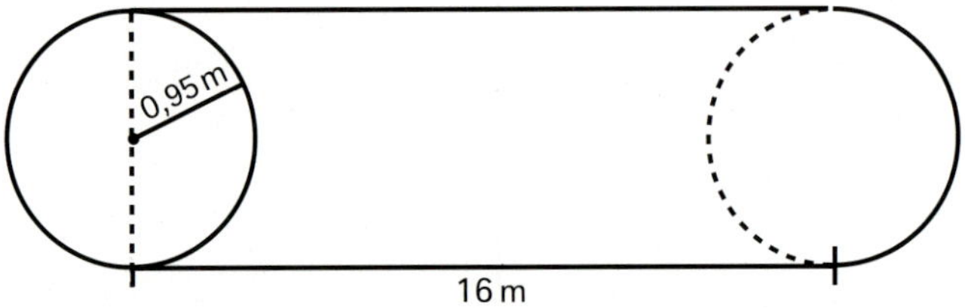

17. Ermitteln Sie, wie viele der abgebildeten Pulver- und Granulatwaggons benötigt werden, um 3 mit Kunststoffgranulat gefüllte Silos der Firma Dittmann & Barth zu leeren, wenn die Silos folgende Innenmaße besitzen:
Silo I (4 m · 4 m · 25 m)
Silo II (4 m · 3 m · 25 m)
Silo III (4 m · 2 m · 25 m)?

Pulver- und Granulatwaggon mit verschiedenen Füllmengen (bis max. 100 m^3 bzw. 58 t)

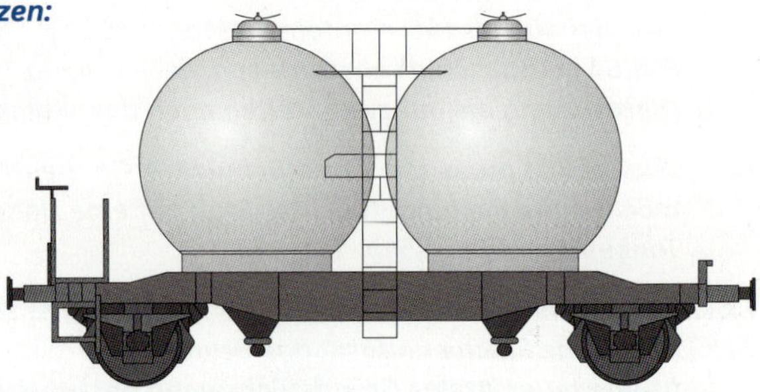

18. Die Firma Edgar Traub GmbH in Mannheim erhält 10 Stahlbehälter mit Filtern geliefert. Jeder dieser Stahlbehälter ist 2,40 m lang, 1,68 m breit, 1,26 m hoch und wiegt leer 57,6 kg. Die Filter, die in rechteckige Schachteln verpackt sind, sind 14 cm lang, 14 cm breit und 20 cm hoch und wiegen jeweils mit Verpackung 1 200 g.
a) Wie viele Filter fasst ein Stahlbehälter bei optimaler Bestückung?
b) Wie viele volle Stahlbehälter dürfen übereinander gestapelt werden, wenn die Lagerhalle 8 m hoch ist und der Lagerboden mit maximal 2 000 kg/m^2 belastet werden kann?
c) Wie viele m^2 werden für die Einlagerung der 10 Stahlbehälter benötigt?

19. a) Wie viele m^3 Erde müssen ausgebaggert werden, wenn ein 400 m langes Hafenbecken ausgehoben werden soll, das an der Sohle 30 m und an der Wasseroberfläche 50 m breit ist und 2,80 m tief sein soll?

Schnittzeichnung

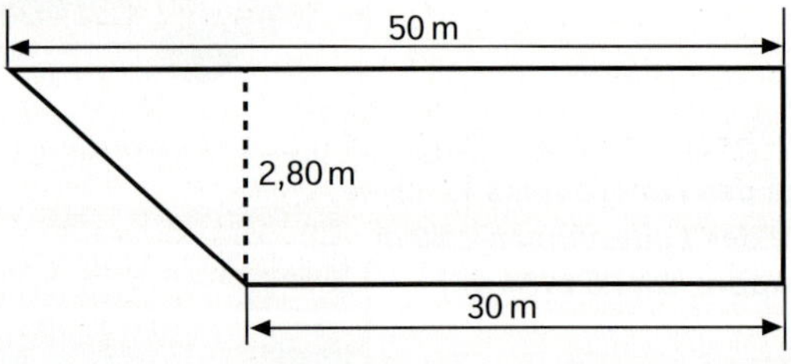

b) Wie viele Güterzüge mit je 40 Waggons wären nötig, um obige Erdmenge abzufahren, wenn die Innenmaße pro Waggon 12,80 m · 2,60 m · 2,10 m betragen (Volumen eines Waggon auf volle m^3 runden)?

20. Sie sind als Mitarbeiter/-in der internationalen Spedition EDR, Lyon, in deren Filiale in Mannheim mit dem Versand der eingelagerten Waren betraut. Laut einem Ihnen vorliegenden Arbeitsauftrag sollen Sie 396 Pakete Kunststoffteile – wie abgebildet – auf Europaletten verpacken.

a) Ermitteln Sie die Maße der einzelnen Pakete, wenn die Höhe der abgebildeten Europalette einschließlich des 10 cm hohen Palettensockels 1,00 m beträgt.

b) Wie viele Europaletten werden zur Beförderung der Pakete benötigt?

c) Errechnen Sie das Gesamtgewicht der Sendung, wenn jedes Paket 35 kg wiegt und das Eigengewicht jeder Europalette 20 kg beträgt.

5.2 Grundfläche, Lagerfläche, Ladefläche, Verkehrsfläche

Lagernutzflächen oder auch Ladenutzflächen geben die Grundflächen (Bruttofläche) von Lager- bzw. Lade-Räumen an. Diese Flächen können i. d. R. jedoch nicht völlig als Lagerfläche (= Fläche für die wirtschaftliche Lagerung von Gütern; sog. Nettofläche) verwendet werden, da für eine reibungslose Ein- und Auslagerung genügend und ausreichend breite Wege für innerbetriebliche Transportmittel, sogenannte Verkehrsflächen, freigehalten werden müssen.

Nachfolgende Darstellung gibt die übliche Aufteilung der Bruttofläche wieder:

Bruttofläche

- **Brutto-Lagerfläche** (= Lagernutzfläche)
  Grundfläche x Geschossanzahl
  (Länge x Breite x Geschossanzahl)
  - **Netto-Lagerfläche** (= Lagerfläche)
  - **Verkehrsfläche** (= innerbetriebliche Wegefläche; Warenbewegungsfläche)
- **Brutto-Ladefläche** (= Ladenutzfläche)
  Grundfläche
  (Länge x Breite)
  - **Netto-Ladefläche** (= Ladefläche)
  - **Restfläche**

Musteraufgabe

Eine neu gebaute, eingeschossige Lagerhalle weist eine Grundfläche von 75 m · 40 m auf.

Berechnen Sie die zur Verfügung stehende Lagerfläche, wenn für die innerbetrieblichen Verkehrswege 1/4 der Fläche freizuhalten sind.

Musterlösung

Grundfläche (Lagernutzfläche):	75 m · 40 m	=	3000 m^2
Wegefläche (Verkehrsfläche):	1/4	=	750 m^2
Lagerfläche	3000 m^2 – 750 m^2	=	2250 m^2

Lösungsschritte

1. Ermittlung der insgesamt zur Verfügung stehenden Grundfläche.
2. Berechnung der Wegefläche.
3. Ermittlung der Lager-(Lade-)fläche.

Übungsaufgaben

1. ***Eine Sendung von 22 Europaletten (120 cm · 80 cm) soll eingelagert werden.***
   - ***a) Wie viel m^2 Lagerfläche müssen für die Einlagerung zur Verfügung gestellt werden?***
   - ***b) Welche Lagerfläche müsste bereitgestellt werden, wenn die Paletten in zwei Lagen gestapelt werden könnten?***

2. ***Wie viele nicht stapelbare Europaletten der Größe 1 200 mm · 800 mm können in einem neuen Lageranbau mit den Maßen 30 m · 20 m eingelagert werden?***

3. ***Das 4-geschossige Lagergebäude der Mannheimer Lagerhausgesellschaft weist eine Länge von 120 m und eine Breite von 35 m auf.***
   - ***a) Ermitteln Sie die Grundfläche.***
   - ***b) Berechnen Sie die gesamte Lagernutzfläche.***
   - ***c) Errechnen Sie die zur Verfügung stehende reine Lagerfläche, wenn für innerbetriebliche Fahr- und Gehwege 1/5 der Fläche freizuhalten ist.***

4. ***Ein Sattelauflieger mit den Maßen 7,85 m · 2,44 m soll mit nicht stapelbaren Holzkisten beladen werden.***
   - ***a) Berechnen Sie die Ladenutzfläche.***
   - ***b) Errechnen Sie die Fläche einer Kiste, wenn diese 95 cm lang und 60 cm breit ist.***
   - ***c) Wie viele Kisten können tatsächlich bei optimaler Ausnutzung eingelagert werden?***
   - ***d) Ermitteln Sie die reine Ladefläche der Holzkisten, sowie die nicht zu nutzende Restfläche.***

5. ***Nico soll den hinteren Teil des Freilagers (14,40 m · 800 cm) mit Europaletten belegen.***
   - ***a) Wie viele Europaletten (120 cm · 80 cm) kann Nico bei optimaler Ausnutzung des Freilagers unterbringen?***
   - ***b) Wie vielen Lkw entspricht dies, wenn pro Lkw 20 Paletten angeliefert werden?***
   - ***c) Wie viele zusätzliche Tonnen Waren sind nun im Freilager gelagert, wenn eine Palette mit durchschnittlich 800 kg bepackt ist?***

6. ***Als Fachkraft für Lagerlogistik sind Sie auch häufig mit der Versendung von Gütern durch die Deutsche Bahn AG betraut.***

a) Ermitteln Sie, wie viele Europaletten in einem Gelenkwaggon der Deutschen Bahn AG geladen werden können, wenn die Länge des Laderaumes 19,85 m, die Breite 2,65 m und die Höhe 2,73 m beträgt, die Paletten nicht stapelbar sind und jede beladene Palette eine Höhe von 145 cm aufweist.

b) Berechnen Sie das durchschnittliche Gewicht je Palette, wenn der Waggon mit höchstens 45,6 t beladen werden darf.

c) Wie viel m³ Laderaum (Restvolumen) bleibt frei, wenn der Waggon mit der maximalen Anzahl an Paletten beladen ist?

d) Ermitteln Sie die mit der Auslagerung der Paletten verbundenen Zeiten und Kosten, wenn nachfolgende Daten zur Verfügung stehen:

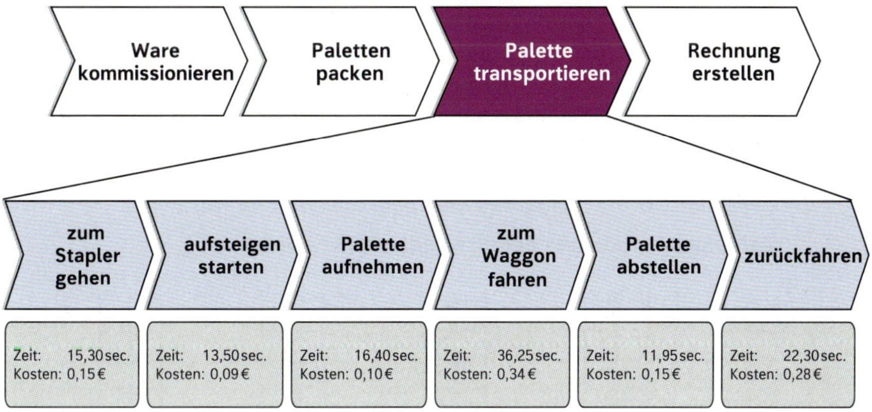

Zur Lösung kann eine Tabelle nach folgendem Muster erstellt werden:

Vorgang	Häufigkeit	Zeit		Kosten	
		einmalig	insgesamt	einmalig	insgesamt

e) Welchem Stundensatz entsprechen die Einlagerungskosten?

7. ***Die Spedition „Weltweit" setzt im Linienverkehr nach England vorwiegend nachfolgend abgebildeten Lkw ein.***

a) Ermitteln Sie, wie viele Europaletten (1,20 m · 0,80 m) in den abgebildeten Sattelzug geladen werden können, wenn die Innenbreite des Sattelaufliegers 2,44 m beträgt, die Paletten stapelbar sind und jede bepackte Palette eine Höhe von 120 cm aufweist.

b) Berechnen Sie das Ladungsgewicht des Lkw, wenn jede Palette im Durchschnitt 520 kg wiegt.

c) Skizzieren Sie die Draufsicht eines möglichen Ladeplanes.

d) Wie viel Laderaum Restvolumen bleibt frei, wenn der Sattelauflieger mit der maximalen Anzahl an Paletten beladen ist?

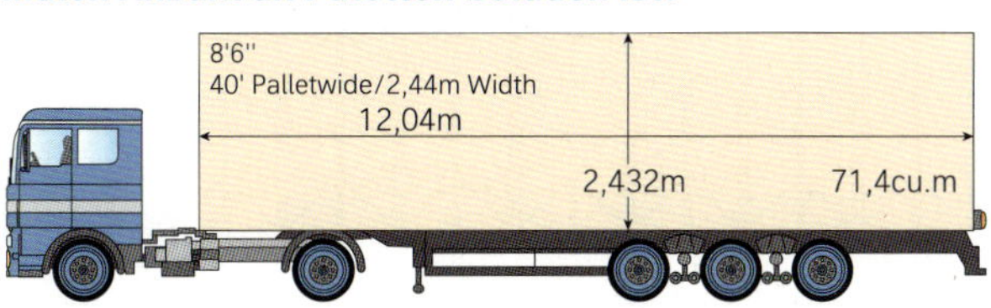

8. ***Laut eines Zeitungsberichts lagert der Reifenhersteller Goodyear in seiner neuen 73000 m² großen überdachten Lagerhalle bei Philippsburg 2 Mio. Reifen auf 3200 Palettenstellplätzen.***

a) Wie viele Reifen werden durchschnittlich pro Palettenstellplatz gelagert?

b) Wie viel m² benötigt ein Palettenstellplatz, wenn 20 % der Brutto-Lagerfläche für Verkehrswege frei zu halten sind?

c) Wie viele Reifen werden täglich abverkauft, wenn über Tag 45 Lkw und im Nachtsprung 80 Lkw mit je 200 Reifen abgefertigt werden?

d) Welcher täglich neu zu belegenden Lagerfläche entspricht dieser Abverkauf an Reifen?

e) Wie viele Arbeitstage würde es dauern, die Lagerhalle komplett zu räumen, wenn pro Tag max. 125 Lkw abgefertigt werden könnten und jeder Lkw mit 200 Reifen beladen wird?

9. ***Die Geschäftsleitung des Automobilzulieferers Karl Wolf KG, Mannheim, beabsichtigt die Lagerhaltung ihres Tiefkühllagers zu optimieren, um dadurch einerseits zusätzlichen Lagerraum zu gewinnen und andererseits die Energie- und Betriebskosten zu senken. Ein auf dieses Problem spezialisiertes Unternehmen schlägt daraufhin die Umwandlung des stationären Regalsystems in eine Verschieberegalanlage vor.***

a) Ermitteln Sie den durch die beabsichtigte Umwandlung erzielten Betriebsflächengewinn in Prozent für Fall 1.

b) Errechnen Sie die Steigerung der Lagerkapazität im Fall 2.

Bisheriges stationäres Regalsystem mit 10 Regalzeilen

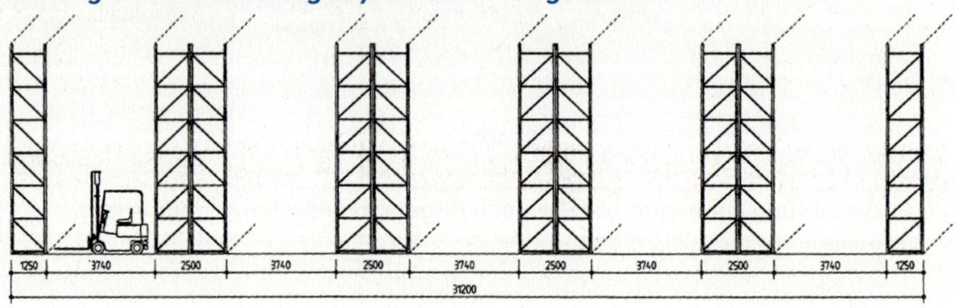

Fall 1

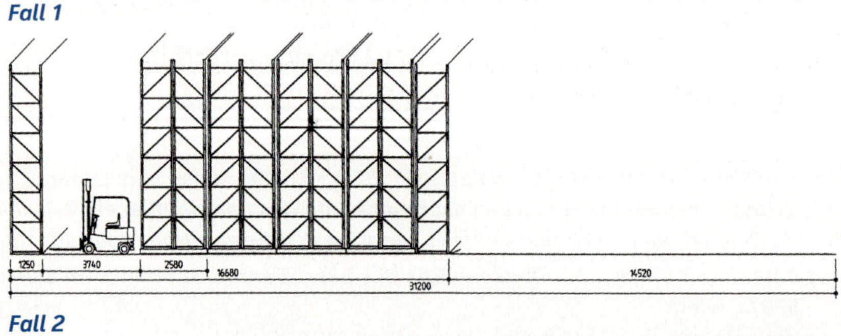

Fall 2

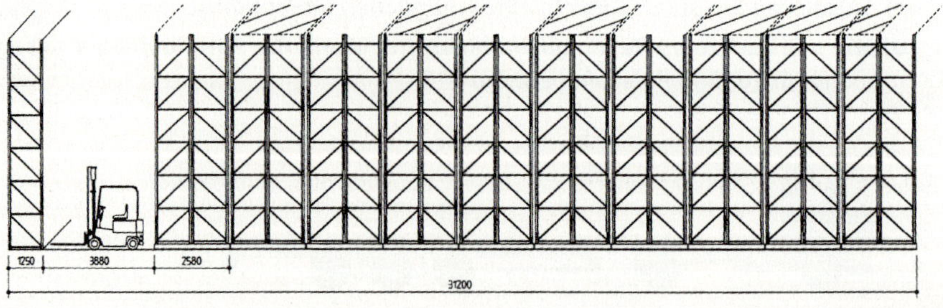

5.3 Nutzungsgrade im Lager (Flächen- und Raumnutzungsgrad)

Als hilfreiche Kenngrößen im Lagerbereich gelten die Nutzungsgrade, geben sie doch das Verhältnis aus tatsächlichem und maximalem Wert einer Bezugsgröße an, d.h., sie informieren über die aktuelle Auslastung unseres Lagers bzw. des zu beladenden Fahrzeugs. LOP

Solche Kenngrößen können sein:

Flächennutzungsgrad	Raumnutzungsgrad	Lagernutzungsgrad für Hochregallager
Der Flächennutzungsgrad ist ein Prozentsatz, der das Verhältnis von tatsächlich belegter zu nutzbarer Fläche angibt	Der Raumnutzungsgrad ist ein Prozentsatz, der das Verhältnis des tatsächlich genutzten Raumes zum nutzbaren Raum angibt	Der Lagernutzungsgrad ist ein Prozentsatz, der die Auslastung eines Hochregallagers wiedergibt.
Formel: Flächennutzungsgrad = $\frac{\text{tatsächlich belegte Fläche} \cdot 100}{\text{nutzbare Fläche (Bruttofläche/Lagernutzfläche)}}$	Formel: Raumnutzungsgrad = $\frac{\text{tatsächlich genutzter Raum} \cdot 100}{\text{nutzbarer Raum (Bruttoraum)}}$	Formel: Lagernutzungsgrad = $\frac{\text{tatsächlich belegte Hochregallagerplätze} \cdot 100}{\text{Gesamthochregallagerplätze (Bruttolagerplätze)}}$

Musteraufgabe

Die Grundfläche des doppelgeschossigen Lagerhauses der Dortmunder Lagergenossenschaft GmbH misst 80 m · 30 m. Auf notwendige innerbetriebliche Verkehrsflächen entfallen 15 %.

a) Errechnen Sie die gesamte Lagernutzfläche (Bruttolagerfläche).

b) Ermitteln Sie die reine Lagerfläche (Nettolagerfläche).

c) Ermitteln Sie den Flächennutzungsgrad, wenn das Lager im Durchschnitt bei Bodenlagerung mit 3800 Europaletten belegt ist.

Musterlösung

a) Bruttofläche $= L \cdot B$
$= 80\text{ m} \cdot 30\text{ m}$
$= 2400\text{ m}^2 \cdot 2\text{ Geschosse}$
$= 4800\text{ m}^2$

b) Nettolagerfläche = Bruttolagerfläche – Verkehrsfläche
$= 4800\text{ m}^2 - 720\text{ m}^2$
$= 4080\text{ m}^2$

c) Fläche einer Europalette $= 1{,}20\text{ m} \cdot 0{,}80\text{ m}$
$= 0{,}96\text{ m}^2$

Gesamtfläche der Europaletten: $0{,}96\text{ m}^2 \cdot 3800\text{ Paletten} = 3648\text{ m}^2$

$$\text{Flächennutzungsgrad} = \frac{3648\text{ m}^2}{4800\text{ m}^2} \cdot 100 = 76\,\%$$

Lösungsschritte

1. Ermittlung der Bruttofläche des gesamten Lagergebäudes
   hier: Länge · Breite · Geschossanzahl = 4 800 m²

2. Berechnung der Nettolagerfläche
   hier: Bruttolagerfläche – 15 % Verkehrsfläche = 4 080 m²

3. Errechnung der durchschnittlichen Belegungsfläche
   hier: Fläche einer Europalette · Ø Palettenanzahl = 3 648 m²

4. Ermittlung des Flächennutzungsgrades, wobei zu beachten ist, dass sich der Nutzungsgrad immer auf die Bruttofläche bezieht.
   hier:

$$\text{Flächennutzungsgrad} = \frac{\text{aktuell genutzte Fläche } 3\,648\ \text{m}^2}{\text{Bruttofläche } 4\,800\ \text{m}^2} \cdot 100 = 76\,\%$$

Übungsaufgaben

1. ***Das neu errichtete Lagerhaus der Spedition Josef Dittmann KG, Tauberbischofsheim, mit den Innenabmessungen (L · B · H) 70,00 m · 43,20 m · 7,00 m wurde mit 10 Regalreihen mit den Maßen 65,00 m · 2,40 m · 6,50 m bestückt.***

Berechnen Sie:

a) die zur Verfügung stehende Bruttolagerfläche (Lagernutzfläche),
b) die reine Lagerfläche (Nettofläche),
c) den Flächennutzungsgrad,
d) den Lagerraum der gesamten Halle (Bruttolagerraum),
e) den von den Regalen beanspruchten Raum (Nettolagerraum),
f) den Raumnutzungsgrad.

2. ***Ein 20-Fuß-Standard-Container mit den Innenmaßen (L · B · H) 5 935 mm · 2 335 mm · 2 383 mm soll mit quaderförmigen Kisten beladen werden.***

a) Berechnen Sie den zur Verfügung stehenden Laderaum in m³.
b) Wie viele der stapelbaren Kisten mit den Maßen (L · B · H) 50 cm · 40 cm · 30 cm passen maximal in den Container, wenn die Kisten aus Sicherheitsgründen auf ihrer Grundfläche stehen müssen?
c) Berechnen Sie den Raumnutzungsgrad, wenn der Container mit der maximalen Anzahl an Kisten beladen wird.

3. ***Das zweigeschossige Lagergebäude der Gebr. Neumann GmbH mit den Grundmaßen 80 m · 50 m wird ausschließlich als Palettenlager genutzt. Auf benötigte Verkehrswege sowie den Kommissionsbereich entfallen 20 %. Im Durchschnitt sind 6 500 Europaletten eingelagert.***
Ermitteln Sie den Flächennutzungsgrad.

4. ***Das neu gebaute Palettenlager der Rhein-Main Lagergesellschaft mbH weist bei einer Geschosshöhe von 6,90 m eine nutzbare Fläche von 15 000 m² auf. Die Geschäftsleitung rechnet mit durchschnittlich 50 000 gelagerten Europaletten.***

Als Stapellager betrieben können drei mit Waren bepackte Europaletten übereinander eingelagert werden, als Hochregallager mit eingezogenem Stahlboden lassen sich je Ebene ebenfalls drei Paletten übereinander stapeln.

a) Ermitteln Sie den Raumnutzungsgrad, wenn in Zukunft durchschnittlich 50 000 Europaletten mit einer Höhe von 1,10 m eingelagert werden sollen.

b) Vergleichen Sie die Flächennutzung im Hochregallager mit der im Stapellager und entscheiden Sie sich für eine der beiden Lagerarten.

5. Die Dittmann & Konrad GmbH, Mannheim, verfügt über das neue, nachstehend abgebildete Europalettenlager mit den Maßen: Länge 14 m · Breite 8 m · Höhe 6 m.

a) Berechnen Sie die zur Verfügung stehende Bruttolagerfläche (Lagernutzfläche).

b) Ermitteln Sie die Nettolagerfläche, wenn sämtliche Palettenstellplätze belegt sind.

c) Errechnen Sie den Flächennutzungsgrad, wenn sämtliche Palettenplätze belegt sind.

d) Wie viel Prozent beträgt der aktuelle Flächennutzungsgrad, wenn der Stapler seine letzte Palette einlagert?

e) Wie viele Europalettenstellplätze kann die Dittmann & Konrad GmbH maximal zur Verfügung stellen, wenn eine bepackte Palette eine Höhe von 160 cm aufweist?

f) Berechnen Sie den zur Verfügung stehenden Bruttolagerraum.

g) Welchem Raumnutzungsgrad würde die Vollausnutzung des Palettenlagers entsprechen?

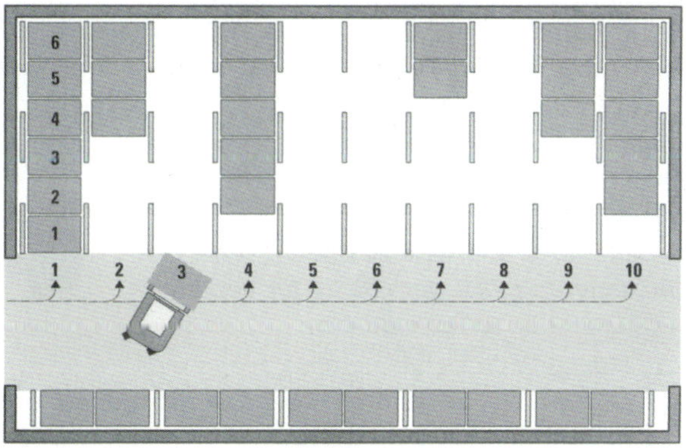

Draufsicht

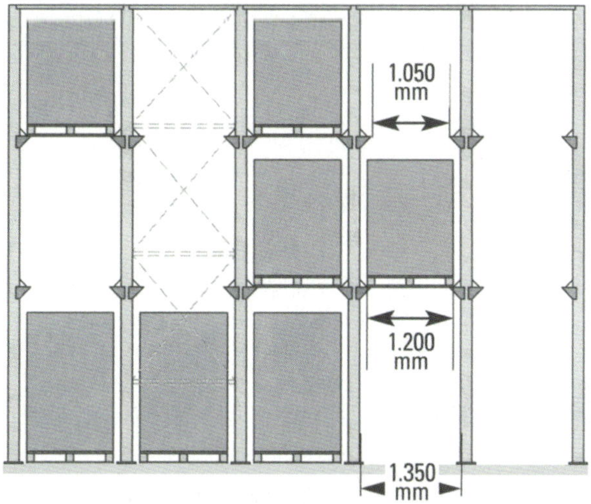

Seitenansicht

Quelle: Bito Gesamtkatalog Lagertechnik Januar 2004 D, S. 59

6. ***Emons Cargo ist eine internationale Spedition. Sie verwendet aus Kostengründen hauptsächlich MHT-Trailer, die über ein „Double Loading System" mit folgenden Maßangaben verfügen:***

System	length	width	hight
Mega-Trailer	13,60	2,50	2,80
MHT-Trailer ▪ top deck ▪ bottom deck	 13,50 9,65	 2,50 2,50	 1,83 1,83

Alle Angaben erfolgen in Meter.

a) Ermitteln Sie, wie viele bepackte Europaletten mit einer Höhe von 120 cm sich maximal mit dem MHT-Trailer befördern lassen.

b) Errechnen Sie den dann vorliegenden Raumnutzungsgrad.

7. ***Die gewerbliche Lagerhalter Dr. Stefan Fulst-Blei GmbH erhält einen Auftrag zur Lagerung von 1 840 Euro-Gitterboxpaletten (siehe Abb.). Er beabsichtigt den Auftrag jedoch erst dann anzunehmen, wenn er eine Mindestauslastung seines zurzeit leer stehenden Lagers von 25 % der Nettolagerfläche erreicht.***

a) Welche Fläche muss er bei Bodenlagerung zur Verfügung stellen, wenn die Außenmaße der Boxen einschließlich Steilwinkelaufsatz 1 240 mm · 835 mm betragen?

b) Ermitteln Sie, ob die Lagerhalter Dr. Stefan Fulst-Blei GmbH den Auftrag annehmen sollte, wenn die angebotene Lagerhalle (Maße 115 m · 65 m) bisher leer stand und für eine reibungslose Ein- und Auslagerung 22 % der Fläche für Verkehrswege freigehalten werden müssen.

c) Welche Fläche ließe sich einsparen, wenn man jeweils 3 Euro-Gitterboxpaletten übereinanderstapeln könnte?

d) Welche Auswirkung hätte diese Lagerung auf den Flächennutzungsgrad?

6 Verteilungsrechnen

Tipp

Für sämtliche nachfolgenden Aufgaben empfiehlt sich der Einsatz eines Tabellenkalkulationsprogramms.

6.1 Die allgemeine Verteilungsrechnung

Das Ziel der Verteilungsrechnung besteht darin, eine Gesamtmenge nach einem gegebenen Verteilungsschlüssel in verschieden große Teile zu zerlegen.

Musteraufgabe

In einem Einkaufszentrum fallen monatliche Mietkosten in Höhe von insgesamt 91 200,00 € an.
Diese Kosten sollen nach der Quadratmeterzahl auf die einzelnen Geschäfte verteilt werden:

Bekleidungshaus Haupt	500 m^2
Einrichtungshaus Becker & Co.	2 000 m^2
Jeansladen „Pascal“	300 m^2
Schuhgeschäft Marcel	50 m^2

Ermitteln Sie die monatliche Miete für jedes Geschäft.

Musterlösung

Geschäft	Fläche in m^2	Teile	monatliche Miete
Bekleidungshaus	500	10	16 000,00 €
Einrichtungshaus	2 000	40	64 000,00 €
Jeansladen	300	6	9 600,00 €
Schuhgeschäft	50	1	1 600,00 €
	2 850	57	91 200,00 €
		1	1 600,00 €
			(Lösungsmenge)

Lösungsschritte

1. Aufstellung des Verteilungsschemas.
2. Ermittlung der Teile (falls erforderlich) zur Vereinfachung der Rechnung; ggf. müssen ungleichnamige Brüche auf einen Hauptnenner gebracht werden.
3. Addition der Teile und Ermittlung der Lösungsmenge durch Division der zu verteilenden Gesamtmenge durch die Summe der Teile.
4. Errechnung der einzelnen Anteile.

Übungsaufgaben

***1. Ein Lottogewinn in Höhe von 800 000,00 € soll auf drei Personen im Verhältnis ihres Einsatzes verteilt werden. A gab 1,50 €, B gab 5,50 € und C gab 3,00 €.
Welcher Anteil am Gesamtgewinn steht A, B und C zu?***

2. *Durch den gemeinsamen Einkauf von Waren erhalten drei Sanitärgeschäfte einen Bonus von 205000,00 € auf der Grundlage nachfolgender Umsätze:*

Unternehmung	Umsätze in Mill. €
A	1,8
B	0,9
C	1,4

Berechnen Sie den Bonus, den jedes Unternehmen erhält.

3. *Eine Unternehmung benötigt jährlich 120000 l Heizöl zum Literpreis von 0,40 €. Die Heizkosten sollen nach der Größe der verschiedenen Abteilungen verteilt werden:*
   - *Verwaltungsräume 210 m³ Rauminhalt*
   - *Werkstatt 910 m³ Rauminhalt*
   - *Sozialraum 45 m³ Rauminhalt*
   - *Lager 235 m³ Rauminhalt*

   Wie hoch ist der Heizkostenanteil jeder Abteilung?

4. *An einem Gelegenheitsgeschäft beteiligen sich 3 Partner wie folgt: A mit 18000,00 €, B mit 21000,00 € und C mit 12000,00 €. Welchen Anteil erhält jeder Gesellschafter, wenn ein Gewinn in Höhe von 11084,00 € entsprechend dem Verhältnis der Kapitalanteile verteilt werden soll?*

5. *148,80 € Bezugskosten werden nach dem Gewicht auf folgende Waren verteilt:*
   - *Mehl 75 kg*
   - *Salz 180 kg*
   - *Erbsen 375 kg*
   - *Zucker 420 kg*

   Mit welchen Bezugskosten werden die einzelnen Waren belastet?

6. *Eine Lohnprämie von 8800,00 € soll zwischen den Arbeitern in der Abteilung „Kommissionierung" im Verhältnis der geleisteten Überstunden verteilt werden: A leistet 46 Überstunden, B 60, C 26, D 32 und E 12. Wie viel Euro erhält jeder Arbeiter?*

7. *Die Spedition Müller & Klein liefert folgende Waren per Lkw an einen Industriebetrieb:*
   - *Ware I: 16 t*
   - *Ware II: 38 t*
   - *Ware III: 26 t*

   Verteilen Sie die Transport- und Versicherungskosten in Höhe von 8800,00 € anteilsmäßig.

8. *Zum Kauf eines Lkw im Wert von 300000,00 € gab A 1/4, B 1/5, C 1/6 und D den Rest des Kaufpreises. Wie viel Euro gab jeder der Gesellschafter?*

9. *Am Kauf eines Grundstückes in Höhe von 324480,00 € sind 4 Geschäftsleute beteiligt: A mit 1/3, B mit 1/4, C mit 3/8 und D mit dem Rest. Wie hoch ist der Anteil jedes Geschäftsmanns?*

10. *Fünf Geschwister erben ein Elektrofachgeschäft. Aufgrund verschiedener Schenkungen zu Lebzeiten wird das Erbe ungleich verteilt. A erhält 1/10, B 2/5, C 1/5, D 1/8 und E den Rest in Höhe von 38780,00 €. Wie hoch ist die Erbschaft insgesamt und wie viel Euro erhält jedes der Geschwister?*

11. *Von den Baukosten eines Golfplatzes trägt der Golfclub „Langer" 1/12, ein privater Sponsor 20 %, ein Sportgeschäft 1/6 und die Gemeinde 412500,00 €. Ermitteln Sie die Baukosten insgesamt und je Geldgeber.*

12. *Anlässlich ihres 25-jährigen Betriebsjubiläums verteilt die Firma Müller & Co. an ihre Lagerarbeiter eine Gratifikation in Höhe von 5600,00 €. Wie hoch ist der Anteil, den jeder Arbeiter erhält, wenn jeder Arbeiter zunächst 500,00 € vorweg bekommt und der Restbetrag nach der Betriebszugehörigkeit verteilt wird? A ist 6 Jahre und 8 Monate, B 4 Jahre und 5 Monate, C 2 Jahre und 7 Monate und D 1 Jahr und 4 Monate in der Unternehmung.*

13. Die Spielwarengroßhandlung Müller und Co., Hamburg, bezieht aus Hongkong 4 Kisten Spielwaren. Die Schiffsfracht für die Sendung beträgt insgesamt 1 764,00 €.
Wie hoch sind die Frachtkosten je Kiste, wenn die Seefracht i. d. R. nach dem Rauminhalt der einzelnen Kisten berechnet wird und die Kisten folgende Abmessungen haben:
Kiste 1 1,2 m · 0,8 m · 1,5 m
Kiste 2 0,8 m · 0,5 m · 0,6 m
Kiste 3 0,4 m · 0,4 m · 0,3 m
Kiste 4 0,9 m · 0,6 m · 0,5 m

14. Zwei Geschäftsleute haben gemeinsam 12650 l Heizöl eingekauft.
Wie viele Liter bekommt jeder von ihnen, wenn A 1/5 mehr erhalten soll als B?

15. 15200,00 € sollen an A, B und C so verteilt werden, dass B die Hälfte mehr als A und C die Hälfte mehr als B erhält.
Wie viel Euro erhalten A, B und C?

16. Das Sanitärfachgeschäft Müller, Stuttgart, unterhält im süddeutschen Raum drei Filialen. Anlässlich des 50-jährigen Firmenjubiläums wurde eine besondere Werbeaktion durchgeführt. Die dabei entstandenen Kosten in Höhe von 72000,00 € sollen auf alle Geschäfte im Verhältnis der Vorjahresumsätze verteilt werden.
a) Wie hoch waren die einzelnen Vorjahresumsätze, wenn die Zentrale in Stuttgart 3/8, die Filiale A 1/3, die Filiale B 1/6 des gesamten Umsatzes und die Filiale C einen Umsatz von 1 320000,00 € erzielte?
b) Führen Sie nun die Verteilung der entstandenen Werbekosten durch.

17. Dem Autohaus Freddie Münster e. K. wurde von der Ersatzteile Neumann GmbH für Ersatzteile nachfolgende Rechnung ausgestellt:
a) Verteilen Sie die Frachtkosten anteilig nach dem Gewicht der Ware, die Transportversicherung nach dem Warenwert und ermitteln Sie die Gesamtkosten je Artikel ohne Berücksichtigung der Umsatzsteuer.
b) Herr Münster erinnert sich, dass er für eine identische Lieferung im letzten Jahr lediglich Frachtkosten in Höhe von 72,00 € zahlen musste.
Um wie viel Prozent sind die Frachtkosten in diesem Jahr angestiegen?

Ersatzteile Neumann GmbH

Ersatzteile Neumann GmbH, Burgstr. 10, 10127 Berlin

Autohaus Freddie Münster e.K.
Heidelberger Str. 128
33817 Bielefeld

Rechnungsdatum	27.02.20..
Kunden-Nr.	3279
Rechnungs-Nr.	381/02
Bitte bei Zahlung angeben	

Rechnung

Position	Menge	Text	Betrag in €
1	1	Getriebe; Gewicht 35 kg	800,00
2	1	Frontspoiler; schwarz, Typ 2001, Gewicht 15 kg	250,00
3		Frachtkosten	80,00
4		Kosten für Transportversicherung	21,00
		Rechnungsbetrag netto	1 151,00
		zuzüglich USt	218,69
Summe		zahlbar bis 27.03.20..	1 369,69

Bankverbindung: Commerzbank Berlin, IBAN: DE10 0079 6040 4040 0583 94, BIC: HANDDE34XXX, USt-IdNr.: 141 905 112

6.2 Gewinnverteilung der Personengesellschaften

6.2.1 Gewinnverteilung bei der offenen Handelsgesellschaft (OHG)

WSP

Eine **OHG** ist eine **Personengesellschaft**, die aus mindestens zwei Personen besteht. Ein sich aus der GuV ergebender Gewinn ist auf die Gesellschafter zu verteilen. Falls der Gesellschaftsvertrag keine Vereinbarung über die Gewinnverteilung enthält, so ist der Gewinn nach der gesetzlichen Regelung des § 121 HGB zu verteilen.

§ 121 HGB [Verteilung von Gewinn und Verlust] (1) [1]Von dem Jahresgewinn gebührt jedem Gesellschafter zunächst ein Anteil in Höhe von vier vom Hundert seines Kapitalanteils. [2]Reicht der Jahresgewinn hierzu nicht aus, so bestimmen sich die Anteile nach einem entsprechend niedrigeren Satze.

(2) [1]Bei der Berechnung des nach Absatz 1 einem Gesellschafter zukommenden Gewinnanteils werden Leistungen, die der Gesellschafter im Laufe des Geschäftsjahrs als Einlage gemacht hat, nach dem Verhältnisse der seit der Leistung abgelaufenen Zeit berücksichtigt.
[2]Hat der Gesellschafter im Laufe des Geschäftsjahrs Geld auf seinen Kapitalanteil entnommen, so werden die entnommenen Beträge nach dem Verhältnisse der bis zur Entnahme abgelaufenen Zeit berücksichtigt.

(3) Derjenige Teil des Jahresgewinns, welcher die nach den Absätzen 1 und 2 zu berechnenden Gewinnanteile übersteigt, sowie der Verlust eines Geschäftsjahrs wird unter die Gesellschafter nach Köpfen verteilt.

§ 121 HGB sieht demnach vor, dass

1. jeder Gesellschafter zunächst eine vierprozentige Verzinsung seiner Einlage erhält und danach
2. ein sich ergebender Rest gleichmäßig auf die Gesellschafter zu verteilen ist. Das Gesetz spricht von der Verteilung des Restgewinns nach Köpfen.

Musteraufgabe

An einer OHG ist A mit 100 000,00 €, B mit 300 000,00 € und C mit 400 000,00 € beteiligt.
Wie viel Euro erhält jeder Gesellschafter, wenn ein Gewinn in Höhe von 80 000,00 € entsprechend den gesetzlichen Vorschriften zu verteilen ist?

Musterlösung

Gesellschafter	Anteil	4 %	Restgewinn	Gesamtanteil
A	100 000,00	4 000,00	16 000,00	20 000,00
B	300 000,00	12 000,00	16 000,00	28 000,00
C	400 000,00	16 000,00	16 000,00	32 000,00
	800 000,00	32 000,00	48 000,00	80 000,00

Gesamtgewinn	80 000,00 €	
– vierprozentige Verzinsung	32 000,00 €	
Restgewinn	48 000,00 € :	3 (Personen) = 16 000,00 €

Lösungsschritte

1. Aufstellung des Verteilungsschemas.
2. Errechnung der jeweiligen vierprozentigen Verzinsung.
3. Ermittlung des gesamten Restgewinns.
4. Errechnung des Restgewinns je Gesellschafter, indem der gesamte Restgewinn durch die Anzahl der Gesellschafter geteilt wird.
5. Ermittlung des Gesamtgewinns je Gesellschafter.

Übungsaufgaben

1. **An der Elektrogroßhandlung Berg OHG sind Herr Berg mit 150 000,00 €, Herr Christ mit 120 000,00 € und Herr Deutsch mit 90 000,00 € beteiligt.**
   Der sich ergebende Jahresgewinn von 180 000,00 € soll so verteilt werden, dass jeder Gesellschafter zunächst eine vierprozentige Verzinsung der Kapitaleinlage erhält und der Rest gleichmäßig verteilt wird.

2. **An der Spedition Adam OHG sind die Gesellschafter Adam mit 320 000,00 €, Becker mit 240 000,00 € und Clauß mit 220 000,00 € beteiligt. Laut Gesellschaftsvertrag ist der Jahresgewinn von 215 800,00 € wie folgt zu verteilen:**
   Zunächst erhält jeder Gesellschafter 6 % seiner Einlage; der Rest ist im Verhältnis 5:4:4 (Adam:Becker:Clauß) aufzuteilen.
   Welchen Gewinnanteil erhält jeder Gesellschafter?

3. **An einer OHG mit einer Gesamteinlage von 1,8 Mill. € sind 4 Gesellschafter beteiligt: A mit 1/4, B mit 2/5, C mit 1/6 und D mit dem Rest.**
   Der Jahresgewinn in Höhe von 400 000,00 € soll auf die einzelnen Gesellschafter entsprechend den gesetzlichen Bestimmungen verteilt werden.
   Welchen Gewinnanteil erhält jeder Gesellschafter?

4. **Vier Gesellschafter gründen eine OHG. A ist mit 1/3, B mit 1/12, C mit 1/2 und D mit dem Rest = 100 000,00 € beteiligt.**
   Wie hoch ist der Gewinnanteil jedes Gesellschafters, wenn die Verteilung nach HGB § 121 erfolgen soll und der Gesamtgewinn 200 000,00 € beträgt?

5. **Anna Wolf, Maria Konrad und Anton Dittmann gründen die Wolf & Konrad OHG zum Vertrieb von Sanitärartikeln. Anna Wolf bringt eine Kapitaleinlage von 140 000,00 € ein, Maria Konrad übernimmt 1/3 und Anton Dittmann 1/4 des Gesamtkapitals.**
   a) Ermitteln Sie die Kapitaleinlagen von Maria Konrad und Anton Dittmann.
   b) Zur Gewinnverteilung steht folgende Regelung im Gesellschaftsvertrag:

   > § 5 Gewinnverteilung
   >
   > Das eingesetzte Kapital ist zunächst mit 6 % zu verzinsen, der darüber hinausgehende Gewinn wird auf die Gesellschafter nach Köpfen verteilt.

   Ermitteln Sie die Gewinnanteile eines jeden Gesellschafters, wenn der Gesamtgewinn des vergangenen Geschäftsjahres 110 160,00 € betrug.

6.2.2 Gewinnverteilung bei der Kommanditgesellschaft (KG)

Die Kommanditgesellschaft (KG) ist wie die OHG eine Personengesellschaft, die aus mindestens zwei Personen – einem Vollhafter (Komplementär) und einem Teilhafter (Kommanditist) – besteht.

Für einen sich ergebenden Gewinn sieht der Gesetzgeber in § 168 HGB vor, dass zunächst

1. jeder Gesellschafter eine vierprozentige Verzinsung seiner Einlagen erhält und danach
2. ein sich ergebender Rest in angemessenem Verhältnis zu verteilen ist.

§ 168 HGB **Verteilung von Gewinn und Verlust** (1) Die Anteile der Gesellschafter am Gewinn bestimmen sich, soweit der Gewinn den Betrag von vier vom Hundert der Kapitalanteile nicht übersteigt, nach den Vorschriften des § 121 Abs. 1 und 2.

(2) In Ansehung des Gewinns, welcher diesen Betrag übersteigt, sowie in Ansehung eines Verlustes gilt, soweit nicht ein anderes vereinbart ist, ein den Umständen nach angemessenes Verhältnis der Anteile als bedungen.

Musteraufgabe

Im Gesellschaftsvertrag der Spedition Eiltrans KG vereinbarten der Vollhafter Mott und der Teilhafter Refior, dass bei der Gewinnverteilung vorab eine Verzinsung von 4 % zu erfolgen hat und anschließend ein sich ergebender Gewinn im Verhältnis der Kapitalanteile zu verteilen ist.

Welchen Gewinnanteil erhält jeder Gesellschafter, wenn im vergangenen Geschäftsjahr ein Gewinn in Höhe von 144 000,00 € erzielt wurde und Mott mit 400 000,00 € und Refior mit 200 000,00 € an der KG beteiligt waren?

Musterlösung

Gesellschafter	Anteil	Teile	4 %	Restgewinn	Gesamtanteil
Mott Refior	400 000 200 000	4 2	16 000 8 000	80 000 40 000	96 000 48 000
		6 1	24 000	120 000 20 000	144 000

Lösungsschritte

1. Aufstellen des Verteilungsschemas.
2. Ermittlung der Teile, falls erforderlich.
3. Errechnung der vierprozentigen Verzinsung.
4. Ermittlung des Restgewinns.
5. Errechnung eines Teilbetrages.
6. Ermittlung des Gesamtgewinns je Gesellschafter.

Übungsaufgaben

1. **An der Sanitärgroßhandlung Neumann KG sind die Komplementärin Roswitha Neumann mit 450 000,00 € sowie ihre beiden Schwestern Bibiana mit 80 000,00 € und Brigitta mit 50 000,00 € als Kommanditistinnen beteiligt. Im Gesellschaftsvertrag wurde vereinbart, dass zunächst jeder Gesellschafter entsprechend der gesetzlichen Regelung eine vierprozentige Verzinsung seiner Einlage erhält und danach ein sich ergebender Rest im Verhältnis 10:2:2 zu verteilen ist.**
   Ermitteln Sie den Gesamtgewinn jeder Schwester, wenn im abgelaufenen Geschäftsjahr ein zu verteilender Gewinn in Höhe von 128 200,00 € angefallen ist.

2. **An der Euroweit KG sind der Vollhafter Markus Eberle mit 800 000,00 € und die beiden Teilhafter Uwe Leuck mit 200 000,00 € und Mario Früh mit 100 000,00 € beteiligt. Bezüglich der Gewinnverteilung wurde im Gesellschaftsvertrag vereinbart, dass vorab eine Kapitalverzinsung von 6 % pro Jahr zu erfolgen hat und danach ein sich ergebender Rest im Verhältnis der Kapitaleinlagen zu verteilen ist.**
   Führen Sie die Gewinnverteilung bei der Euroweit KG durch, wenn der zu verteilende Gewinn am Jahresende 286 000,00 € beträgt.

3. **Die Gewinnverteilung bei der Tannebaum KG, Ludwigsburg, ist im Gesellschaftsvertrag wie folgt festgeschrieben:**

   > Vorab erhält jeder Komplementär eine jährliche Vergütung von 50 000,00 €.Danach hat eine Kapitalverzinsung von 4 % zu erfolgen. Ein sich darüber hinaus ergebender Restgewinn ist im Verhältnis der Kapitalanteile zu verteilen.

   Verteilen Sie einen sich ergebenden Jahresgewinn in Höhe von 167 200,00 € entsprechend dem Gesellschaftsvertrag, wenn an der Tannebaum KG neben den beiden Vollhaftern Hartmut und Sina Tannebaum mit je 200 000,00 € noch der Teilhafter Andreas Fritz mit 80 000,00 € beteiligt ist.

4. **Bei der Spedition Lehmann KG sind neben dem Vollhafter Gerd Lehmann noch seine beiden Töchter Nicola und Katja als Teilhafter beteiligt. Die Einlagen der Gesellschafter betragen:**
   - **Vollhafter (Komplementär) Gerd Lehmann 2 000 000,00 €**
   - **Teilhafter (Kommanditist) Nicola Lehmann 400 000,00 €**
   - **Teilhafter (Kommanditist) Katja Lehmann 600 000,00 €**

   Auszug aus dem Gesellschaftsvertrag:

   > § 5 Gewinnverteilung
   >
   > (1) Der Vollhafter erhält für seine Geschäftsführung eine Tätigkeitsvergütung in Höhe von 3 500,00 € monatlich, die am Jahresende vom Gesamtgewinn jedoch vor der Verteilung abzuziehen sind.
   >
   > (2) Danach erhält jeder Gesellschafter entsprechend den gesetzlichen Bestimmungen eine vierprozentige Verzinsung seiner Einlagen.
   >
   > (3) Ein sich ergebender Rest ist im Verhältnis der Einlagen zu verteilen.

   Verteilen Sie einen sich ergebenden Jahresgewinn in Höhe von 252 000,00 € entsprechend der Regelung des Gesellschaftsvertrags.

Prüfungsaufgaben

Tipp

Bei den nachfolgenden Aufgaben handelt es sich um Aufgaben, die sowohl Rechen- als auch Buchführungsinhalte aufweisen.

1. Die beiden Freunde Christian Eulig und Thomas Storz betreiben unter der Firma Eulig & Storz KG eine Schraubengroßhandlung in Mannheim.

a) Ermitteln Sie aus der vorliegenden Gewinn- und Verlustrechnung den Gewinn der Eulig & Storz KG.

Aufwand	GuV		Ertrag
Konto 600	2 500 000,00	Konto 500	4 000 000,00
Konto 61–64	680 000,00	Sonstige Ertrage	68 000,00
Konto 65	32 000,00		
Sonstiger Aufwand	426 000,00		

b) Auf welches Konto wird ein sich ergebender Gewinn oder Verlust verbucht?

c) Führen Sie die Gewinnverteilung der Eulig & Storz KG für das Jahr 2007 unter Berücksichtigung des in der Anlage aufgeführten Gesellschaftsvertrages durch, wenn an der KG neben den beiden genannten Vollhaftern auch noch Teilhafter Helmut Landa beteiligt ist.

Anlage: Auszug aus dem Gesellschaftsvertrag

Gesellschaftsvertrag der Eulig & Storz KG

1. Allgemeine Angaben

- Herr Christian Eulig wird Komplementär der Gesellschaft.
- Herr Thomas Storz wird Komplementär der Gesellschaft.
- Herr Helmut Landa wird Kommanditist der Gesellschaft.
- Die Firma wird unter dem Namen Eulig & Storz KG in das Handelsregister eingetragen.
- Sitz des Unternehmens ist Mannheim, B 7, 12.
- Der Geschäftsbetrieb beginnt am 01.01.2005.

2. Pflichten der Gesellschafter

- Christian Eulig bringt als Vollhafter 1 500,000,00 € als Vermögen ein.
- Thomas Storz bringt als Vollhafter 670 000,00 € als Vermögen ein.
- Helmut Landa bringt als Teilhafter 430 000,00 € als Vermögen ein.
- Bei Kaufabschlüssen über 50 000,00 € ist ein Gesamtbeschluss aller Gesellschafter erforderlich.

3. Rechte der Gesellschafter

- Die beiden Vollhafter erhalten eine jährliche Tätigkeitsvergütung von je 40 000,00 €.
- Die Kapitaleinlagen werden mit 5 % verzinst.
- Ein verbleibender Restgewinn sowie ein eventueller Verlust werden im Verhältnis 5 : 5 : 1 aufgeteilt.

2. An der 2018 gegründeten Spedition Zöphel KG, Mannheim, sind 3 Gesellschafter beteiligt. Der Komplementär Peter Zöphel brachte 3/7, seine Frau, die Komplementärin Sabine Zöphel, die Hälfte und der Schweizer Freund Emil Neumann den Rest des Eigenkapitals auf.

a) Geben Sie zwei Gründe an, die die Gesellschafter der Spedition Zöphel dazu bewogen haben könnten, die Gesellschaftsform einer KG zu wählen.

b) Berechnen Sie das Eigenkapital der Zöphel KG, wenn dieses 35 % des Gesamtkapitals in Höhe von 2 200 000,00 € beträgt.

c) Ermitteln Sie die Einlagen eines jeden Gesellschafters.

d) Führen Sie die Gewinnverteilung der Zöphel KG unter Beachtung des unten aufgeführten Gesellschaftsvertrages durch, wenn die KG im abgelaufenen Geschäftsjahr einen Gewinn in Höhe von 152 300,00 € erzielte.

Gesellschaftsvertrag der Spedition Zöphel KG, Mannheim

...

§ 3 Einlagen der Gesellschafter.

– Peter Zöphel,	Komplementär	... €
– Sabine Zöphel,	Komplementärin	... €
– Emil Neumann,	Kommanditist	... €

§ 4 Tätigkeitsvergütung der Gesellschafter

- Die Komplementäre erhalten vom Gewinn vorweg eine Tätigkeitsvergütung in Höhe von je 42 000,00 €.

§ 5 Gewinn- und Verlustbeteiligung

- Die Verzinsung der Einlage erfolgt entsprechend der gesetzlichen Regelung des § 168 (1) HGB.
- Ein eventuell entstehender Restgewinn bzw. ein Verlust ist im Verhältnis 7 : 7 : 1 auf die Gesellschafter zu verteilen.

...

e) Zu welchem Zinssatz hat sich das eingesetzte Kapital von Herrn Neumann verzinst?

f) Auf welchem Konto wird ein sich ergebender Gewinn bzw. Verlust
- ermittelt
- gegen gebucht?

g) Wie lauten die Buchungssätze, wenn Herr und Frau Zöphel den nicht als Tätigkeitsvergütung erzielten Gewinn zur Erhöhung ihrer Einlagen im Unternehmen belassen?

h) Wie verändern sich hierdurch die Einlagen der Gesellschafter für das nächste Jahr?

i) Wie wäre zu buchen, wenn die Zöphel KG den gesamten Gewinnanteil von Herrn Neumann auf dessen Schweizer Bankkonto überweisen würde?

j) Welchem Betrag in Schweizer Franken entspricht der Gewinn bei einem Kurs von 1,1386?

7 Durchschnittsrechnung

7.1 Der einfache Durchschnitt

Bei dieser Rechenart wird aus mehreren Beträgen ein durchschnittlicher Wert ermittelt. Dabei wird allerdings Mengengleichheit unterstellt.

Musteraufgabe

Ein Kaufmann verzeichnet während einer Woche folgende Tagesumsätze: Montag 7 869,00 €, Dienstag 12 978,00 €, Mittwoch 13 756,00 €, Donnerstag 8 435,00 €, Freitag 10 342,00 €, Samstag 6 620,00 €.

Wie hoch ist der durchschnittliche Tagesumsatz?

Musterlösung

Tage	Umsätze
Montag Dienstag Mittwoch Donnerstag Freitag Samstag	7 869,00 € 12 978,00 € 13 756,00 € 8 435,00 € 10 342,00 € 6 620,00 €
	60 000,00 € : 6 Tage = 10 000,00 €

Der durchschnittliche Tagesumsatz beträgt 10 000,00 €.

Lösungsschritte

1. Addition der einzelnen Posten.
2. Division der ermittelten Gesamtsumme durch die Anzahl der Posten.

$$\text{einfacher Durchschnittswert} = \frac{\text{Gesamtsumme}}{\text{Anzahl der Posten}}$$

Übungsaufgaben

1. **Der Auszubildende Thomas Pfister schrieb im vergangenen Schuljahr im Fach „Rechnen" folgende Noten:**
   1,5; 3,5; 2,0; 5,5; 2,5.
   Welche Zeugnisnote erhält Thomas?

2. **Ein Lebensmittelgeschäft wurde in der vergangenen Woche unterschiedlich frequentiert. Am Montag besuchten 344 Kunden das Geschäft, am Dienstag 287, am Mittwoch 198, am Donnerstag 362, am Freitag 412 und am Samstag 401.**
   Wie viele Kunden besuchten das Geschäft durchschnittlich pro Tag?

3. **Ein Lkw-Fahrer legte in der Woche vom 02.10.–06.10.20.. folgende Tagesstrecken zurück: Montag 587 km, Dienstag 618 km, Mittwoch 746 km, Donnerstag 653 km und Freitag 396 km.**
   Wie viel km fuhr der Lkw-Fahrer durchschnittlich pro Tag?

4. ***Der Reisende Edgar Traub hat folgende Tagesumsätze: Montag 4367,00 €, Dienstag 6549,00 €, Mittwoch 3786,00 €, Donnerstag 5674,00 € und Freitag 7624,00 €. Wie hoch war sein durchschnittlicher Tagesumsatz?***

5. ***Die Filialbetriebe eines Elektrofachgeschäftes erzielten folgende Jahresumsätze: Filiale A 6536700,00 €, Filiale B 4379300,00 €, Filiale C 7540000,00 €.
Ermitteln Sie den durchschnittlichen Umsatz.***

6. ***Nach Angaben des Bundesinstitutes für Berufsbildung wurden im Jahr 2016 viele Ausbildungsplätze wieder vorzeitig aufgelöst.***

Die nachfolgende Tabelle zeigt die Auflösungsquote in Prozent auf die einzelnen alphabetisch aufgeführten Bundesländer bezogen.

Nr.	Bundesland	Auflösungsquote in Prozent
1	Baden-Württemberg	22,1
2	Bayern	22,3
3	Berlin	34,1
4	Brandenburg	31,9
5	Bremen	27,3
6	Hamburg	29,7
7	Hessen	24,6
8	Mecklenburg-Vorpommern	34,1
9	Niedersachsen	27,3
10	Nordrhein-Westfalen	24,6
11	Rheinland-Pfalz	28,4
12	Saarland	28,8
13	Sachsen	28,3
14	Sachsen-Anhalt	34,4
15	Schleswig-Holstein	29,3
16	Thüringen	30,6

Vgl.: Statistisches Bundesamt (Destatis), 2017. Daten entnommen aus: Fachserie 11, Reihe 3, 2016, S. 104

a) Stellen Sie den in der Tabelle aufgeführten Sachverhalt grafisch dar.

b) Bringen Sie die angeführten Bundesländer in eine aufsteigende Reihenfolge ausgehend von dem Bundesland mit der geringsten Abbrecherquote bis hin zum Bundesland mit der höchsten Abbrecherquote.

c) Ermitteln Sie die durchschnittliche Abbrecherquote in Deutschland für das Jahr 2016.

7. ***Ein Lebensmittelfachgeschäft erzielte in den vergangenen 5 Jahren folgende Reingewinne:
1. Jahr 82579,00 € 2. Jahr 69792,00 € 3. Jahr 78531,00 €
4. Jahr 91683,00 € 5. Jahr 87980,00 €
Wie hoch war der durchschnittliche Reingewinn in den letzten 5 Jahren?***

8. ***Das Mindestgewicht einer Ware beträgt 285 g. Beim Nachwiegen der Sendung dieser Ware werden folgende Einzelgewichte ermittelt: 322 g, 304 g, 318 g, 316 g und 310 g. Wie viel Gramm liegt das Durchschnittsgewicht über dem Mindestgewicht?***

9. ***Die Peter Zöphel KG, Oberstdorf, ist eine Arzneimittelgroßhandlung, die viele Apotheken im süddeutschen Raum mit Arzneimitteln beliefert. Um an einer wichtigen Pharma-Tagung in Leipzig teilzunehmen, entschließt sich Herr Zöphel, den ICE 2012 „Allgäu", der täglich auf der 1182 km langen Strecke zwischen Oberstdorf und Leipzig verkehrt, zu nutzen.***
   a) ***Ermitteln Sie die Durchschnittsgeschwindigkeit des Zuges (auf volle km runden), wenn dieser um 09:48 Uhr im Oberstdorfer Bahnhof abfährt und um 23:22 Uhr am Leipziger Hauptbahnhof eintrifft und an Zwischenaufenthalten an den verschiedenen Umsteigebahnhöfen 151 Minuten entstehen.***
   b) ***Wann würde der ICE den Leipziger Hauptbahnhof erreichen, wenn der Zug seine Durchschnittsgeschwindigkeit um 10 km/h erhöhen könnte? (Zwischenrechnung auf volle Minuten aufrunden)***

7.2 Der gewogene Durchschnitt

Der gewogene Durchschnitt wird immer dann angewandt, wenn mehrere nicht gleichwertige Größen gegeben sind. Dies hat zur Folge, dass diese Größen zunächst gewichtet werden müssen, z.B. bei der Ermittlung des Gesamtpreises einer Sorte aus der Multiplikation von Menge und Preis.

Musteraufgabe

Das Elektrogeschäft Breuer & Co., Mannheim, bezog im letzten Quartal exklusive OLED-Fernsehgeräte der Marke „superview" zu folgenden Preisen: 75 Stück zu je 980,00 €, 28 Stück zu je 1 130,00 € und 115 Stück zu je 900,00 €.

Wie hoch ist der Durchschnittspreis, zu dem die OLED-Fernsehgeräte bezogen wurden?

Musterlösung

Lieferung	Menge	Preis/Stück	Gesamtpreis
I	75	980,00 €	73 500,00 €
II	28	1 130,00 €	31 640,00 €
III	115	900,00 €	103 500,00 €
	218		208 640,00 €
	1	957,06 €	

Lösungsschritte

1. Aufstellung des Schemas.
2. Ermittlung des Gesamtpreises je Lieferung/Sorte.
3. Ermittlung der Gesamtmenge.
4. Errechnung des gewogenen Durchschnittspreises durch Division des Gesamtpreises durch die Gesamtmenge.

$$\text{gewogener Durchschnitt} = \frac{\text{Gesamtpreis}}{\text{Gesamtmenge}}$$

Übungsaufgaben

1. Im Winterschlussverkauf werden unterschiedliche Stoffreste zu einem einheitlichen Preis angeboten. Es handelt sich dabei um folgende Posten: Sorte I 22 m zu je 3,20 €, Sorte II 82 m zu je 4,95 € und Sorte III 10 m zu je 3,90 €.
   Wie hoch ist der Durchschnittspreis für 1 m Stoff?

2. Ein Spediteur beschäftigte zur Erledigung eines eiligen Auftrages 14 Tagelöhner, die folgende Stundensätze erhielten: 1 Arbeiter bekam 10,70 €, 3 Arbeiter erhielten je 8,50 €, 8 Arbeiter arbeiteten für je 9,60 € und 2 Arbeiter bekamen je 10,00 €.
   Wie viel Euro betrug der durchschnittliche Stundenverdienst eines Tagelöhners?

3. Der Transport und Lagerei AG stehen diverse Silos mit unterschiedlichen Fassungsvermögen zur Verfügung. 5 Silos mit je 180 t, 12 Silos mit je 250 t, 8 Silos mit je 275 t und 3 Silos mit je 300 t.
   Wie hoch ist das durchschnittliche Fassungsvermögen eines Silos?

4. Der Lagerleiter Marco Schweighoffer überlegt sich, ob es nicht sinnvoll sei, einen Teil seiner Ersparnisse in Aktien anzulegen. Deshalb verfolgte er in letzter Zeit die in der Tageszeitung angegebenen Börsenkurse mit großem Interesse. Der Börsenkurs der von ihm favorisierten Aktie entwickelte sich über die Woche wie folgt:

Börsentage	Montag	Dienstag	Mittwoch	Donnerstag	Freitag
Kurse in Euro je Aktie	13,50	12,85	12,90	13,40	12,35
Gekaufte Stück	20	40	40	10	90

   a) Berechnen Sie den Durchschnittskurs der Aktie an den 5 Tagen.
   b) Wie viel Euro hätte eine Aktie im Durchschnitt gekostet, wenn Herr Schweighoffer die angegebene Stückzahl gekauft hätte?
   c) Um wie viel Prozent ist der Kurs der Aktie in der betrachteten Woche gesunken?

5. Der Geschäftswagen der Firma Müller & Schmidt wurde während einer Geschäftsreise dreimal betankt:
   1. Tankstopp 35 l je 1,08 €
   2. Tankstopp 70 l je 1,11 €
   3. Tankstopp 46 l je 1,10 €

   Wie hoch war der Durchschnittspreis für einen Liter Dieseltreibstoff?

6. Sie sind Mitarbeiter der Spedition TransGlobal AG und erhalten von Ihrem Vorgesetzten folgende Notiz

Notiz

Hallo ...

Bitte erledigen Sie nachfolgende Aufträge umgehend:

1. Ermitteln Sie den prozentualen Anteil des Exports am Gesamtumsatz der einzelnen Jahre.
2. Wie entwickelten sich die durchschnittlichen Umsätze der Jahre 2015–2017?
3. Stellen Sie die prozentuale Verteilung des Jahresumsatzes 2017 nach Regionen gegliedert grafisch dar.

	A	B	C	D	E	F	G	H
1								
2								
3		Umsatzzahlen der Spedition TransGlobal AG in den Geschäftsjahren 2015–2017						
4								
5		Geschäfts-jahr	Umsätze in Euro					Export in Prozent
6			Inland	EU	Nordamerika	Asien	Gesamt	
7		2015	3450000	1385000	935000	980000		
8		2016	4280000	1730000	545000	770000		
9		2017	4320000	2080000	1200000	825000		
10		ø						
11		Umsätze in Prozent						
12		2017						
13								

7. ***In der Schnapsbrennerei Bauer & Sohn werden 200 l Alkohol von 68 % mit 80 l destilliertem Wasser gemischt.***
   Wie viel Prozent hat nun ein Liter der Mischung?

8. ***In eine Badewanne fließen 150 l Wasser mit einer Temperatur von 68° C und 100 l Wasser mit 12 °C.***
   Wie hoch ist die Temperatur der Mischung?

9. ***Peter Dietrich stellt Panzerketten mit einem Feingehalt von 333/1000 her. Er verwendet dafür 333 Gewichtsteile Feingold (Preis je kg = 12000,00 €), 500 Gewichtsteile Silber (Preis je kg = 240,00 €) und 167 Gewichtsteile Kupfer (Preis je kg = 9,00 €).***
   a) Wie teuer ist ein Gramm der Panzerkette, wenn der Arbeitslohn unberücksichtigt bleibt?
   b) Wie teuer ist eine 50 cm lange Panzerkette im Gewicht von 25,6 g, wenn zum Materialpreis noch 137,50 € Arbeitslohn und 18 % Gewinn kommen?

10. ***Sie werden als Mitarbeiter/-in der Jaus OHG vorübergehend in der Lohnabrechnung eingesetzt. Am Ende des Monats August weist Ihr Bildschirm folgende Daten aus:***

	A	B	C	D	E	F	G	H
1								
2								
3								
4				Lohnabrechnung				
5								
6								
7		Rohstofflager:	41			Monat:	August	
8								
9		Personal.Nr.	Name	Vorname	Steuerklasse	Arbeits-stunden	Stunden-lohn	Brutto-lohn
10								
11		187	Leuck	Andrea	III/2	176	9,80 €	?
12		188	Eberle	Markus	IV	182	10,50 €	?
13		189	Gottmann	Wolfgang	I	202	12,04 €	?
14		190	Schweighofer	Joachim	III/2	192	11,80 €	?
15		191	Haupt	Marina	V	184	10,25 €	?
16								
17								
18		Durchschnittswerte:				?	?	?

a) Berechnen Sie den Bruttoverdienst eines jeden Arbeiters.
b) Ermitteln Sie für den Monat August die geleisteten Ø-Arbeitsstunden, den Ø-Stundenlohn sowie den Ø-Monatslohn.

8 Zinsrechnen

8.1 Einführung in die Zinsrechnung

Die Zinsrechnung gehört ebenso wie die Prozentrechnung zu den wenigen Rechenarten, die sich sowohl durch das Privat- als auch durch das Wirtschaftsleben zieht.
Als **Zins** bezeichnet man dabei den Preis, den man für die Überlassung von Geld bezahlen muss. BWP

Merke

Zins = Preis für die Überlassung von geliehenem Geld

Die Höhe der Zinsen wird im Zinssatz (Zinsfuß) ausgedrückt, der sich auf ein Jahr bezieht und dadurch vom Prozentsatz unterscheidet. So bedeutet z. B. ein Zinssatz von 6,5 %, dass ein Kapital von 100,00 € in einem Jahr zu 6,5 % verzinst wird und somit 6,50 € Zinsen erbringt, wie folgendes Beispiel zeigt:

Beispiel

100 % – 100,00 €	*Bedingungssatz*
6,5 % – x €	*Fragesatz*
$x = \frac{100 \cdot 6{,}5}{100}$	*Schlusssatz*
$x = 6{,}50$ €	

Bezieht man die Zinsrechnung wie dargestellt auf ein Jahr, erkennt man, dass es sich um eine Prozentrechnung handelt, die mithilfe des Dreisatzes gelöst werden kann.
Weicht der Zeitraum von einem Jahr ab, muss man die Zeit als zusätzliche Größe in die Überlegung einbeziehen.

Merke

Die Zinsrechnung ist eine um den Faktor ZEIT erweiterte Prozentrechnung.

Prozentrechnung		Zinsrechnung				
Grundwert	→	Kapital	(K)	=	100 %	
Prozentwert	→	Zinsen	(z)			
Prozentsatz	→	Zinssatz	(p)			
		+				
		Zeit		·	Jahre	(j)
				·	Monate	(m)
				·	Tage	(t)

Ersetzt man nun im Schlusssatz des Einführungsbeispiels die Zahlen durch die Größen der Zinsrechnung, so erhält man die für die Zinsrechnung notwendige Ausgangsformel,

$$x = \frac{100 \cdot 6{,}5}{100} \cdot 1 \text{ (Jahr)}$$

$$\downarrow$$

$$\text{Zinsen} = \frac{\text{Kapital} \cdot \text{Zinssatz}}{100} \cdot \text{Zeit}$$

Zeit:
- Jahre → $\frac{\text{Jahre}}{1}$
- Monate → $\frac{\text{Monate}}{12}$
- Tage → $\frac{\text{Tage}}{360}$

die sich je nach Betrachtungszeitraum (Jahre, Monate, Tage) in die entsprechende Zinsformel umformen lässt.

$$\text{Jahreszinsen} = \frac{\text{Kapital} \cdot \text{Jahre} \cdot \text{Zinssatz}}{100 \cdot 1}$$

$$\text{Monatszinsen} = \frac{\text{Kapital} \cdot \text{Monate} \cdot \text{Zinssatz}}{100 \cdot 12}$$

$$\text{Tageszinsen} = \frac{\text{Kapital} \cdot \text{Tage} \cdot \text{Zinssatz}}{100 \cdot 360}$$

8.2 Berechnung der Zinsen

Tipp

Bei der Berechnung der Zinsen wird der Zinseszinseffekt nicht berücksichtigt.

8.2.1 Berechnung der Jahreszinsen

$$\text{Jahreszinsen} = \frac{\text{Kapital} \cdot \text{Jahre} \cdot \text{Zinssatz}}{100 \cdot 1}$$

oder: $$z = \frac{K \cdot j \cdot p}{100 \cdot 1}$$

Musteraufgabe

Wie viel Zinsen erbringt ein Sparkapital von 5 000,00 € in 3 Jahren bei einem Zinssatz von 4,5 %?

Musterlösung

Gegeben: K = 5 000,00 € Gesucht: z = ?
j = 3 Jahre
p = 4,5 %

Formel: $$z = \frac{K \cdot j \cdot p}{100 \cdot 1}$$

$$z = \frac{5000 \cdot 3 \cdot 4{,}5}{100 \cdot 1}$$

$$z = \underline{\underline{675{,}00\ €}}$$

In 3 Jahren erbringt das Sparkapital 675,00 € Zinsen.

Lösungsschritte

1. Gegebene Größen heraussuchen.
   Hier: K, j, p
   Beachte: Es müssen immer drei Größen gegeben sein!

2. Gesuchte Größe bestimmen.
   Hier: z = ?
3. Formel auswählen.
   Hier: Jahresformel
4. Gegebene Größen in die Formel einsetzen und die gesuchte Größe berechnen.

Übungsaufgaben

1. ***Ein Kapital in Höhe von 5000,00 € wird zu einem Zinssatz von 6,5 % auf 4 Jahre festgelegt.***
   Wie hoch ist der Betrag, den man nach 4 Jahren einschließlich Zinsen erhält?
2. ***Ein Kunde des Unternehmens Eberle ist seit 1 1/2 Jahren mit einem Betrag von 2350,00 € in Verzug.***
   Berechnen Sie die Verzugszinsen bei einem Zinssatz von 12 %.
3. ***Für eine größere Investition nimmt ein Kaufmann einen Kredit in Höhe von 250000,00 € zu 8 3/4 % auf.***
   Wie viel Zinsen hat er in 3 Jahren zu zahlen?
4. ***Die Firma Schweizer & Co. hat auf ihrem Geschäftsgrundstück zwei Hypotheken. Die 1. Hypothek in Höhe von 85000,00 € wird zu 6 %, die 2. Hypothek in Höhe von 50000,00 € wird zu 7,5 % verzinst.***
   Wie hoch sind die jährlichen Hypothekenzinsen?

8.2.2 Berechnung der Monatszinsen

$$\text{Monatszinsen} = \frac{\text{Kapital} \cdot \text{Monate} \cdot \text{Zinssatz}}{100 \cdot 12}$$

oder:

$$z = \frac{K \cdot m \cdot p}{100 \cdot 12}$$

Musteraufgabe

Wie viel Zinsen erbringt ein Kapitel von 3500,00 €, das bei einem Zinssatz von 6 % für 7 Monate festgelegt wurde?

Musterlösung

Gegeben: K = 3500,00 €; m = 7 Monate; p = 6 %

Gesucht: z = ?

Formel: $z = \frac{K \cdot m \cdot p}{100 \cdot 12}$

$z = \frac{3500 \cdot 7 \cdot 6}{100 \cdot 12}$

$z = \underline{\underline{122{,}50\ €}}$

Lösungsschritte

1. Gegebene und gesuchte Größen bestimmen.
2. Formel auswählen.
3. Gegebene Größen in die Formel einsetzen und die gesuchte Größe berechnen.

Übungsaufgaben

1. **Berechnen Sie die Zinsen:**

	Kapital	Zinssatz	Zeit
a)	12960,00 €	8,5 %	11 Monate
b)	6780,00 €	9,8 %	7 Monate
c)	10525,00 €	6 3/4 %	16 Monate
d)	830,00 €	7 2/3 %	5 Monate

2. **Dominik Barth legt 15000,00 € bei seiner Bank als Festgeld für 2 Monate an. Wie viel Zinsen erhält er bei einer Verzinsung von 6 1/4 % gutgeschrieben?**

3. **Ein Einzelhändler schuldet einem Großhändler 12000,00 €. Der Großhändler berechnet Verzugszinsen in Höhe von 8 2/3 %. Welchen Betrag muss der Einzelhändler nach 18 Monaten einschließlich Zinsen und 12,00 € Mahngebühren an den Großhändler überweisen?**

4. **Ein Kapital von 3780,00 € wird vom 1. März 20.. bis zum 1. Juli 20.. bei einem Zinssatz von 6 1/3 % fest angelegt. Welchen Betrag einschließlich Zinsen erhält man nach Ablauf der Vertragsdauer?**

5. **Die Firma Müller OHG hat zur Finanzierung von Rohstoffen bei der Deutschen Bank einen Überbrückungskredit in Höhe von 14750,00 € aufgenommen. Welchen Betrag muss die Firma Müller nach 6 1/2 Monaten zurückzahlen, wenn ein Zinssatz von 5 3/4 % vereinbart wurde?**

6. **Die Commerzbank berechnet für einen Kredit in Höhe von 58000,00 €, der vom 10. April 20.. bis 10. September 20.. in Anspruch genommen wurde, 7,5 % Zinsen, 1,5 % Provision des zugesagten Kredites sowie 8,00 € Auslagen. Wie hoch sind die Kreditkosten, die durch die Aufnahme des Kredites entstehen?**

8.2.3 Berechnung der Tageszinsen

$$\text{Tageszinsen} = \frac{\text{Kapital} \cdot \text{Tage} \cdot \text{Zinssatz}}{100 \cdot 360}$$

$$\text{oder:} \quad z = \frac{K \cdot t \cdot p}{100 \cdot 360}$$

Ersetzt man in der Tagesformel das „t“ durch ein „i“, ergibt sich die einprägsame **„Kip-Formel“**, die als allgemeine Zinsformel bezeichnet wird.

Allgemeine Zinsformel

$$z = \frac{K \cdot i \cdot p}{100 \cdot 360}$$

Musteraufgabe

Ein mit 9 % verzinstes Darlehen in Höhe von 8 500,00 € wird nach 195 Tagen zurückgezahlt. Wie hoch war der Rückzahlungsbetrag einschließlich Zinsen?

Musterlösung

Gegeben: K = 8 500,00 € Gesucht: z = ?
m = 9 %
p = 195 Tage

Formel: $$z = \frac{K \cdot i \cdot p}{100 \cdot 360}$$

$$z = \frac{8\,500 \cdot 195 \cdot 9}{100 \cdot 360}$$

$$z = \underline{\underline{414{,}38\ €}}$$

Kreditbetrag	8 500,00 €
+ Zinsen	414,38 €
= Rückzahlungsbetrag	8 914,38 €

Lösungsschritte

1. Gegebene und gesuchte Größen bestimmen.
2. Formel auswählen.
3. Gegebene Größen in die Formel einsetzen und die gesuchte Größe bestimmen.
4. Rückzahlungsbetrag errechnen.

Bei der Tageberechnung gilt es in der Zinsrechnung Folgendes zu beachten:

Merke

1. *Das Jahr wird mit 360 Tagen gerechnet.*
2. *Jeder Monat wird mit 30 Tagen gerechnet,*
   - *der 31. eines Monats wird vernachlässigt,*
   - *der Februar wird mit 30 Tagen gerechnet.*

   Ausnahme: *Bei der Verzinsung bis zum 28. (29.) Februar werden auch nur 28 (29) Tage berechnet.*
3. *Der Tag, von dem aus gerechnet wird, zählt nicht mit.*

Berechnungsbeispiele einzelner Zinstage:

a) 15.06.–27.09.
b) 19.01.–31.05.
c) 06.08.–18.12.
d) 17.12.–28.02.

Zur Berechnung der Zinstage unterscheidet man 2 Möglichkeiten:

1. **Möglichkeit**:
   - angebrochene Monate auf volle Monate auffüllen
   - die übersprungenen (vollen) Monate ermitteln und mit je 30 Tagen multiplizieren
   - Tage des angebrochenen Monats hinzuaddieren

   Lösung a) 15.06.–27.09.

angebrochenen Monat auffüllen (15.06.–30.06.)	15 Tage
+ 2 volle Monate (Juli, August) à 30 Tage	60 Tage
+ Tage des angebrochenen Monats (27.09.)	27 Tage
= Zinstage	102 Tage

   Lösung b) 19.01.– 31.05.

angebrochenen Monat auffüllen (19.01.–30.01.)	11 Tage
+ 4 volle Monate (Februar, März, April, Mai) à 30 Tage	120 Tage
= Zinstage	131 Tage

2. **Möglichkeit**
   - Berechnung der ganzen Monate zu je 30 Tage
   - Berücksichtigung der Zu- bzw. Abschläge

   Lösung c) 06.08.–18.12.

4 Monate (06.08.–06.12.) à 30 Tage	120 Tage
+ Zuschläge (06.12.–18.12.)	12 Tage
= Zinstage	132 Tage

   Lösung d) 17.12.–28.02.

2 Monate (17.12.–17.02.) à 30 Tage	60 Tage
+ Zuschläge (17.02.–28.02.)	11 Tage
= Zinstage	71 Tage

Übungsaufgaben

1. ***Berechnen Sie die Zinstage:***

a) 18.01.–31.03. ***e) 28.02.–11.05.***
b) 29.01.–05.04. ***f) 23.03.–16.06.***
c) 01.02.–24.05. ***g) 18.11.–23.07.***
d) 31.03.–17.11. ***h) 02.06.–31.12.***

2. ***Berechnen Sie die Zinsen der folgenden Darlehen:***

	Darlehen	Zinssatz	Zeit
a)	11 750,00 €	5,8 %	16.04.-31.07.
b)	3 400,00 €	7,5 %	21.01.-17.06.
c)	20 500,00 €	6,3 %	02.02.-11.08.
d)	975,00 €	8,8 %	17.12.-28.02.

3. ***Die Firma Schöngut erhält am 23.04. von der Stadtsparkasse Mannheim einen 7,5-prozentigen Überbrückungskredit in Höhe von 23 800,00 €.***
Welchen Betrag muss die Firma Schöngut am 15.11. zurückzahlen?

4. ***Wie viel Zinsen erbringt ein Kapital von 12 500,00 €, das in der Zeit vom 13.03. bis 26.07. zu 4 2/3 % festgelegt war?***

5. ***Ein Kunde ist mit der Bezahlung einer Rechnung in Höhe von 845,00 € seit dem 17.05. in Verzug.***
   Welchen Betrag muss er am 31.10. bei 6,5 % Verzugszinsen und einer Mahngebühr von 5,00 € überweisen?

6. ***Die Spedition Schneider & Co. hat eine Rechnung über 6 450,00 €, die bereits am 18.08. fällig war, erst am 21.12. überwiesen.***
   Wie hoch war der Überweisungsbetrag einschließlich 7 % Verzugszinsen?

7. ***Ein Kaufmann schuldet für gelieferte Waren 1 758,00 €, fällig am 16.04., und 2 347,00 €, fällig am 03.05.***
   Wie viel Euro muss der Kaufmann am 30.06. an seinen Lieferanten einschließlich 6 2/3 % Verzugszinsen überweisen?

8. ***Ein Kunde erhielt am 02.04. eine Rechnung über 7 380,00 € mit einem Zahlungsziel von 30 Tagen.***
   Welchen Betrag fordern wir am 12.05. bei 8,5 % Verzugszinsen?

9. ***Ein Kapital in Höhe von 3 850,00 € wird vom 23.02. bis zum 17.08. bei der Deutschen Bank angelegt.***
   Wie hoch sind die Zinsen, wenn der Zinssatz bis zum 11.04. 6,5 % betrug und anschließend auf 7 % erhöht wurde?

10. ***Die Firma Weber & Co. bezieht eine Warenlieferung im Wert von 6 800,00 €.***
    Vereinbart wurde bei Vertragsabschluss folgende Zahlungsbedingung: „Zahlbar bei Lieferung unter Abzug von 2,5 % Skonto oder innerhalb von 30 Tagen rein netto."
    Ist es für die Firma Weber & Co. ratsam, unter Abzug von Skonto zu zahlen, wenn sie dafür einen Kredit zu 9 % bei ihrer Hausbank aufnehmen muss?

8.3 Berechnung des Kapitals, des Zinssatzes und der Zeit

Je nachdem, welche Größe der Zinsformel gesucht ist, kann die allgemeine Zinsformel entsprechend umgeformt werden.

Allgemeine Zinsformel:

$$z = \frac{K \cdot i \cdot p}{100 \cdot 360}$$

↓ ← Multiplikation mit dem Nenner (100 · 360)

$$z \cdot 100 \cdot 360 = K \cdot i \cdot p$$

← Division durch die beiden gegebenen Größen

: (i · p)

$$K = \frac{z \cdot 100 \cdot 360}{i \cdot p}$$

: (K · p)

$$i = \frac{z \cdot 100 \cdot 360}{K \cdot p}$$

: (K · i)

$$p = \frac{z \cdot 100 \cdot 360}{K \cdot i}$$

Ohne mathematische Kenntnisse lassen sich die Formeln der gesuchten Größe auch folgendermaßen ermitteln:

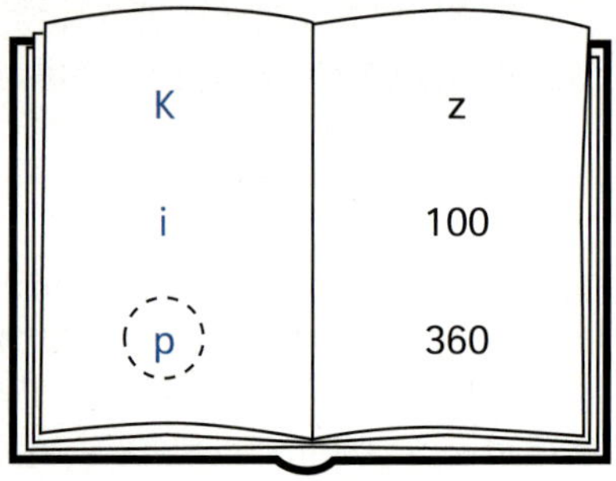

Man denke sich die beiden Seiten eines Buches.

Auf die eine Seite schreibt man die Buchstaben „Kip“, auf die andere Seite die restlichen Größen der Zinsrechnung.

Wird nun eine der Größen K, i oder p gesucht, so deckt man diese ab (hier: „p“), sodass nur noch zwei Größen auf der Seite stehen. Anschließend wendet man folgenden Grundsatz an:

„Diejenige Seite des Buches, die noch alle drei Größen aufweist (hier: z, 100, 360), kommt immer auf den Bruch, diejenige Seite, die eine Größe weniger aufweist (hier: K, i), kommt immer unter den Bruchstrich.“

Es ergeben sich somit oben stehende Formeln.

8.3.1 Berechnung des Kapitals

$$K = \frac{z \cdot 100 \cdot 360}{i \cdot p}$$

Musteraufgabe

Für ein Sparguthaben, das in der Zeit vom 18.02.–28.06. zu 3 % angelegt war, schrieb uns die Bank 65,00 € Zinsen gut.

Wie hoch war das Sparguthaben?

Musterlösung

Gegeben: $i = 130$ Tage Gesucht: $K = ?$

$p = 3\,\%$

$z = 65{,}00$ €

Formel: $$K = \frac{z \cdot 100 \cdot 360}{i \cdot p}$$

$$K = \frac{65 \cdot 100 \cdot 360}{130 \cdot 3}$$

$$K = \underline{\underline{6\,000{,}00\text{ €}}}$$

Lösungsschritte

1. Bestimmung der angegebenen und gesuchten Größen.
2. Auswahl der gesuchten Formel (Umstellen der „Kip-Formel“).
3. Einsetzen der gegebenen Größen in die Formel und Errechnung der gesuchten Größe.

Übungsaufgaben

1. **Berechnen Sie in folgenden Fällen das Kapital:**

	Zinsen	Laufzeit	Zinssatz
a)	24,50 €	11.05.–18.06.	7 %
b)	16,80 €	31.01.–28.02.	6 %
c)	8,50 €	23.08.–18.11.	4 1/2 %
d)	50,50 €	21.12.–02.04.	3 1/3 %

2. **Wie hoch ist das Kapital, das bei einer Verzinsung von 9 % in 160 Tagen 56,00 € Zinsen erbringt?**

3. **Welchen Sparbetrag muss man bei einer vierprozentigen Verzinsung 6 Monate anlegen, damit er einen Zinsertrag von 400,00 € erbringt?**

4. **Ein Sparer erhält aus achtprozentigen Pfandbriefen halbjährlich 210,00 € Zinsen. Wie hoch ist der Nennwert der Pfandbriefe?**

5. **Mit welchem Betrag war ein Kunde in Zahlungsverzug, wenn wir ihm wegen verspäteter Zahlung für die Zeit vom 11.03.–11.06. mit 8 % Verzugszinsen = 22,50 € belasten?**

6. **Für einen zweimonatigen Überziehungskredit mussten wir 12 % = 223,00 € bezahlen. Wie hoch war der Kredit?**

7. **Der Auszubildende Peter Müller überzog sein Girokonto in der Zeit vom 09.03.–29.03., worauf ihn die Bank mit 12,5 % = 5,50 € Überziehungszinsen belastete. Mit welchem Betrag hat Peter sein Konto überzogen?**

8. **Welchen Betrag müsste man in 7,5-prozentige Wertpapiere investieren, um ein monatliches Zusatzeinkommen von 600,00 € zu erzielen?**

9. **Welches Kapital wurde dem Kontoauszug Nr. 187 zugrunde gelegt, wenn zwischen der Sparkasse und der Spedition Weltweit GmbH ein Zinssatz von 6 % vereinbart wurde?**

Kontoauszug — **Sparkasse Rhein Neckar Nord – BIC MANSDE66XXX**

IBAN	Kontobezeichnung		Vortrag vom	Auszug Nr.
DE66 670 505 05 0780 7632 11	Spedition Weltweit GmbH		31.12.20..	187
			Saldovortrag	35.280,00 €
Buchungstag	**Wertstellung**	**Erläuterungen**	**Belastungen/Gutschriften**	
31.12.20..	31.12.20..	Darlehenszinsen	12.000,00 €	
		Auszug vom: 31.12.20..	Neuer Saldo	
		Ihr Dispo: 100.000,00 €		23.280,00 €

8.3.2 Berechnung des Zinssatzes

$$p = \frac{z \cdot 100 \cdot 360}{K \cdot i}$$

Musteraufgabe

Zu welchem Zinssatz wurde ein Sparguthaben von 2 800,00 € festgelegt, wenn die Bank für die Zeit vom 27.03.– 09.06. 30,80 € Zinsen gutschrieb?

Musterlösung

Gegeben: K = 2 800,00 €   Gesucht: p = ?
i = 72 Tage
z = 30,80 €

Formel: $$p = \frac{z \cdot 100 \cdot 360}{K \cdot i}$$

$$p = \frac{30{,}80 \cdot 100 \cdot 360}{2800 \cdot 72}$$

$$p = \underline{\underline{5{,}5\,\%}}$$

Lösungsschritte

1. Bestimmung der gegebenen und gesuchten Größen.
2. Auswahl der gesuchten Formel.
3. Einsetzen der gegebenen Größen in die Formel und Errechnung der gesuchten Größe.

Übungsaufgaben

1. ***Ein Kreditnehmer überweist für einen Kredit in Höhe von 2 860,00 € für 58 Tage 35,71 € Zinsen.***
   Zu welchem Zinssatz war der Kredit vereinbart?
2. ***Für eine Hypothek von 80 000,00 € mussten vierteljährlich 2 600,00 € Zinsen gezahlt werden.***
   Zu welchen Zinssatz wurde die Hypothek verzinst?
3. ***Eine am 20.11. fällige Rechnung über 2 500,00 € wurde erst am 15.01. einschließlich Verzugszinsen mit 2 525,46 € zurückgezahlt.***
   Wie viel Prozent Verzugszinsen wurden berechnet?
4. ***Manuela bezahlte für einen Kredit von 3 500,00 € bei einer Laufzeit von 3 1/2 Monaten 81,66 € Zinsen.***
   Welcher Zinsfuß war vereinbart?
5. ***Die Stadtsparkasse Mannheim gewährte einem Kunden am 04.05. einen Kredit über 25 000,00 €. Als der Kunde den Kredit am 19.12. zurückzahlte, berechnete ihm die Sparkasse 1 250,00 € Zinsen.***
   Zu welchem Zinsfuß lieh die Sparkasse das Geld aus?

6. ***Bei welchem Zinssatz verdoppelt sich ein Kapital von 5000,00 € in 10 Jahren?***

7. ***Michael beabsichtigt ein Fernsehgerät zu kaufen, das bei Barzahlung 1580,00 € kostet. Da er zurzeit nicht so viel Bargeld besitzt, beschließt er, das Fernsehgerät mit einem Ratenkredit zu finanzieren. Dabei sind sofort 330,00 € anzuzahlen.***
Der Rest ist in 6 Monatsraten zu je 225,00 € zu begleichen.
Berechnen Sie, wie hoch der Zinsfuß ist, der dem Ratengeschäft zugrunde gelegt wurde.

8. ***In der Rechnungswesenabteilung bekommen Sie nachfolgenden Kontoauszug Nr. 43 mit der Bitte vorgelegt,***
a) den zugrunde liegenden Zinssatz zu errechnen,
b) die Höhe der Restzinsen für das laufende Jahr zu ermitteln.

Kontoauszug	***Sparkasse Rhein Neckar Nord – BIC MANSDE66XXX***			
IBAN	**Kontobezeichnung**		**Vortrag vom**	**Auszug Nr.**
DE66 670 505 05 0780 7632 11	Spedition Weltweit GmbH		29.06.20..	43
			Saldovortrag	– 24.700,00 €
Buchungstag	**Wertstellung**	**Erläuterungen**	**Belastungen/Gutschriften**	
30.06.20..	30.06.20..	Sollzinsen Juni für Fälligkeitsdarlehnen in Höhe von 60000,00 €	412,50 €	
		Auszug vom: 30.06.20..	Neuer Saldo	
		Ihr Dispo: 100.000,00 €		– 25.112,50 €

8.3.3 Berechnung der Zeit

$$i = \frac{z \cdot 100 \cdot 360}{K \cdot p}$$

Musteraufgabe

Ein Sparguthaben von 3500,00 €, das mit 4,5 % verzinst wurde, brachte 70,00 € Zinsen.
Wie viel Tage war das Kapital angelegt?

Musterlösung

Gegeben: K = 3500,00 €   Gesucht: i = ?
p = 4,5 %
z = 70,80 €

Formel: $i = \frac{z \cdot 100 \cdot 360}{K \cdot p}$

$i = \frac{70 \cdot 100 \cdot 360}{3500 \cdot 4,5}$

$i = \underline{\underline{160 \text{ Tage}}}$

Lösungsschritte

1. Bestimmung der gegebenen und gesuchten Größen.
2. Auswahl der gesuchten Formel.
3. Einsetzen der gegebenen Größen in die Formel und Errechnung der gesuchten Größe. Beachte: Bei der Errechnung der Zinstage wird in der Praxis grundsätzlich aufgerundet.

Übungsaufgaben

1. ***In welcher Zeit wuchs ein Sparguthaben von 27 500,00 € auf 30 000,00 € an, wenn es mit 6 % verzinst wurde?***

2. ***Ein Kapital von 5 600,00 € brachte bei einer siebenprozentigen Verzinsung 1 176,00 € Zinsen.***
   Wie viel Jahre war das Kapital angelegt?

3. ***Wann wurde ein Kredit in Höhe von 1 360,00 € aufgenommen, wenn er am 20.08. einschließlich 5 % Zinsen mit 1 380,40 € zurückgezahlt wurde?***

4. ***An welchem Tag wurde eine Rechnung über 1 850,00 € ausgestellt, wenn am 15.04. 6 2/3 % Verzugszinsen = 45,22 € berechnet wurden?***

5. ***Am 15.03. wurde eine Erbschaft von 28 500,00 € bei der Commerzbank zu 7 1/2 % angelegt. Vereinbarungsgemäß darf die Erbschaft erst dann ausgezahlt werden, wenn sie auf 30 000,00 € angewachsen ist.***
   An welchem Tag ist die Erbschaft fällig?

6. ***Wann wurde eine Rechnung über 2 070,00 € ausgestellt, wenn ein Zahlungsziel von 30 Tagen vereinbart war und uns am 17.05. 8 % Verzugszinsen = 23,00 € belastet wurden?***

7. ***Wann wurden 2 400,00 € auf ein Sparkonto eingezahlt, wenn der Zinsfuß bis zum 20.08. 4,5 % betrug und dann auf 5 % erhöht wurde?***
   Das Guthaben betrug am 31.12. einschließlich Zinsen 2 488,00 €.

8. ***Die Kreissparkasse Weinheim berechnete für einen Kredit in Höhe von 7 500,00 €, den wir am 17.02. in Anspruch nahmen, 8 % = 300,00 € Zinsen.***
   Wann wurde der Kredit zurückgezahlt?

Vermischte Zinsrechenaufgaben

1. ***Ein Spediteur benötigt einen Überbrückungskredit in Höhe von 15 000,00 € für 3 1/2 Monate. Auf seine Anfrage bei zwei Banken erhielt er folgende Angebote:***
   Angebot 1: 7,5 % Zinsen bei 100-prozentiger Auszahlung
   Angebot 2: 6 % Zinsen + 1 % Bearbeitungsgebühr von der Kreditsumme
   Errechnen Sie das günstigere Angebot.

2. ***Ermitteln Sie die monatliche Zinsbelastung der Familie Eberle, die zum Kauf ihres Hauses eine Hypothek über 250 000,00 € zu 8,5 % aufnehmen musste.***

3. *Ein Kunde schuldet einen seit dem 18.02. fälligen Rechnungsbetrag über 1600,00 €. Er überwies dafür einschließlich 7,5% Verzugszinsen 1625,00 €.*
Ermitteln Sie, wann der Rechnungsbetrag beglichen wurde.

4. *Ein Wohnhaus brachte im 1. Quartal 20.. 18000,00 € Mieteinnahmen. An Gebäudekosten entstanden im gleichen Zeitraum insgesamt 8000,00 €.*
Wie hoch ist der zugrunde gelegte Wert des Hauses, wenn der Eigentümer von einer achtprozentigen Verzinsung seines ins Haus investierten Kapitals ausgeht?

5. *Ein Sparguthaben in Höhe von 2850,00 € wuchs vom 23.03.–28.07. auf 2925,00 € an.*
Zu welchem Zinssatz war es angelegt?

6. *Die Bezirkssparkasse Heidelberg berechnet für einen Kredit über 72000,00 €, der in der Zeit vom 10.03.–25.07. in Anspruch genommen wurde, 7% Zinsen, 1/6% Provision des zugesagten Kredites sowie 6,00 € Gebühren.*
Welchem Zinssatz entspricht die gesamte Belastung?

7. *Die Einzelhändlerin Kristin Schweighoffer erhält eine Eingangsrechnung über 17250,00 € inkl. USt mit folgender Zahlungsbedingung: „Zahlbar innerhalb von 10 Tagen unter Abzug von 2% Skonto oder innerhalb von 30 Tagen rein netto." Statt den Lieferantenkredit in Anspruch zu nehmen, überzieht die Einzelhändlerin ihr Bankkonto und nutzt die Skontogewährung aus. Die Bank berechnet ihr für den zur Verfügung gestellten Betrag 15% Sollzinsen.*

Berechnen Sie
a) den Skontoertrag,
b) den in Anspruch zu nehmenden Bankkredit,
c) die zu zahlenden Kreditzinsen,
d) die Ersparnis, die sich durch obige Vorgehensweise ergibt.

8. *Für den Kauf von Rohstoffen berechnete uns unser Lieferer am 25. April 20.. 82500,00 €. Zahlungsbedingungen: Zahlbar innerhalb von 14 Tagen mit 2,5% Skonto oder innerhalb von 30 Tagen rein netto. Bei Zielüberschreitung wurden 6% Verzugszinsen vereinbart. Wegen kurzfristiger Liquiditätsprobleme können wir die Rechnung jedoch erst am 26. Juni begleichen.*
a) Welchen Betrag müssen wir am 26. Juni überweisen?
b) Unser Girokonto verzeichnete am 28. April einen Kontostand von 144000,00 € Soll. Unser Kreditlimit beträgt 180000,00 € zu 10%, darüber hinausgehend werden Kontoüberziehungen bis 250000,00 € von der Bank geduldet, allerdings erfolgt hierfür ein Zinsaufschlag von 3%.
Berechnen Sie, ob es unter den gegebenen Bedingungen sinnvoll ist, das Skonto auszunutzen.

9. *Denise Esen ist während ihrer Ausbildung bei der Firma Alfred Becker e. K., Automobilzubehör, Bruchsal, auch einige Wochen in der Finanzbuchhaltung beschäftigt und dort mit der Überwachung der Zahlungseingänge betraut.*

Auf ihrem Bildschirm erscheint folgender Ausdruck:

offene Posten

ESC Ende	F3 Neu	F4 Speichern	F5 Suchen	F6 Buchen
F1 Hilfe	vorwärts	rückwärts	F12 Mahnungen	SF12 EinzMahng

Rechnungs-Nr.	1003751	Datum	11. Mai
Debitoren-Nr.	10976	Zahlungsziel	30 Tage
Kunden-Nr.	10976	Rechnungsbetrag	1 875,00 €
Anrede	2	Bezahlt	0,00
Name1	Edgar	Gutschrift-Nr.	
Name2	Traub	Gesamtbetrag	
Straße	Schneidertor 7		
PLZ/Ort	D 76153 Karlsruhe	offener Betrag	1 875,00 €
1. Mahnung am	20. Juni		
2. Mahnung am	20. Juli	Mahnstufe	2
3. Mahnung am			

Welchen Gesamtbetrag muss Denise dem Kunden am 15. August 20.. in Rechnung stellen, wenn die Firma Alfred Becker mit 12 % Verzugszinsen sowie 10,00 € für sonstige Auslagen kalkuliert?

10. ***Welcher Zinssatz wurde laut Kontoauszug Nr. 187 zwischen der Sparkasse und der Spedition Weltweit GmbH für das angeführte Ratendarlehen vereinbart?***

Kontoauszug ***Sparkasse Rhein Neckar Nord – BIC MANSDE66XXX***

IBAN	Kontobezeichnung		Vortrag vom	Auszug Nr.
DE66 670 505 05 0780 7632 11	Spedition Weltweit GmbH		31.12.20..	187
			Saldovortrag	35.280,00 €
Buchungstag	**Wertstellung**	**Erläuterungen**	**Belastungen/Gutschriften**	
31.12.20..	31.12.	Darlehenstilgung 3. Jahr	20.000,00 €	
	31.12.	Darlehenszinsen für das 3. Jahr	12.000,00 €	
		(Restlaufzeit 7 Jahre)		
		Auszug vom: 31.12.20..	Neuer Saldo	
		Ihr Dispo: 100.000,00 €		3.280,00 €

9 Währungsrechnen

In einer Zeit zunehmender privater und geschäftlicher Auslandsaktivitäten erwächst die Notwendigkeit einer umfassenden Kenntnis der Währungsrechnung.

Die Gültigkeit dieser Aussage bleibt auch nach dem 01.03.2002 uneingeschränkt bestehen, obwohl seit diesem Zeitpunkt innerhalb der Europäischen Währungsunion (EWU) nur noch der **Euro** als alleiniges gesetzliches Zahlungsmittel gilt. Da sich jedoch ein wesentlicher Teil unseres Handels mit nicht EU- bzw. nicht Euro-Ländern abspielt, erfordern der weltweit steigende Güteraustausch und mit ihm die Globalisierung der Märkte auch in Zukunft grundlegende Kenntnisse im Umgang mit ausländischen Währungen. WSP
Zurzeit sind von nachfolgenden 27 EU-Mitgliedsstaaten an der Europäischen Währungsunion – mit dem Euro als Zahlungsmittel – beteiligt:

Mitgliedsstaaten EU	Währungen	
	Euro	sonstige
Belgien	EUR	
Bulgarien		BGN
Dänemark		DKK
Deutschland	EUR	
Estland	EUR	
Finnland	EUR	
Frankreich	EUR	
Griechenland	EUR	
Irland	EUR	
Italien	EUR	
Kroatien		HRK
Lettland	EUR	
Litauen	EUR	
Luxemburg	EUR	
Malta	EUR	
Niederlande	EUR	
Österreich	EUR	
Polen		PLN
Portugal	EUR	
Rumänien		RON
Schweden		SEK
Slowakei	EUR	
Slowenien	EUR	
Spanien	EUR	
Tschechien		CZK
Ungarn		HUF
Zypern	EUR	

Zudem geben die drei Kleinstaaten Monaco, San Marino und Vatikan, die mit Sonderverträgen an die Währungsunion gekoppelt sind, eigene Euromünzen aus.

Beim Währungsrechnen handelt es sich um eine Rechenart zur Umrechnung inländischer in ausländische Währungen und umgekehrt. Als zentrale Größe taucht dabei der

Begriff „Kurs“ auf. In der EWU werden die Kurse in der sogenannten Mengennotierung angegeben. Diese drückt den Wert eines Euro in der jeweiligen Auslandswährung aus.

Merke

Die Kursangabe innerhalb der EWU erfolgt in Auslandswährung je Euro = Mengennotierung; damit gilt:

Kurs = *Verhältnis von* **einem Euro** *zur Auslandswährung*
(d. h., der Kurs gibt an, wie viele ausländische Geldeinheiten man für 1,00 EUR erhält)
Beispiel: 1,00 EUR = ... *CHF*

Wie die nachfolgende Kurstafel zeigt, weisen alle Sortenkurse einen niedrigeren Verkaufskurs und einen höheren Ankaufskurs auf. Dies ist darauf zurückzuführen, dass der Euro die Ausgangsgrundlage bildet, d. h., beim Kauf von z. B. US-Dollar erhält der Kunde lt. Tabelle für 1,00 EUR 1,0822 USD. Wechselt er nun die US-Dollar in Euro um, so bekommt er erst für 1,1950 USD 1,00 EUR, d. h. die Bank erhält je Euro für ihren Verwaltungsaufwand 0,1128 USD.

Beispiel

Sortenkurse für 1,00 EUR				
Land	**Währung**	**Bezugsgröße**	**Ankauf**	**Verkauf**
USA	USD	1,00 EUR	1,1950 USD	1,0822 USD

Lesebeispiel: Für 1,00 EUR zahlen Sie: 1,1950 USD und erhalten Sie: 1,0822 USD

Um **1,00 EUR** zu erhalten, muss der Kunde so viele ausländische Geldeinheiten hingeben.

↓

d. h., die Bank verkauft Euro (Briefkurs) und kauft ausl. Geldeinheiten

So viele ausländische Geldeinheiten erhält der Kunde für **1,00 EUR.**

↓

d. h., die Bank kauft Euro an (Geldkurs) und verkauft ausl. Geldeinheiten

Tipp

1. *Die Bezeichnungen Ankaufskurse und Verkaufskurse gelten nur für Sortenkurse und werden immer vom Standpunkt der Bank aus betrachtet.*
2. *Aus Vereinfachungsgründen empfiehlt sich folgende Vorgehensweise. Man stelle sich stets die Frage: „Was macht die Bank mit ausländischen Geldeinheiten?“*
   a) ***kauft*** *die Bank ausl. Geldeinheiten* ***an*** *→* ***Ankauf****skurs*
   b) ***verkauft*** *die Bank ausl. Geldeinheiten →* ***Verkauf****skurs*

Beachte: *Diese Fragestellung lässt sich sowohl auf den Umtausch im Inland als auch im Ausland anwenden.*

Vereinfachter exemplarischer Auszug einer deutschen Kurstabelle für Sortenkurse

Land	Währungseinheit	verwendete Abkürzungen		Sortenkurse ausl. Geldeinheiten für 1,00 EUR	
		alt	neu*	Ankauf	Verkauf
USA	US-Dollar	US-$	USD	1,1950	1,0822
Großbritannien	engl. Pfund	£	GBP	0,7770	0,7037
Kanada	Kan. Dollar	Kan-$	CAD	1,4936	1,3418
Schweiz	Franken	sfr	CHF	1,1386	1,0282
Dänemark	dän. Kronen	dkr	DDK	7,8679	7,1193
Norwegen	nor. Kronen	nkr	NOK	9,1759	8,1299
Schweden	schwed. Kronen	skr	SEK	10,0697	9,1055
Japan	jap. Yen	Yen	JPY	142,1539	128,0722
Südafrika	Rand	Rand	ZAR	14,4129	12,0304
Australien	Dollar	A-$	AUD	1,5295	1,3699

** Nach ISO-Standard genormte dreibuchstabige Abkürzung*

Tipp

Die Bezeichnungen „Verkauf" und „Ankauf" entsprechen den Bezeichnungen „Geld" und „Brief" bei anderen Instituten. Für nachfolgende Aufgaben werden ausschließlich Sortenkurse zugrunde gelegt.

9.1 Umrechnungen im Währungsinland

Musteraufgabe

Für eine Urlaubsreise wechselt Familie Müller 700,00 EUR in Schweizer Franken um.

Wie viel CHF erhält Familie Müller, wenn die Bank mit folgenden Kursen rechnet?

Land	Währung	Ankauf	Verkauf
Schweiz	CHF	1,1386	1,0282

Musterlösung

1,00 EUR – 1,0282 CHF
700,00 EUR – x CHF

$$x = \frac{1{,}0282 \cdot 700}{1} = \underline{\underline{719{,}74\ \text{CHF}}}$$

Familie Müller erhält von ihrer Bank 719,74 CHF ausgezahlt.

Lösungsschritte

1. Überlegung: Ankaufskurs oder Verkaufskurs?
   Da die Bank die fremden Währungen an die Familie Müller verkauft, muss der Verkaufskurs genommen werden.
   Hier: 1,0282

2. Überlegung: Worauf bezieht sich der Kurs?
Da die Umwechslung im Währungsinland stattfindet, wird der Kurs in CHF für einen Euro angegeben.
Hier: 1,0282 CHF für 1,00 EUR

3. Aufstellen der Kursgleichungen und Lösung mittels Dreisatz (siehe Kapitel 2); für die Schweiz ergibt sich:

1,00 EUR – 1,0282 CHF
700,00 EUR – x CHF

$$x = \frac{1{,}0282 \cdot 700{,}00}{1} = \underline{\underline{719{,}74\ \text{CHF}}}$$

Übungsaufgaben

1. ***Herr Klein fährt im Winterurlaub in die Schweiz. Vor seiner Abreise tauscht er bei seiner Bank 450,00 EUR in Schweizer Franken um.***
Wie viel Schweizer Franken erhält Herr Klein, wenn seine Bank mit einem Kurs von 1,0282 rechnet?

2. ***Vor einer längeren Geschäftsreise wechselt der Reisende Herr Kleinert folgende Beträge bei seiner Hausbank um:***
   - ***300,00 EUR in CHF (Kurs 1,0282)***
   - ***800,00 EUR in USD (Kurs 1,0822)***
   - ***650,00 EUR in GBP (Kurs 0,7037)***

   Wie viele CHF, USD und GBP erhält Herr Kleinert ausgehändigt?

3. ***Ein Sanitärgeschäft in Heidelberg bezieht 15 Einhebelmischer aus der Schweiz.***
Der Stückpreis beträgt 256 CHF.
Auf wie viel Euro lautet die Rechnung, wenn zu einem Kurs von 1,1386 abgerechnet wird?

4. ***Der Einkäufer eines größeren Industriebetriebes tauscht vor seiner Auslandreise 3000,00 EUR in Auslandswährungen um: 1 300,00 EUR in Rand, 800,00 EUR in Jap. Yen und den Rest in Australische Dollar.***
Wie viele Einheiten jeder Währung erhält er, wenn die Bank mit folgenden Kursen rechnet:

Land	Währung	Ankauf	Verkauf
Südafrika	Rand	9,471	5,400
Japan	Yen	135,400	125,800
Australien	Australischer Dollar	2,050	1,725

5. ***Für eine Reise nach Schweden tauscht ein Kaufmann 4500,00 EUR in schwedische Kronen um.***
Wie viele Kronen zahlt seine Bank aus, wenn sie mit einem Kurs von von 10,160 rechnet?

6. ***Der Auszubildende Peter Klein bringt von seiner Reise nach England noch 18,00 GBP zurück, die er sofort bei seiner Bank zum Kurs von 0,680 umtauscht.***
Wie viel Euro erhält er dafür?

7. ***Die Firma Schneider bezieht aus Südafrika 5780 kg Orangen zu einem Preis von 3,2 ZAR je kg.***
Welchen Eurobetrag muss die Firma Schneider bei einem Kurs von 5,350 für die gesamte Sendung bezahlen?

8. ***Für eine Geschäftsreise in die USA hat ein Kaufmann 2750,00 EUR zum Kurs von 1,2500 in US-Dollar umgewechselt. Er bringt von seiner Reise noch 70 USD zurück.***
Wie viel Euro verliert er, wenn er den Restbetrag zum Kurs von 1,2800 zurücktauscht?

9. ***Eine Maschinenfabrik bezahlte für eine Sendung Dichtungsringe 6527,00 EUR. Die Rechnung lautete auf 60200,00 SEK.***
Wie hoch ist der Kurs, zu dem die Deutsche Bank mit der Maschinenfabrik abgerechnet hat?

10. ***Ein Stoffimporteur bezieht aus Australien 2500 m Tuch zu einem Gesamtpreis von 101000,00 AUD.***
Wie viel Euro kostet ein Meter, wenn der Importeur zusätzlich noch 250,00 AUD Spesen und 1500,00 EUR Zoll zahlen muss? (Kurs 1,800)

11. ***Ein japanischer Hi-Fi-Hersteller bietet einem deutschen Großkunden CD-Player zu einem Preis von 24000,00 JPY pro Stück frei Hamburg an.***
Wie viel Euro muss der Großkunde pro Gerät bei einem Kurs von 135,000 bezahlen?

12. ***Ein Schweizer Tourist kauft in einem Lörracher Lederwarengeschäft eine Tennistasche, die mit 180,00 EUR ausgezeichnet ist. Da er keine Euro besitzt, möchte er die Tasche in Schweizer Franken bezahlen.***
Welchen Wechselkurs hat der Inhaber zugrunde gelegt, wenn er dem Schweizer 216,00 CHF berechnet?

13. ***Eine Musik-CD kostet in Deutschland 11,45 EUR und in der Schweiz 14,30 CHF.***
Wo kauft man die CD am günstigsten und wie viel Euro würde man sparen? (Kurs 1,1850)

9.2 Umrechnungen im Währungsausland

Bei den Umrechnungen im Ausland hat sich mit der Einführung des Euro gegenüber der bisherigen Berechnung lediglich eine Änderung ergeben, die darin besteht, dass sich die Kurse im Ausland nunmehr auf **einen Euro** beziehen, wie nachfolgende Tabelle der für uns wichtigen Länder verdeutlicht:

Land	Bezugsgröße	Kursangabe in der jeweiligen Landeswährung
USA	1,00 EUR	1,1350 USD
Großbritannien	1,00 EUR	0,6780 GBP
Schweiz	1,00 EUR	1,0700 CHF

Wie aus der Darstellung hervorgeht, besteht nun kein Unterschied mehr, ob im In- oder im Ausland getauscht wird, da sich die Kursangabe in beiden Fällen auf einen Euro bezieht. Es gilt lediglich zu überlegen, ob das ausländische Kreditinstitut den Euro an oder verkauft.

Musteraufgabe

Ein deutscher Urlauber tauscht an seinem Urlaubsort in der Schweiz 350,00 EUR zum Kurs 1,5327 in CHF um.

Wie viel Schweizer Franken erhält der Tourist bei den nachfolgenden Kursen ausgezahlt?
Ankauf: 1,0580 Verkauf: 1,1850

Musterlösung

1,00 EUR – 1,0580 CHF (Kursgleichung)
350,00 EUR – x CHF

$$x = \frac{1{,}0580 \cdot 350}{1} = \underline{\underline{370{,}30\ \text{CHF}}}$$

Lösungsschritte

1. Überlegung: Wo wird getauscht?
   Hier: in der Schweiz
2. Überlegung: Ankaufskurs oder Verkaufskurs?
   Da die Schweizer Bank die ausländischen Währungseinheiten, hier den Euro ankauft, muss der Ankaufskurs genommen werden.
   Hier: 1,0580
3. Überlegung: Worauf bezieht sich demnach der Kurs?
   Hier: 1,0580 CHF für 1,00 EUR
4. Aufstellen der Kursgleichung und Lösung mittels Dreisatz (siehe Kapitel 2).
   Hier: 1,00 EUR – 1,0580 CHF (Kursgleichung)
   350,00 EUR – x CHF

$$x = \frac{1{,}0580 \cdot 350}{1} = \underline{\underline{370{,}30\ \text{CHF}}}$$

Übungsaufgaben

1. ***Marco Schweighoffer, Auszubildender der Maschinenfabrik Dortmund AG, soll für seinen Chef, der dringend geschäftlich nach Genf muss, 4 000,00 EUR in Schweizer Franken umtauschen. Da sich Marco gut im Währungsrechnen auskennt, will er seinem Chef die günstigste Möglichkeit aufzeigen.***
   a) Berechnen Sie, ob es für Marcos Chef günstiger ist, in Dortmund oder in Genf zu tauschen.
   Kursnotierung:
   Dortmunder Volksbank: 1,1550
   Sparkasse Genf: 1,1850
   b) Wie viel Schweizer Franken beträgt der Unterschiedsbetrag?

2. *Ein Student unternimmt eine Studienreise in die USA. Vor dem Reiseantritt überlegt er, ob er 1 200,00 EUR in Deutschland zum Kurs 1,2500 oder in den USA zum Kurs 1,2800 umtauschen soll.*
   Wo soll der Student Ihrer Meinung nach tauschen?

3. *Während einer Geschäftsreise tauscht Herr Schmidt in Stockholm 380,00 EUR in 3401,00 SEK um.*
   Mit welchem Kurs rechnete die schwedische Bank?

4. *Ein Auslandsvertreter besucht seinen Geschäftspartner in Kanada.*
   Wie viel Euro hat er in Toronto umgetauscht, wenn ihm die Bank bei einem Kurs von 1,7500 genau 875,00 CAD auszahlte?

5. *Kurz vor seiner Heimreise tauschte ein deutscher Urlauber in Dänemark 2870,00 DKK in 350,00 EUR um.*
   Mit welchem Kurs rechnete die dänische Bank?

6. *Ein südafrikanisches Hotel bietet in der Hauptsaison Vollpension für 210 ZAR pro Person und Tag an.*
   Wie viel Euro würde ein 14-tägiger Urlaub einer vierköpfigen Familie bei einem Kurs von 6,0308 kosten? (Ergebnis auf ganze Euro kfm. runden)

Vermischte Währungsaufgaben

1. *Fabrikant Berger besuchte eine Messe in Oslo. Zuvor hatte er in Köln 12 800,00 EUR in NOK umgetauscht. Die Bank zahlte ihm dafür 123 872,00 NOK aus.*
   a) Mit welchem Kurs rechnete die Bank?
   b) In Oslo hätte Berger 200,00 NOK mehr erhalten.
   Zu welchem Kurs notiert demnach der Euro in Oslo?

2. *Wir begleichen die Rechnung unseres Lieferanten aus Japan über 350 000,00 JPY durch Banküberweisung.*
   Mit wie viel Euro belastet die Bank unser Konto, wenn sie folgende Kurse zugrunde legt?

Währung	Ankauf	Verkauf
JPY	135,500	125,000

3. *Ein Schweizer Geschäftsmann besucht einen Lieferanten in Dänemark. Bei einem Zwischenaufenthalt in Hannover tauscht er 3 200,00 CHF in DKK um.*
   Wie viele Dänische Kronen erhält er, wenn die Hannoversche Bank folgende Kurse zugrunde legt?

Währung	Ankauf	Verkauf
CHF	1,180	1,090
DKK	7,800	7,125

4. *Ein Freiburger Geschäftsmann fliegt ab Zürich zu einer Geschäftsbesprechung nach New York. Vor seinem Abflug wechselt er in der Flughafenbank 2 500,00 EUR in US-Dollar um.*
   Wie viel US-Dollar zahlt ihm die Schweizer Bank aus, wenn obenstehende Kurse gelten?

Währung	Ankauf	Verkauf
EUR	1,090	1,180
USD	1,049	1,128

5. ***Für einen Besuch der zweitägigen internationalen Logistikmesse in London benötigt der Lagerleiter Herr Robin Jaus noch 500,00 GBP.***
Ermitteln Sie anhand des abgebildeten Sorten-Verkaufsscheines, welchen Eurobetrag (Kurswert in Euro) ihm seine Sparkasse berechnet.

Sorten-Verkauf

Datum

Wir überlassen Ihnen folgende Sorten:

Währung	Betrag	Kurs	Kurswert EUR
05 GBP	******500,00	0,676000	******* EUR

Name und Anschrift:		
	+ Gebühr EUR	
Reisepass (Ort u. Nr.):	zu zahlender Betrag EUR	

Ausländische Münzen werden wegen ihrer nur beschränkt möglichen Wiederverwertung mit einem Abschlag vom Banknotenkurs angekauft. Wir empfehlen daher, ausländische Münzen im Gastland zu verbrauchen.

Irrtum vorbehalten!

Denken Sie bitte auch an eventuelle ausländische Ein- und Ausfuhrbestimmungen für Reisezahlungsmittel!

0503 27.10.07 VERKAUF 0075 BAR EINZAHLUNG

142 112.500 DSV 03/2002 Raum für Maschinendruck 1

6. ***Sie haben als Mitarbeiter der Metallwerke C. Jeck AG in Hamburg den unten abgebildeten Rechnungsauszug an die Möbelfabrik EKIA in Stockholm erstellt.***
Nun bittet Sie Ihr Chef, die Rechnung statt in Euro in Schwedischen Kronen auszuweisen. Laut Ihrer Internetrecherche beträgt der Kurs zurzeit 8,55 SEK für 1,00 EUR.

Rechnungsauszug:

Rechnung Nr. 03-021984

Artikel	Menge	Preis in EUR/Stück	Gesamtpreis in EUR
Magnetschnäpper „fest“	100	3,50	350,00
Scharniere	180	7,60	1 368,00
Möbelgriffe „Trapez matt“	80	17,60	1 408,00
Rechnungsbetrag			3 126,00

Lieferung: frei Haus

Zahlungsbedingungen: zahlbar innerhalb von 30 Tagen netto oder innerhalb von 10 Tagen mit 3 % Skonto

10 Der Kettensatz

Der Kettensatz ist eine Rechenmethode, die besonders dann vorteilhaft eingesetzt werden kann, wenn Dreisatzaufgaben mit ausländischen Währungen, Maßen und Gewichten gelöst werden sollen.

Einschränkend gilt allerdings, dass es sich nur um Dreisatzaufgaben mit geradem Verhältnis handeln darf.

Musteraufgabe

Eine Münchner Bekleidungsfabrik bezieht aus den USA 36 yds Mantelstoff zum Gesamtpreis von 742,50 USD.

Berechnen Sie, wie viel Euro 1 m dieses Stoffes im Einkauf kostet. (11 m – 12 yds; Kurs 1,250)

Musterlösung

I. Bisherige Lösung mithilfe von Dreisätzen

1. 12 yds – 11 m
   36 yds – x m

$$x = \frac{11 \cdot 36}{12}$$

$$x = \underline{\underline{33\ m}}$$

2. 1,250 USD – 1,00 EUR
   742,500 USD – x EUR

$$x = \frac{742{,}500 \cdot 1}{1{,}250}$$

$$x = \underline{\underline{594{,}00\ EUR}}$$

3. 33 m – 594,00 EUR
   1 m – x EUR

$$x = \frac{594{,}00 \cdot 1}{33} = \underline{18{,}00\ EUR\ je\ m}$$

II. Lösung mithilfe des Kettensatzes

1. ? EUR – 1 m
2. 11 m – 12 yds
   36 yds – 742,50 USD
3. 1,250 USD – 1 EUR

4. $$x = \frac{1 \cdot 12 \cdot 742{,}50 \cdot 1}{11 \cdot 36 \cdot 1{,}250}$$

$$x = \underline{\underline{18{,}00\ EUR}}$$

Lösungsschritte

1. Der Kettensatz beginnt immer mit dem Fragesatz, wobei die gefragte Größe am Anfang steht.
   Hier: ? EUR – 1 m
2. Jeder weitere Satz der Kette beginnt links immer mit der Benennung, mit der der vorhergehende Satz der rechten Seite endete.
   Hier: 11 m – 12 yds

Die vorhergehende Gleichung endete auf Meter (? EUR – 1 **m**). Folglich muss die folgende Gleichung mit Meter beginnen (11 **m** – 12 yds) usw.

3. Die Kette ist geschlossen, wenn die auf der linken Seite gesuchte Benennung auf der rechten Seite erscheint.
   Hier: ? EUR – 1 m
   . .
   . .
   . .
   1,250 USD – 1,00 EUR

4. Zur Lösung des Kettensatzes verfährt man folgendermaßen:
   - die gesamte rechte Seite kommt **auf** den Bruch (Zähler)
   - die gesamte linke Seite kommt **unter** den Bruch (Nenner)

   Hier: $x = \frac{1 \cdot 12 \cdot 742{,}50 \cdot 1}{11 \cdot 36 \cdot 1{,}250}$ (Zähler) (Nenner)

Beachte: In Zukunft kann auf die Zahl 1 im Zähler und Nenner verzichtet werden.

Übungsaufgaben

1. ***Wie viel Euro kosten 42 m amerikanischer Stoff, wenn der Angebotspreis für 1 yd 9,6 USD beträgt? (11 m = 12 yds; Kurs 1,250)***
2. ***Eine Sendung Schweizer Käse wiegt 25,8 kg und kostet 350,00 CHF. Was kosten 100 g Käse in Deutschland bei einem Kurs von 1,1580?***
3. ***Berechnen Sie den Euro-Preis für 1 m amerikanischen Stoff, wenn 1 yd zu 18,50 USD angeboten wird. (11 m = 12 yds; Kurs 1,250)***
4. ***Wie viel Euro kostet 1 m Stoff, den wir aus den USA beziehen, wenn uns der Exporteur für 72 yds insgesamt 550,00 USD berechnet? (11 m = 12 yds; Kurs 1,250)***
5. ***Berechnen Sie, welches der beiden folgenden Angebote günstiger ist:***
   A 1: aus der Schweiz: 1 kg zu 12,80 CHF (Kurs 1,1580)
   A 2: aus England: 1 kg zu 4,50 GBP (Kurs 0,680)
6. ***Wie viel Euro kosten 500 g jamaikanischer Blue-Mountain-Kaffee, wenn wir diesen über einen Londoner Händler für 320,00 GBP je cwt beziehen? (Kurs 0,680; 1 cwt = 45,358 kg)***
7. ***Zu welchem Preis bieten wir eine Ledertasche in der Schweiz an, wenn diese in Deutschland 185,00 EUR kostet? (Kurs 1,1892)***
8. ***Eine US-Aluminiumhütte bietet einem deutschen Importeur 240 tons Aluminium für 24,00 USD je cwt an.***
   Wie viel Euro kosten 100 kg Aluminium? (Kurs 1,250; 1 cwt = 45,358 kg)
9. ***Ein US-amerikanischer Exporteur bietet einem deutschen Importeur eine Partie Baumwolle frei Kai Bremen zu 19,80 USD je cwt an.***
   Berechnen Sie den Angebotspreis für 100 kg in Euro. (Kurs 1,250; 1 cwt = 45,358 kg)

10. Eine Schiffsladung Monitoba-Weizen von 1 260 t wird von Antwerpen nach Basel verschifft. Der Frachtsatz beträgt 41,00 CHF/t.
Über wie viel Euro lautet die Fracht bei einem Kurs von 1,1580?

11. Ein amerikanisches Frachtschiff bringt 195 Fässer zu je 2 qrs und einer Frachtrate von 5,00 USD/100 kg nach Emden.
Wie hoch sind die Frachtkosten für die gesamte Ladung bei einem Tageskurs von 1,250? (4 qrs = 1 cwt = 45,358 kg)

12. Ein deutscher Großhändler bezieht aus der Schweiz 95 kg Käse zu einem Gesamtpreis von 815,00 CHF.
Berechnen Sie den Einstandspreis für 100 g Käse, wenn dem Großhändler überdies 35,00 CHF für Frachtkosten in Rechnung gestellt werden. (Kurs 1,1580)

13. Ein deutscher Importeur bezieht aus Japan monatlich 3200 Videokameras vom Typ S 8 zu einem Gesamtpreis von 1000000,00 USD.
Wie viel Euro kostet eine Kamera bei einem Kurs von 1,250?

14. Das US-amerikanische Frachtschiff „Arctic Sea“ transportiert u. a. 415 Fässer Kunstharz zu je 3,5 qrs von New Orleans nach Hamburg. Der Frachtsatz beträgt 7,50 USD je 100 kg.
Mit welchen Transportkosten wird der Hamburger Importeur für die gesamte Sendung bei einem Tageskurs von 1,2353 belastet (4 qrs = 1 cwt = 45,358 kg)?

15. Für 5 Ballen Stoff à 150 yds englischen Tweedstoffes werden uns von unserem Liverpooler Lieferanten 6500,00 GBP berechnet.
Ermitteln Sie den Einstandspeis in Euro je Meter, wenn wir darüber hinaus 2 % Transportversicherung sowie 245 GBP Fracht zahlen müssen. (11 m = 12 yds; Kurs 0,8).

II Lagercontrolling

11 Lagerkalkulation

LOP

Die **Lagerkalkulation** ist eine Rechnung zur Ermittlung der Kosten je m^2 bzw. je t (100 kg usw.). Dieser Kostensatz wird benötigt, um den Kunden eine verursachungsgerechte Lagermiete zu berechnen.

Als Lagerkosten kommen u. a. in Betracht:

- **Verwaltungskosten**, z. B.: Löhne, Gehälter, Sozialleistungen, allg. Verwaltungskosten
- **Raumkosten**, z. B.: Miete, Abschreibungen, Instandhaltung, Energiekosten, Reinigung
- **Risikokosten**, z. B.: Versicherungsprämien, Mengenverluste durch Diebstahl u. a.
- **Kapitalkosten**, z. B.: Zinsen für das im Lager gebundene Kapital

$$\text{Lagerkosten je } m^2 = \frac{\text{gesamte Lagerkosten}}{\text{gesamte } m^2}$$

Neben den angegebenen reinen Lagerkosten (Lagerungskosten) werden in der Regel auch noch die Kosten der Ein- und Auslagerung sowie der Kommissionierung erfasst und dem Kunden in Rechnung gestellt.

Musteraufgabe

Der Lagerhausgesellschaft mbH, Mannheim, entstanden im 1. Quartal 20.. für ihr neu erbautes Lagerhaus mit einer Lagerfläche von 6 000 m^2 u. a. folgende Kosten:

- Personalkosten 65 000,00 €
- Abschreibungen 7 000,00 €
- Energiekosten 2 500,00 €
- Versicherungsprämie 3 500,00 €
- Reinigung 5 000,00 €

Mit welchen Lagerkosten belastet die Lagerhausgesellschaft einen Kunden pro Monat, wenn dieser 350 m^2 Lagerraum angemietet hat?

Musterlösung

$$\text{Kosten je } m^2 = \frac{83\,000{,}00\ €}{6\,000\ m^2} = \underline{\underline{13{,}83\ €/m^2 \text{ und Quartal}}}$$

$13{,}83\ €/m^2 \cdot 350\ m^2 = 4\,840{,}50\ €/\text{Quartal}$

$4\,840{,}50\ €/\text{Quartal} : 3 = \underline{\underline{1\,613{,}50\ €/\text{Monat}}}$

Lösungsschritte

1. Ermittlung der Gesamtkosten.
2. Errechnung der Kosten pro m² (bzw. pro t).
3. Ermittlung der Kosten pro Berechnungszeitpunkt.

Übungsaufgaben

1. Welche Lagerkosten muss die Maschinenfabrik Bauer der Lagerhausgesellschaft mbH für die Lagerung von 18,5 t Maschinenteile bezahlen, wenn die Lagerhausgesellschaft pro 50 kg 0,50 € Lagerkosten berechnet?

2. Mit welchen Lagerkosten je m² kalkuliert die Spedition Zehner, Mannheim, wenn dieser für ihr 5 600 m² großes Lagergebäude im Mai folgende Lagerkosten entstanden sind:

– Miete	30 000,00 €
– Personal	12 000,00 €
– Abschreibungen	4 000,00 €
– sonstige Kosten	8 000,00 €

3. Der Schnellfracht GmbH, Heidelberg, entstanden im vergangenen Geschäftsjahr folgende Lagerkosten:

– Personal	340 000,00 €
– Abschreibungen	125 000,00 €
– Zinsen	57 000,00 €
– Energiekosten	113 000,00 €
– Versicherungsprämien	13 000,00 €

a) Ermitteln Sie die monatlichen Lagerkosten.
b) Mit welchen Kosten je m² muss die Schnellfracht GmbH monatlich kalkulieren, wenn die Gesamtlagerfläche 11 285 m² beträgt?
c) Wie viel Euro muss ein Kunde bezahlen, der für den Monat Oktober 125 m² anmietete, wenn die Schnellfracht neben den Kosten je m² noch mit 0,50 € Gewinn je m² rechnet?

4. Mit welchen Lagerkosten belastet die Lagereigenossenschaft Schriesheim die Stahlwarenfabrik König & Co. KG für eine Ladung Federblätter im Gewicht von 22,4 t, wenn die Lagerkosten pro 100 kg 1,25 € betragen und die Lagereigenossenschaft zusätzlich mit 7 % Gewinn kalkuliert?

5. Berechnen Sie den Preis für 1 kg Kupferdraht einschließlich Lagerkosten, wenn wir 18,4 t zum Einkaufspreis von 16 500,00 € bezogen und uns der Lieferer 8 % Rabatt und 2,5 % Skonto gewährte. Die Bezugskosten beliefen sich auf 935,00 € und als Lagerkosten werden 1,75 € je 100 kg berechnet.

6. Für das dreigeschossige Lagergebäude der Gebrüder Barth OHG mit den Grundmaßen 120 m · 36 m fielen für das 1. Quartal 20.. folgende Lagerkosten an:

– Personal	145 000,00 €
– Abschreibungen	68 000,00 €
– Energie	35 000,00 €
– sonstige Kosten	52 000,00 €

a) Berechnen Sie die Lagerkosten pro m² und Monat.

b) Mit welchen Lagerkosten pro Monat belastet die Gebr. Barth OHG einen Kunden, der für ein Palettenlager eine Fläche von 24 m · 8 m anmietete, wenn die OHG mit 0,80 € Gewinn je m² kalkuliert? (Umsatzsteuer 19 %)

c) Wie viel Europaletten fasst das Palettenlager von Aufgabe b), wenn max. 3 Paletten übereinander stapelbar sind?

7. Die Schraubenfabrik Emil & Gertrud Neumann KG, Potsdam, möchte einen Teil ihrer Lagerhaltung an den Spediteur und Lagerhalter Dittmann & Konrad OHG, Berlin, auslagern. Im Lagervertrag wurden u. a. nachfolgende Punkte aufgeführt:

Lagervertrag
zwischen

Lagerhalter	Mieter
Spediteur und Lagerhalter Dittmann & Konrad OHG Mannheimer Str. 68 10653 Berlin	Schraubenfabrik Emil & Gertrud Neumann KG Schillerstr. 8 12670 Potsdam

Vertragsbeginn:	01.01.20..	
Abrechnungszeitraum:	je Quartal	
Kostenauflistung	– Einlagerung je Palette:	60,00 €
	– Lagerkosten je Palette/Monat:	15,00 €
	– Auslagerung je Karton:	7,50 €
	– Verwaltung je Monat:	400,00 €

Datum: Berlin, 28.11.20..

Ermitteln Sie den am Quartalsende an den Lagerhalter Dittmann & Konrad OHG zu zahlenden Bruttobetrag, wenn die Emil & Gertrud Neumann KG am 02.01.20.. 150 Paletten mit je 20 Kartons einlagerte und am 28.02.20.. 40 Kartons an verschiedene Kunden in Süddeutschland verkauft und versandt wurden.

8. Die Spedition Ausanio KG lagerte für einen Kunden im abgelaufenen Quartal 243 000 kg Düngemittel aus.
Berechnen Sie die Kommissionierkosten
a) je Palette,
b) je 100 kg,
c) je Monat,
wenn die Lagerverwaltung folgende Angaben zur Verfügung stellt:
- *Bruttogewicht je Palette 920 kg; Eigengewicht je Palette 20 kg*
- *Kommissionierzeit je Palette 12 Minuten*
- *Stundenlohn pro eingesetztem Arbeiter 12,50 €*
- *anzusetzende Lohnnebenkosten 80 %*

9. Die Mannheimer Kaufmannsmühle GmbH füllt u. a. auch Hartweizenmehl in 5-kg-Pakete ab, von denen monatlich im Durchschnitt 540 t auf Europaletten (Bruttogewicht 815 kg je Palette; Tara 15 kg je Palette) in das Verkaufslager gebracht und eingelagert werden.

Des Weiteren gilt es zu beachten:

- *Für die Einlagerung in das Verkaufslager werden täglich 2 Staplerstunden benötigt.*
- *Die Kosten pro Staplerstunde belaufen sich auf 30,00 €.*
- *Die monatliche Arbeitszeit beträgt 22 Arbeitstage.*

a) Wie viele Pakete Mehl können auf einer Europalette gestapelt werden?

b) Wie viele Europaletten werden monatlich in das Verkaufslager gebracht?

c) Mit welchen Staplerkosten muss die Mannheimer Kaufmannsmühle
ca) monatlich,
cb) pro Europalette kalkulieren?

d) Wie viele Minuten benötigt man zur Einlagerung einer Palette? (auf ganze Zahl kfm. runden)

10. *Im Geschäftsbereich „Gewerbliche Lagerhaltung" fielen bei der Spedition Barth & Neumann KG folgende Kosten an:*

Lagerkosten

Kostenart	Betrag in EUR	Bezugszeitraum
Personal	28.000,00	Monat
Abschreibungen	80.000,00	Jahr
Zinsen	12.000,00	1/2 Jahr
Energie	3.000,00	1/4 Jahr
Versicherungsprämien	2.000,00	1/2 Jahr
Allg. Verwalungskosten	2.000,00	Monat

a) Wie hoch sind die gesamten Lagerkosten der Spedition Barth & Neumann KG pro Jahr?

b) Welche Lagerkosten pro Arbeitstag muss die Spedition ansetzen, wenn im abgelaufenen Jahr an 240 Tagen gearbeitet wurde?

c) Wie hoch sind die monatlichen Lagerkosten je m², wenn das zweigeschossige Lagerhaus eine Grundfläche von 120 m · 40 m aufweist und 16 2/3 % der Fläche für Verkehrswege freizuhalten sind?

d) Berechnen Sie die Kosten, die einem Kunden der Spedition für den abgelaufenen Monat in Rechnung zu stellen sind, wenn folgende Punkte zu beachten sind:

- *eingelagerte Menge im vergangenen Monat: 80 000 kg*
- *ausgelagerte Menge im vergangenen Monat: 96 000 kg*
- *Nettogewicht einer Palette 800 kg*
- *Ein- bzw. Auslagerungskosten je Palette 1,50 €*
- *Umschlagskosten je Palette 0,10 €*
- *angemietete Fläche 250 m²*
- *Gewinnzuschlag der Spedition Barth & Neumann KG 8 1/2 %*
- *Umsatzsteuer 19 %*

11. **Die Geschäftsleitung der Maschinenfabrik Tannebaum GmbH, Ludwigsburg, überlegt sich, ob es besser wäre, im Kleinteilbereich eine weitere Lagerhalle selbst zu bauen oder die Lagerhaltung stattdessen an einen gewerblichen Lagerhalter zu übertragen.**

Ein Kostenvergleich beider Möglichkeiten ergibt folgende Situation:

Eigenes Lager	Fremdlagerung
Beim Bau einer eigenen Lagerhalle entstehen insgesamt 50 000,00 € fixe Kosten pro Jahr. Darüber hinaus muss mit 0,35 € je kg Kleinteile gerechnet werden.	Ein gewerblicher Lagerhalter wäre bereit, die Lagerhaltung komplett für 0,75 € je kg Kleinteile zu übernehmen.

a) **Ermitteln Sie die günstigere Alternative, wenn von einer jährlichen Umschlagsmenge von 384 000 kg ausgegangen werden kann.**

b) **Bei welcher jährlichen Umschlagsmenge ist die Eigen- und Fremdlagerung gleich teuer?**

Prüfungsaufgaben

Tipp

Bei der nachfolgenden Aufgabe handelt es sich um vertiefende Aufgaben, die sowohl Inhalte aus dem Bereich kaufmännisches Rechnen als auch der Betriebswirtschaftslehre miteinander verknüpft und somit Prüfungscharakter für Baden-Württemberg besitzen könnte.

1. **Die Metallwarenfabrik Brigitte Weber GmbH beabsichtigt ein neuartiges Klappscharnier in ihr Sortiment aufzunehmen. Sie ist sich allerdings noch nicht sicher, ob sie diese Klappscharniere selbst herstellen oder von einem slowenischen Unternehmen beziehen möchte. Zur Entscheidungsfindung stehen folgende Daten zur Verfügung:**

Eigenfertigung: **Bei einer Eigenfertigung belaufen sich die Kosten für das Metall eines Scharniers auf 2,00 € pro Stück, sowie für benötigte Kunststoffteile auf 0,50 € pro Scharnier. Die fixen Kosten betragen bei Eigenfertigung 600,00 € pro Monat.**

Fremdbezug: **Die slowenische Firma ist bereit, das Scharnier für 6,50 € pro Stück zu liefern.**

a) **Entscheiden Sie rechnerisch, ob es für die Metallwarenfabrik Brigitte Weber wirtschaftlich sinnvoll ist, das Scharnier selbst zu fertigen, wenn von einem Monatsabsatz von 200 Scharnieren auszugehen ist.**

b) **Bei welcher Menge sind die Eigenfertigung und der Fremdbezug gleich teuer?**

2. **Die Spedition W. & E. Schmitt GmbH, Mannheim, überlegt aufgrund gestiegener Nachfrage nach Lagerraum, ob sie eine Lagerhalle selbst bauen oder stattdessen lieber anmieten soll. Bei einem neuen, zweigeschossigen Lageranbau von 62,5 m · 30 m rechnet der Geschäftsführer Werner Schmitt mit 90 000,00 € fixen Kosten pro Jahr. Ein Inserat in der lokalen Zeitung eröffnet ihm darüber hinaus folgende Möglichkeit:**

a) **Errechnen Sie die monatlichen Kosten, die bei einer Fremdlagerung entstehen, wenn das komplette EG sowie 40 % der ersten Etage angemietet würden.**

b) **Ermitteln Sie die zu zahlende durchschnittliche Miete je m².**

c) **Mit welchen monatlichen Kosten pro m² müsste die W. & E. Schmitt GmbH bei einer Eigenlagerung rechnen?**

d) Errechnen Sie die günstigste Einlagerungsalternative, wenn wir von einem benötigten Lagerraum von 3700 m² ausgehen und eine weitere Anmietung ausschließlich bei Mietung der gesamten Fläche – zu den angegebenen Konditionen möglich wäre.

e) Zu welcher Alternative würden Sie der Spedition W. & E. Schmitt GmbH raten?

Lagerräume auf 3 Etagen, ca. 4 500 m², Etage je ca. 1 500 m², auch einzeln oder mit Teilflächen zu vermieten.

Lagerräume
MA-Neckarau, Nähe Autobahn

EG: 2,00 €/m², 1. + 2. OG: 1,25 €/m²

Vorteil: Warenannahme vorhanden. Eventuelle Lagerverwaltungsarbeiten können übernommen werden.

Telefon von 08:00–16:00 Uhr:
0621 811875 Frau Werneth

3. Die Firma Lena Steiner KG ist ein mittelständisches Großhandelsunternehmen in Mannheim. Bei der Wirtschaftlichkeitsbetrachtung des eigenen Lagerbereichs wird geprüft, ob in Zukunft eine Auslagerung verschiedener Artikel an einen selbstständigen Lagerhalter sinnvoll ist.
Ermitteln Sie anhand der folgenden Lagerdaten den durchschnittlichen Lagerbestand an Metallteilen, bis zu dem eine Fremdlagerung kostengünstiger wäre.

Eigenes Unternehmen:	
– gesamte monatliche fixe Kosten	*8000,00 €*
– variable Lagerkosten je Metallteil	*0,50 €*
Fremdes Unternehmen:	
– kompletter Lagerpreis bei Fremdlagerung pro Monat und Stück	*1,30 €*

12 Lagerkennziffern

LOP

BWP

Mit den verschiedenen **Kennziffern** versucht der Kaufmann, die Wirtschaftlichkeit des Lagerbereichs zu überprüfen. Dabei vergleicht man die aktuellen Werte entweder mit denen von Vorperioden oder mit den branchenüblichen Werten. Die zur Berechnung der **Lagerkennziffern** notwendigen Größen, wie z. B. der Warenbestand, werden dabei von der Buchführung zur Verfügung gestellt. Somit kann man die Buchführung quasi als Quelle der Lagerkennziffern begreifen.

Im vorliegenden Abschnitt geht es jedoch weniger um eine betriebswirtschaftliche Analyse zur Verbesserung der Kennzahlen als vielmehr um die Berechnung dieser Größen.

12.1 Ermittlung des Bestellzeitpunktes

Die Ermittlung des Bestellzeitpunktes hat die Aufgabe, die erforderlichen Gütermengen termingerecht zur Verfügung zu stellen. Der Bestellzeitpunkt ist dabei abhängig von

- der Lieferzeit,
- dem Verbrauch (Verkauf).

Damit es zu keinen Fehlmengen kommt, plant der Kaufmann zusätzlich eine *eiserne Reserve* (Mindestbestand, eiserner Bestand) ein.

Mindestbestand = der Bestand, der ständig auf Lager sein muss, um die Verkaufsbereitschaft (Betriebsbereitschaft) zu sichern. Er darf bei normalem Betriebsablauf nicht unterschritten werden.

Meldebestand = der Bestand, bei dessen Erreichen die Einkaufsabteilung informiert werden muss, damit sie neu bestellt. Der Meldebestand muss stets so hoch sein, dass die neue Ware eintrifft, bevor der Mindestbestand in Anspruch genommen wird.

Höchstbestand = maximaler Bestand, der auf Lager liegen darf bzw. kann.

$$\text{Meldebestand} = \text{täglicher Verbrauch} \cdot \text{Lieferzeit} + \text{Mindestbestand}$$

Musteraufgabe

Bei welcher Menge muss das Lager die Einkaufsabteilung über die Beschaffung neuer Waren informieren, wenn folgende Größen gegeben sind:

- Lieferzeit 3 Tage
- täglicher Verbrauch 100 Stück
- Mindestbestand 200 Stück

Musterlösung

1. **grafische Lösung**

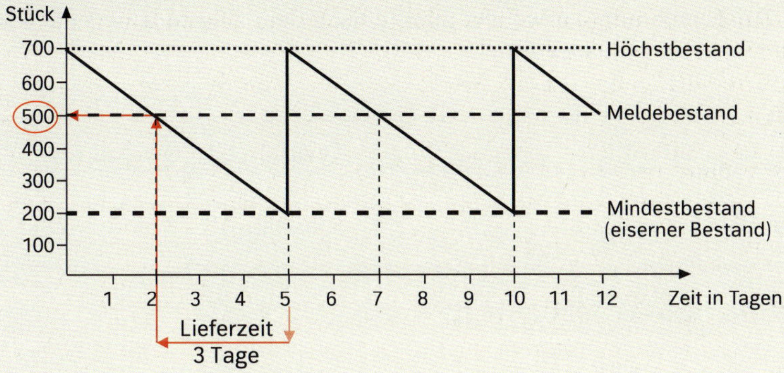

2. **mathematische Lösung**

Meldebestand = tägl. Verbrauch · Lieferzeit + Mindestbestand
Meldebestand = 100 Stück · 3 Tage + 200 Stück
Meldebestand = 500 Stück

Formelumstellungen

$$\text{täglicher Verbrauch} = \frac{\text{Meldebestand} - \text{Mindestbestand}}{\text{Lieferzeit}}$$

$$\text{Lieferzeit} = \frac{\text{Meldebestand} - \text{Mindestbestand}}{\text{tägl. Verbrauch}}$$

$$\text{Mindestbestand} = \text{Meldebestand} - (\text{täglicher Verbrauch} \cdot \text{Lieferzeit})$$

Musteraufgabe

Ermitteln Sie die zugrunde liegende Lieferzeit, wenn folgende Größen gegeben sind:

- Meldebestand 200 Stück
- Mindestbestand 80 Stück
- täglicher Verbrauch 15 Stück

Musterlösung

$$\text{Lieferzeit} = \frac{\text{Meldebestand} - \text{Mindestbestand}}{\text{täglicher Verbrauch}}$$

$$\text{Lieferzeit} = \frac{200\ \text{Stück} - 80\ \text{Stück}}{15\ \text{Stück}}$$

$$\text{Lieferzeit} = \frac{120\ \text{Stück}}{15\ \text{Stück}}$$

$$\text{Lieferzeit} = \underline{\underline{8\ \text{Tage}}}$$

12.2 Der durchschnittliche Lagerbestand

Der durchschnittliche Lagerbestand (Ø-LB) gibt diejenige Menge bzw. den Wert an Waren (Vorräten) an, die durchschnittlich am Lager sind. Man kann den Ø-LB somit als Mittelwert bezeichnen. Zur Errechnung verwendet man je nach dem zugrunde liegenden Betrachtungszeitraum unterschiedliche Formeln.

1. Jahresformeln

$$\text{Ø-LB} = \frac{\text{Jahres-AB} + \text{Jahres-EB}}{2}$$

$$\text{Ø-LB} = \frac{\text{Jahres-AB} + 4\ \text{Quartals-EB}}{5}$$

$$\text{Ø-LB} = \frac{\text{Jahres-AB} + 12\ \text{Monats-EB}}{13}$$

2. Quartalsformeln

$$\text{Ø-LB} = \frac{\text{Quartals-AB} + \text{Quartals-EB}}{2}$$

$$\text{Ø-LB} = \frac{\text{Quartals-AB} + 3\ \text{Monats-EB}}{4}$$

Aufgabe:

Erstellen Sie die verschiedenen Formeln zur Ermittlung des Ø-LB, wenn als Betrachtungsraum 1/2 bzw. 3/4 Jahr zu berücksichtigen sind.

Besonderheiten:

1. Wird der gesamte Jahresbedarf zu Beginn des Jahres beschafft, so berechnet sich der Ø-Lagerbestand häufig wie folgt:

$$\text{Ø-LB} = \frac{\text{Materialverbrauch (Wareneinsatz)}}{2} + \text{Mindestbestand}$$

2. Wird ein täglich konstanter Verbrauch bei gleichbleibenden Bestellungen unterstellt, wird häufig folgende vereinfachte Formel angewandt:

$$\text{Ø-LB} = \frac{\text{Bestellmenge}}{2} + \text{Mindestbestand}$$

Musteraufgabe

Ermitteln Sie aus der Lagerbestandsdatei der Firma Müller & Co. den durchschnittlichen Lagerbestand für Brausegarnituren auf der Basis von:

a) Jahres-AB und Jahres-EB

b) Monatsbeständen

LAGERBESTÄNDE
ARTIKEL: Brausegarnituren

Datum:	Bestand:	Datum:	Bestand:
AB	36	31.07.	62
31.01.	59	31.08.	56
28.02.	42	30.09.	30
31.03.	56	31.10.	47
30.04.	39	30.11.	34
31.05.	47	31.12.	42
30.06.	35		

Musterlösung

a) $\varnothing\text{-LB} = \dfrac{\text{Jahres-AB} + \text{Jahres-EB}}{2}$

$\varnothing\text{-LB} = \dfrac{36 + 42}{2} = \dfrac{78}{2} = \underline{\underline{39}}$

b) $\varnothing\text{-LB} = \dfrac{\text{Jahres-AB} + 12\ \text{Monats-EB}}{13}$

$\varnothing\text{-LB} = \dfrac{36 + 59 + 42 + \ldots + 47 + 34 + 42}{13}$

$\varnothing\text{-LB} = \dfrac{585}{13} = \underline{\underline{45}}$

Merke

Das Ergebnis wird umso genauer, je mehr Bestände in der Rechnung berücksichtigt werden.

12.3 Die Umschlagshäufigkeit

Die Umschlagshäufigkeit (UH) gibt darüber Auskunft, wie oft sich der durchschnittliche Lagerbestand während des Betrachtungszeitraumes umgeschlagen hat. Je größer die Umschlagshäufigkeit ist, desto geringer sind die Lagerrisiken, der Kapitaleinsatz und die Lagerkosten und umso größer ist die Rentabilität. Aus diesem Grunde gebührt dieser Messziffer besondere Beachtung.

$$\text{Umschlagshäufigkeit} = \frac{\text{Wareneinsatz}}{\text{durchschnittlicher Lagerbestand}}$$

Zur Berechnung der Umschlagshäufigkeit benötigt man somit neben dem durchschnittlichen Lagerbestand den „Wareneinsatz“, d.h. den Wert der verkauften Waren zu Einstandspreisen.

Ist der Wareneinsatz nicht angegeben, errechnet er sich wie folgt:

  Anfangsbestand
+ Zugänge
– Endbestand
= Wareneinsatz

Die Umschlagshäufigkeit kann sowohl auf mengen- als auch auf wertmäßiger Basis ermittelt werden.

Musteraufgabe

Im vorangegangenen Beispiel betrug der durchschnittliche Lagerbestand 45 Stück. Wie hoch ist die Umschlagshäufigkeit, wenn die Zugänge während des Betrachtungszeitraumes 411 Stück betrugen?

Musterlösung

1. Ermittlung des Wareneinsatzes

	AB	36 Stück
+	Zugänge	411 Stück
–	EB	42 Stück
=	Wareneinsatz	405 Stück

2. Berechnung der Umschlagshäufigkeit

$$UH = \frac{\text{Wareneinsatz}}{\text{durchschnittlicher Lagerbestand}} = \frac{405}{45} = \underline{\underline{9}}$$

12.4 Die durchschnittliche Lagerdauer

Die durchschnittliche Lagerdauer (Ø-LD) gibt an, wie lange der Kaufmann die Ware während des Betrachtungszeitraumes im Durchschnitt vom Eingang bis zum Verkauf am Lager hatte.

$$\text{Ø-Lagerdauer} = \frac{\text{Betrachtungszeitraum in Tagen}}{\text{Umschlagshäufigkeit}}$$

Je nach dem Betrachtungszeitraum ergeben sich folgende Formeln zur Errechnung der Ø-Lagerdauer:

Betrachtungszeitraum	Formel
1 Jahr	$\text{Ø-LD} = \frac{360}{UH}$
1/2 Jahr	$\text{Ø-LD} = \frac{180}{UH}$
1 Quartal	$\text{Ø-LD} = \frac{90}{UH}$
3 Quartale	$\text{Ø-LD} = \frac{270}{UH}$

Beachte: Je größer die Umschlagshäufigkeit, desto geringer ist die Lagerdauer und umso geringer sind die Lagerkosten.

Musteraufgabe

Ermitteln Sie die Ø-Lagerdauer für die Brausegarnituren der Firma Müller & Co., wenn als Betrachtungszeitraum ein Jahr veranschlagt wird.

Musterlösung

$$\text{Ø-Lagerdauer} = \frac{360}{UH} = \frac{360}{9} = \underline{\underline{\text{40 Tage}}}$$

12.5 Der Lagerzinssatz

Der Lagerzinssatz gibt denjenigen Prozentsatz an, mit dem unsere Ware zusätzlich zu belasten ist, um den Zinsverlust, der durch die Bindung des Kapitals in unseren Waren entsteht, auszugleichen.

$$\text{Lagerzinssatz} = \frac{\text{Jahreszinsfuß} \cdot \text{Ø-Lagerdauer}}{360}$$

Musteraufgabe

Die Ø-Lagerdauer für Brausegarnituren beträgt wie bereits errechnet 40 Tage; der bankübliche Zinssatz ist 9 %.

Wie hoch ist in vorliegendem Fall der Ø-Lagerzinssatz?

Musterlösung

$$\text{Ø-Lagerzinssatz} = \frac{\text{Jahreszinsfuß} \cdot \text{Ø-Lagerdauer}}{360}$$

$$\text{Ø-Lagerzinssatz} = \frac{9 \cdot 40}{360}$$

$$\text{Ø-Lagerzinssatz} = \underline{\underline{1\,\%}}$$

Beachte: Je geringer die Ø-Lagerdauer, desto geringer ist der Lagerzinssatz.

12.6 Die Lagerzinsen

Die Lagerzinsen geben die Zinsen für das im Lager gebundene Kapital an. Als Berechnungsgrundlagen benötigt man dabei sowohl den wertmäßigen Ø-Lagerbestand als auch die Ø-Lagerdauer.

Die Lagerzinsen lassen sich nun in Anlehnung an die allgemeine Zinsformel (K · i · p-Formel) unter Beachtung folgender Zusammenhänge

Definition

K (Kapital) = Ø-Lagerbestand
i (Zeit) = Ø-Lagerdauer

wie folgt ermitteln:

$$\text{Lagerzinsen} = \frac{\text{Ø-Lagerbestand} \cdot \text{Ø-Lagerdauer} \cdot p}{100 \cdot 360}$$

oder

$$\text{Lagerzinsen} = \frac{\text{Ø-Lagerbestand}}{100} \cdot \text{Lagerzinssatz}$$

Musteraufgabe

Berechnen Sie die Lagerzinsen der Artikelgruppe 006, für die ein Ø-Lagerbestand von 120 000,00 € und eine Ø-Lagerdauer von 36 Tagen ermittelt wurde. Der bankübliche Zinssatz beträgt 10 %.

Musterlösung

$$\text{Lagerzinsen} = \frac{\text{Ø-Lagerbestand} \cdot \text{Ø-Lagerdauer} \cdot p}{100 \cdot 360}$$

$$\text{Lagerzinsen} = \frac{120\,000 \cdot 36 \cdot 10}{100 \cdot 360}$$

$$\text{Lagerzinsen} = \underline{\underline{1\,200{,}00\ €}}$$

12.7 Die durchschnittliche Lagerreichweite (Bestandsreichweite)

Die Lagerreichweite gibt an, wie viele Betrachtungsperioden (u. U. Tage, Wochen, Monate usw.) der durchschnittliche Lagerbestand zur Befriedigung der Abgänge reicht.

$$\text{Lagerreichweite in Perioden} = \frac{\text{Ø-LB}}{\text{Bedarf pro Zeiteinheit}}$$

Musteraufgabe

Im Lager der Firma Müller & Co. befinden sich, wie bereits berechnet, im Durchschnitt 45 Brausegarnituren.

Wie viele Tage reicht der durchschnittliche Lagerbestand, wenn aufgrund der Absatzplanung ein Bedarf von 5 Stück pro Tag unterstellt wird?

Musterlösung

$$\text{Lagerreichweite in Tagen} = \frac{\text{Ø-LB}}{\text{Bedarf pro Zeiteinheit}}$$

$$\text{Lagerreichweite in Tagen} = \frac{45}{5}$$

$$\text{Lagerreichweite in Tagen} = \underline{\underline{9\ \text{Tage}}}$$

12.8 Weitere Lagerkennziffern

12.8.1 Lagerkostensatz

Der Lagerkostensatz zeigt den prozentualen Anteil der Lagerkosten am durchschnittlichen Lagerbestand an.

$$\text{Lagerkostensatz} = \frac{\text{Lagerkosten} \cdot 100}{\text{Ø-LB}}$$

12.8.2 Durchschnittliche Lagerplatzkosten

Die durchschnittlichen Lagerplatzkosten geben den Preis pro Lagerplatz an. Dieser Preis darf langfristig nicht unterschritten werden, da sonst die Kosten größer als die Erträge sind = langfristige Preisuntergrenze pro Lagerplatz.

$$\text{Ø-Lagerplatzkosten} = \frac{\text{Gesamtkosten des Lagers}}{\text{Anzahl der Lagerplätze}}$$

Übungsaufgaben

1. ***Mario Früh war im Zuge seiner Ausbildung beim Warenhaus Ringkauf unter anderem auch für die Bestandsüberwachung der verschiedenen Produkte zuständig.***

   a) Zunächst wurde er zur Überprüfung seiner Kenntnisse von seinem Vorgesetzten aufgefordert, die fehlenden Werte in nachfolgender Tabelle zu ermitteln.

Aufgaben	a)	b)	c)
täglicher Verbrauch	600 Stück	300 Stück	?
Lieferzeit	8 Tage	12 Tage	15 Tage
Mindestbestand	5000 Stück	?	3000 Stück
Meldebestand	?	6400 Stück	6000 Stück

   b) Des Weiteren soll er den Meldebestand des Waschmittels „Sauber" errechnen. Hierfür lagen ihm folgende Informationen vor:
   - ***Das Warenhaus verkauft täglich durchschnittlich 50 Pakete.***
   - ***Der eiserne Bestand wird aus Erfahrungsgründen auf 150 Pakete festgesetzt.***
   - ***Die Lieferzeit beträgt 8 Tage.***

   c) Schließlich soll er die Bestellmenge für das Waschmittel „Sauber" ermitteln, wenn die Lagerkapazität 1200 Pakete beträgt.

2. ***Für Artikel Nr. 1765 „Holzschrauben" liegen uns aus der Lagerbuchführung und der Inventur folgende Daten vor:***

Jahresanfangsbestand	***750,00 €***
Summe der 12 Monatsendbestände	***14200,00 €***
Zugänge während des Jahres	***7150,00 €***
Jahresendbestand	***1000,00 €***

   Ermitteln Sie aufgrund dieser Daten:
   a) Ø-Lagerbestand bei Anwendung der Monatsformel,
   b) Umschlagshäufigkeit,
   c) Ø-Lagerdauer.

3. *Angenommen, in Ihrem Betrieb ergeben sich folgende Zahlen für den Bereich „Duschkabinen“:*

Jahresanfangsbestand	*260 000,00 €*
Zugänge	*650 000,00 €*
Jahresendbestand	*75 000,00 €*

Berechnen Sie folgende Kennziffern:
a) Umschlagshäufigkeit (auf ganze Zahl runden),
b) Ø-Lagerdauer,
c) Lagerzinssatz (banküblicher Zinssatz 10 %).

4. *Aufgrund eines Branchenvergleiches müsste sich für die Fotogroßhandlung Maurer im Sortimentsbereich „Filme“ eine durchschnittliche Lagerdauer von 30 Tagen ergeben. Herr Maurer beauftragt daraufhin seinen Assistenten, aus den eigenen Betriebszahlen (Ø-Lagerbestand = 99 000,00 €, Wareneinsatz = 1 980 000,00 €) folgende Lagerkennziffern zu ermitteln:*
a) Umschlagshäufigkeit,
b) Ø-Lagerdauer,
c) Lagerzinssatz (Zinsfuß = 10 %),
d) Zinsbelastung durch das im Lager „Filme“ gebundene Kapital.

5. *Bei der Firma Heinz Schulze wird der Lagerbestand überprüft. Hierfür stellt die Lagerverwaltung für das 1. Quartal folgende Unterlagen zur Verfügung:*

Endbestand 31.12.2019	*12 730,00 €*
Endbestand 31.01.2020	*14 220,00 €*
Endbestand 28.02.2020	*15 350,00 €*
Endbestand 31.03.2020	*13 700,00 €*

Der Materialeinsatz betrug im betrachteten Zeitraum 50 000,00 €.

a) Ermitteln Sie die Ø-Lagerdauer. (UH auf 1 Stelle nach dem Komma runden)
b) Ermitteln Sie den Lagerzinssatz, wenn der bankübliche Zinsfuß 8 % beträgt.
c) Errechnen Sie den neuen Meldebestand, wenn die Lagerfachkarte für Artikel Nr. 1254 „Wandhalterungen“ folgende Größen aufweist:

– tägl. Verbrauch	*15 Stück*
– Lieferzeit	*3 Tage*
– interne Bearbeitungszeit	*2 Tage*
– Mindestbestand	*20 Stück*

6. *Die Lagerkartei einer Ware weist folgende Zahlen auf:*

Anfangsbestand	*10 000 Stück*	=	*20 000,00 €*
Zugänge	*100 000 Stück*	=	*200 000,00 €*
Wareneinsatz (Abgänge)	*90 000 Stück*	=	*180 000,00 €*

a) Wie hoch ist der Endbestand in Stück.
b) Ermitteln Sie den Ø-Lagerbestand in Euro und Stück,
c) Errechnen Sie die Umschlagshäufigkeit.
d) Wie viel Euro betragen die Lagerzinsen, wenn der bankübliche Zinssatz 8 1/2 % beträgt?

7. *Die Einkaufsabteilung der Metallwerke Bauer KG erhält vom Lager folgende Meldung: „Am 3. Mai 20.. war der Lagerbestand an Kupferdraht 1,5 mm, Art. Nr. 50/08, aufgebraucht, sodass die Fertigung der dringend benötigten Wicklungen gestoppt werden musste.“ Die Einkaufsabteilung überprüft daraufhin die Möglichkeit, eine solche Störung des Fertigungsablaufes in Zukunft zu vermeiden. Als Unterlage dient dabei die folgende Lagerfachkarte.*

Lager: 2		Lagerfachkarte			Karte Nr. 14	
Artikel:		Kupferdraht			Mindestbestand:	120 m
Art. Nr.:		50/08			Meldebestand:	360 m
Einheit:		lfd. Meter			Tagesverbrauch:	12 m
Datum	Text	Beleg		Zugang	Abgang	Bestand
02.01.	Bestand					780
05.01.	Entnahme	ME	7		160	620
18.01.	Entnahme	ME	9		260	360
07.02.	Lieferschein	L	159	500		860
08.02.	Entnahme	ME	19		280	580
04.04.	Entnahme	ME	43		220	360
28.04.	Entnahme	ME	59		360	–

a) Ermitteln Sie aus dem Kopf der Lagerfachkarte die zugrunde gelegte Lieferzeit.
b) Errechnen Sie für den Zeitraum 01.01.–31.03. die Ø-Lagerdauer. (UH auf 1 Stelle nach dem Komma runden.)

8. *Die Geschäftsführung der Motorenwerke Weinheim GmbH lässt den Lagerumschlag des Handelswarenlagers für das 4. Quartal überprüfen. Dem Sachbearbeiter Müller stehen folgende Daten zur Verfügung:*

Endbestände der Warengruppe 7:

30.09.	13000,00 €
31.10.	12500,00 €
30.11.	13300,00 €
31.12.	11200,00 €
Einkäufe im 4. Quartal	85700,00 €

a) Berechnen Sie den durchschnittlichen Lagerbestand.
b) Ermitteln Sie die Umschlagshäufigkeit des Warenlagers.
c) Wie lang ist die durchschnittliche Lagerdauer?
d) Wie hoch ist der Lagerzinssatz, wenn der bankübliche Zinsfuß 9 1/4 % beträgt?
e) Ermitteln Sie den Meldebestand der Warengruppe „Querstecker“, wenn die Motorenwerke mit einem Mindestbestand von 20 Stück rechnen, täglich 5 Stück verkauft werden und die Lieferzeit in der Regel 12 Tage beträgt.

9. *Ketteler & Co. KG, ein mittelständischer Hersteller von Gartenmöbeln, verzeichnete im vergangenen Jahr stetig steigende Umsätze. Die Gewinnentwicklung verlief jedoch äußerst unbefriedigend. Bei der Ursachenforschung wurde auch der Beschaffungsbereich durchleuchtet.*

Daten des vergangenen Jahres:

Lagerbestände – Balkonmöbel

	AB 28000,00 €		
Januar	EB 24000,00 €	Juli	EB 19300,00 €
Februar	EB 29400,00 €	August	EB 43700,00 €
März	EB 38100,00 €	September	EB 28000,00 €
April	EB 40200,00 €	Oktober	EB 5900,00 €
Mai	EB 13800,00 €	November	EB 42900,00 €
Juni	EB 20900,00 €	Dezember	EB 29800,00 €

- *der Wareneinsatz betrug 100800,00 €.*
- *im letzten Jahr wurde an 235 Tagen gearbeitet.*

a) Ermitteln Sie den durchschnittlichen Lagerbestand.
b) Errechnen Sie die Umschlagshäufigkeit.
c) Berechnen Sie die durchschnittliche Lagerdauer.
d) Ermitteln Sie den durchschnittlichen Tagesverbrauch.

10. *Die Maschinenfabrik Wolfgang Unger, Bruchsal, ist ein mittelständisches Unternehmen, das Elektromotoren herstellt.*
Von Fremdbezugsteil 319 sind am Ende des 40. Arbeitstages (erster Arbeitstag im März) noch 1 320 Stück am Lager. Der durchschnittliche Bedarf beträgt pro Arbeitstag 90 Stück.
Weitere Angaben:
- *Mindestbestand 240 Stück*
- *Lieferzeit 8 Werktage ab Bestellung*
- *optimale Bestellmenge 1 260 Stück*

Planen Sie mithilfe des nachfolgenden Kalenders die Bestelltermine für den Monat März 20..:

März 20..

KT = Kalendertag AT = Arbeitstag (Werktag)

KT	1	2	3	4	5	6	7	8	9	10
AT	40	41	42	43	44	★	★	45	46	47
KT	11	12	13	14	15	16	17	18	19	20
AT	48	49	★	★	50	51	52	53	54	★
KT	21	22	23	24	25	26	27	28	29	30
AT	★	55	56	57	58	59	★	★	60	61
KT	31									
AT	62									

★ = Samstage bzw. Sonntage

a) Ermitteln Sie den Meldebestand.
b) Berechnen Sie den 1. Bestelltermin.
c) Errechnen Sie, wie lange eine Lieferung hält.
d) Berechnen Sie nun den 2. Bestelltermin im März.

11. *Die Filiale eines Großhändlers schlägt ihren durchschnittlichen Lagerbestand im Jahr achtmal um. Sie kalkuliert mit einem Lagerzinssatz von 1,2 %, der genau 5 000,00 € Lagerzinsen entspricht.*
a) Berechnen Sie die durchschnittliche Lagerdauer.
b) Welchen aktuellen banküblichen Zinssatz hat die Filiale ihren Berechnungen zugrunde gelegt?
c) Welchen durchschnittlichen Lagerbestand weist die Filiale auf?

12. *Beim Großhändler Karl Wolf, Mannheim, weist die Lagerfachkarte für den Artikel 2108 „Keilriemenscheiben" für das vergangene Geschäftsjahr folgende Zahlen aus:*

Anfangsbestand:	*40 000 Stück*
Zugänge:	*370 000 Stück*
Endbestand:	*50 000 Stück*

a) Berechnen Sie die durchschnittliche Lagerdauer für den Artikel „Keilriemenscheiben".
b) Der bankübliche Zinssatz für kurzfristige Kredite beträgt zz. 12 %, der Bareinkaufspreis je Keilriemenscheibe 12,00 €.
  1. Errechnen Sie den Lagerzinssatz.
  2. Wie viel Euro beträgt der jährliche Zinsaufwand für das durchschnittlich in Keilriemenscheiben gebundene Kapital?

13. ***Die Metallwerke AG, Dortmund, legte den eisernen Bestand (Mindestbestand) für einen Rohstoff auf 400 Tonnen fest. Im Durchschnitt gehen von diesem Rohstoff pro Arbeitswoche (= 5 Arbeitstage) 175 Tonnen in die Produktion ein.***
Wie viel Tonnen beträgt der Meldebestand, wenn für die Lieferzeit des Rohstoffs 6 Tage veranschlagt werden und unsere Einkaufsabteilung für die Bearbeitung der Bestellung 3 Tage benötigt?

14. ***Die vorliegende Aufgabe ist als Bindeglied zwischen der Buchhaltung und dem kaufmännischen Rechnen zu verstehen, zeigt sie doch, dass die Buchführung als Quelle der Lagerkennziffern begriffen werden muss.*** BWP

Die Eröffnungs- und Schlussbilanz des Großhandelsbetriebes Kajmer & Co. weist für 20.. folgende Werte auf:

Aktiva	Eröffnungsbilanz 20..		Passiva
Gebäude	500 000,00	Eigenkapital	832 500,00
Fuhrpark	200 000,00	Darlehen	450 000,00
Waren	850 000,00	Verbindlichkeiten	350 000,00
Forderungen	20 000,00		
Bank	50 000,00		
Kasse	12 500,00		
	1 632 500,00		1 632 500,00

Aktiva	Schlussbilanz 20..		Passiva
Gebäude	500 000,00	Eigenkapital	?
Fuhrpark	150 000,00	Darlehen	430 000,00
Waren	600 000,00	Verbindlichkeiten	300 000,00
Forderungen	15 000,00		
Bank	45 000,00		
Kasse	9 500,00		
	1 319 500,00		1 319 500,00

Die quartalsmäßig durchgeführten Zwischeninventuren der Warenbestände lieferten folgende Werte:
- ***31.03.20.. 675 000,00 €***
- ***30.06.20.. 725 000,00 €***
- ***30.09.20.. 650 000,00 €***

Der Wareneinsatz (zu Einstandspreisen) betrug während des Betrachtungszeitraumes 3 150 000,00 €.

Errechnen Sie aus den vorliegenden Angaben:
a) den durchschnittlichen Lagerbestand,
b) die Umschlagshäufigkeit,
c) die durchschnittliche Lagerdauer,
d) den Lagerzinssatz bei einem Jahreszinsfuß von 9 %.

15. ***Sie sind Mitarbeiter/-in der Automobilzubehörgroßhandlung Bauer & Co. und erhalten auf Ihrem Bildschirm bezüglich der Artikel-Nr. 30-154-07 den nachfolgend abgebildeten Ausdruck.***

Ihr Chef möchte von Ihnen zum Artikel „Kolben", Artikel-Nr. 30-154-07, folgende Informationen:
a) Wie viel Stück werden täglich verbraucht (verkauft)?
b) Wie viel Stück betragen die Abgänge im 4. Quartal?
Des Weiteren sollen Sie folgende Lagerkennziffern ermitteln:
c) den durchschnittlichen Lagerbestand bei quartalsmäßiger Inventur,
d) den Wareneinsatz,
e) die Lagerdauer (UH auf ganze Zahl kfm. runden),
f) den Lagerzinssatz, wenn der bankübliche Zinsfuß 9 % beträgt,
g) die Lagerzinsen, wenn von einem Einstandspreis von 40,00 € pro Stück ausgegangen werden kann.

Lagerfachkarte

Lager 3 | Lagerort 04

Artikel:	Kolben	Mindestbestand:	154 Stück
Art.Nr.:	30-154-07	Meldebestand:	440 Stück
Einheit:	Stück	Lieferzeit:	13 Tage

Datum	Text	Zugänge/Stück während des Quartals	Abgänge/Stück während des Quartals	Bestand in Stück
01.01.20..	Bestand			600
31.03.20..		1050	1280	
30.06.20..		1000	900	
30.09.20..		1050	1300	
31.12.20..		1000	?	
01.01.20..	Bestand			260

16. ***Als Mitarbeiter/-in der Heizungsbau GmbH, Nürnberg, sind Sie damit betraut, die Bestände der verwendeten Rohstoffe zu überprüfen und Neubestellungen zu veranlassen. Den Blechen, einem für das Unternehmen wichtigen Rohstoff, gilt dabei Ihr besonderes Interesse.***

Bestandsführungskarte

Lager 2 | Lagerort 06

Artikel:	**Stahlblech**	Sicherheitsreserve:	5 Tage
Art.Nr.:	1.107.113	durchschn. tägl. Verbrauch:	150 m²
Einheit:	m²	Höchstbestand:	6000 m²
		Lieferzeit:	8 Tage

Datum	Zugang	Abgang	Bestand	Lieferant
11.05.20..	?			Berger & Co., Münster

Beantworten Sie nun aufgrund des vorliegenden Bildschirmausdrucks folgende Fragen:
a) Wie viele m² beträgt der eiserne Bestand (Mindestbestand) an Blechen?
b) Bei welcher Menge soll eine neue Bestellung ausgelöst werden?

c) Wie viele m² Bleche können normalerweise bestellt werden?
d) Die letzte Lieferung an Blechen erfolgte am Mittwoch, dem 11. Mai 20.. durch den Lieferanten Berger & Co., Münster.
An welchem Kalendertag muss die nächste Lieferung bestellt werden, wenn die Heizungsbau GmbH an fünf Tagen in der Woche arbeitet?
e) Ermitteln Sie, wie viele Arbeitstage die Zeitspanne zwischen zwei Bestellterminen beträgt.

17. Die Türenfabrik Schult-Linkholt GmbH, Mannheim, hat sich auf die Herstellung von Wohnungstüren spezialisiert. Um die Produktion sicherzustellen muss ständig eine bestimmte Menge an Scharnieren und Verbindungselementen vorrätig sein.
Für das Scharnier Nr. 0175 gelten folgende Lagerdaten:

Höchstbestand:	*115 Stück*
Mindestbestand:	*dreifacher Tagesbedarf*
Bestellmenge:	*100 Stück*
Tagesbedarf:	*5 Stück*

a) Berechnen Sie den Meldebestand, wenn die Lieferzeit bei telefonischer Bestellung drei Tage dauert.
b) Nach wie vielen Tagen muss bei unveränderten Bedingungen spätestens erneut bestellt werden?
Im vergangenen Jahr ergaben sich für das Scharnier 0175 folgende Lagerdaten:

Bestand am 01.01.20..	*40 Stück*
Bestand am 31.12.20..	*70 Stück*
Zugänge während des Jahres	*1 680 Stück*
Einstandspreis je Stück	*1,25 €*

c) Berechnen Sie den durchschnittlichen Lagerbestand in Stück und Euro.
d) Ermitteln Sie die durchschnittliche Lagerdauer für Teil Nr. 0175.
e) Berechnen Sie die durchschnittliche Lagerreichweite.

18. Sie sind zurzeit beim Baumarkt Sven Ohlsen GmbH in Kiel beschäftigt. Bei einem Rundgang durch das Lager stellen Sie fest, dass eines Ihrer Produkte völlig eingestaubt ist. Aus diesem Grund schauen Sie sich die Lagerbestandskarte für diesen Artikel im System genauer an.

Baumarkt Sven Ohlsen GmbH
Lagerkarte

Artikel:	Rohrmanschette	Mindestlagerbestand:	5 Stück
Artikelnummer:	0108	Lieferzeit:	8 Tage
Lagerort:	C 11 06	Einstandspreis/Stück:	87,50 €
		Meldebestand:	10 Stück

Datum	Zugang in Stück	Abgang in Stück	Bestand in Stück	Entnommen von:
01.01.			25	
27.05		15	10	Münster
06.06.	40		50	
23.11.		7	43	Münster
02.12.		13	30	Zimmermann
31.12.			30	

a) Ermitteln Sie die durchschnittliche Lagerdauer, wenn beim Baumarkt Sven Ohlsen Halbjahresinventur durchgeführt wird.

b) Stellen Sie den Lagerbestand des Artikels „Rohrmanschette" in folgendem Diagramm, in dem die Monatsendbestände zu erfassen sind, grafisch dar.

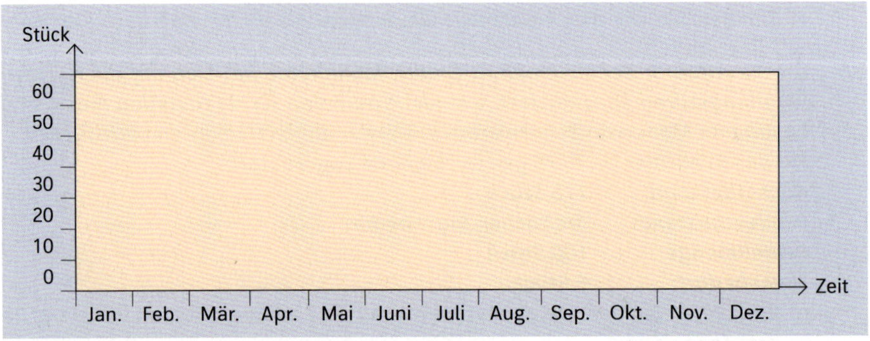

c) Begründen Sie in einer kurzen Stellungnahme, welches Bestellverfahren für den Artikel „Rohrmanschette" besser geeignet wäre.

Prüfungsaufgaben

Tipp

Bei den nachfolgenden beiden Aufgaben handelt es sich um Aufgaben, die sowohl Inhalte der Gesamtwirtschaft als auch Rechen- und Buchführungsinhalte miteinander verknüpfen und somit Prüfungscharakter besitzen.

1. Die Mannheimer Maschinenfabrik Andreas Eberle GmbH braucht für Fertigprodukte, die auf Europaletten gepackt werden, zusätzlichen Lagerraum. Die Spedition Leuck OHG bietet Lagermöglichkeiten zum Preis von 0,20 € je m³ und Tag an.
Die Errichtung eines eigenen Lagers mit maximal 250 m² Fläche und 4,00 m Höhe würde nach eigenen Berechnungen monatliche Kosten für Abschreibung, Personal, Strom etc. von rund 7000,00 € verursachen. Die durchschnittliche Lagermenge wird mit 980 m³ angenommen; jeder Monat wird mit 30 Tagen gerechnet.

a) Ermitteln Sie, wie viel Euro für einen m³ im Monat an die Spedition zu zahlen sind.
b) Wie hoch sind demnach die an die Spedition zu überweisenden durchschnittlichen Kosten pro Monat?
c) Bei wie viel m³ verursachen das Eigenlager und das Fremdlager die gleichen Kosten?
d) Begründen Sie, für welche Lagermöglichkeit sich die Maschinenfabrik Andreas Eberle GmbH entscheiden wird.
e) Ab dem 01.03.20.. verlangt die Spedition Leuck OHG 0,05 € je m³ und Tag mehr. Beurteilen Sie, ob sich dies auf die unter d) getroffene Entscheidung auswirkt.

Die Lagerbuchhaltung der Maschinenfabrik Andreas Eberle GmbH liefert für das Einbauteil 0115 für die ersten 9 Monate folgende Zahlen:

Bestand am 31.12. des vergangenen Jahres	***856 Stück***
Bestand am 31.03. dieses Jahres	***2411 Stück***
Bestand am 30.06. dieses Jahres	***793 Stück***
Bestand am 30.09. dieses Jahres	***3828 Stück***

Der Verbrauch betrug lt. Materialentnahmescheinen in den ersten neun Monaten 6 902 Stück.

f) Berechnen Sie den durchschnittlichen Lagerbestand.
g) Berechnen Sie die Umschlagshäufigkeit. (1 Stelle nach dem Komma)
h) Wie viel Tage beträgt die durchschnittliche Lagerdauer?

Die hohen Lagerkosten im Teilebereich der Maschinenfabrik Andreas Eberle GmbH wurden beanstandet. Nun sollen Sie überprüfen, ob bzw. wie sich diese Kosten senken lassen.

i) Schlagen Sie eine Maßnahme zur Verkürzung der durchschnittlichen Lagerdauer vor.
j) Wie würden sich die vorgeschlagenen Maßnahmen auf das Lagerrisiko auswirken?

Eine Verkürzung der Lagerdauer würde auch zu einer Senkung der Lagerzinsen führen.

k) Welche Lagerkennziffern werden für die Ermittlung der Lagerzinsen benötigt?
l) Welche der für die Berechnung erforderliche Größe kann die Lagerbuchhaltung nicht liefern?

2. Bei der Stahlhandelsgesellschaft A. & K. Wolf GmbH, Dortmund, ist man zurzeit dabei, die Lagerhaltung zu überprüfen und wenn möglich zu verbessern. Hierbei gilt das Augenmerk vor allem dem zum Jahresbeginn neu geschaffenen Bereich „Weißbleche". Als verantwortungsbewusster Mitarbeiter/-in erhalten Sie von Ihrem Vorgesetzten am Jahresende den Auftrag, den neu geschaffenen Bereich zu überprüfen. Hierzu liegt Ihnen nachfolgender Auszug (siehe Anlage, S. 134) aus der Lagerdatei vor.

a) Errechnen Sie den Endbestand an Weißblech in kg.
b) Ermitteln Sie den durchschnittlichen Lagerbestand in kg unter Verwendung der Quartalsformel.
c) Darüber hinaus errechnen Sie folgende Lagerdaten:
   - ***den Wareneinsatz in kg,***
   - ***die Umschlagshäufigkeit,***
   - ***die durchschnittliche Lagerdauer.***

Tipp

Tage werden bei der Lagerdauer grundsätzlich aufgerundet.

d) Im Branchendurchschnitt betrug die durchschnittliche Lagerdauer 8 Tage. Erläutern Sie zwei Faktoren, die die Abweichung gegenüber dem Branchendurchschnitt verursacht haben könnten.
e) Beschreiben Sie, wie sich die erhöhte Lagerdauer auf die Wirtschaftlichkeit der Lagerhaltung auswirkt. (2 Angaben)
f) Errechnen Sie den durchschnittlichen Einkaufspreis pro Einheit. (Siehe Anlage)
g) Ermitteln Sie den Wert des Teilelagers Weißbleche am 31.12.2020, wenn eine Bewertung des Weißbleches zu dem unter f) ermittelten Durchschnittswert erfolgt.

Sollten Sie zu keinem Durchschnittswert und Endbestand gelangt sein, nehmen Sie einen Durchschnittswert von 4,50 € je kg sowie einen Endbestand von 1200 kg an.

h) Welchen Betrag hätte Ihr Unternehmen sparen können, wenn die gesamte Jahresmenge auf einmal und zwar am 03. Januar auf Ziel eingekauft worden wäre?
i) Geben Sie zwei Gründe an, die dagegen sprechen, die gesamte Jahresmenge auf einmal einzukaufen?

j) Verbuchen Sie unter Angabe der Kontennummern:
1. Den Wareneinkauf der 8000 kg Weißbleche am 3. Januar unter Berücksichtigung der geltenden Umsatzsteuer.
2. Die Bezahlung der Rechnung am 3. Februar durch Banküberweisung.

Anlage

Auszug aus der Lagerdatei					
Artikelnummer	Bezeichnung	Einkaufscode	Teileart: Rohstoff		
221000	Weißblech	kg	Nebenlager B 12		
Lieferer:	Stahlwerke L. Matt AG				
Zahlungsbedingungen:	8 Tage 2,5 % Skonto; 30 Tage rein netto				
Bestellverfahren:	Bestellrhythmusverfahren				
Liefertermine:	am 3. Tag eines jeden Quartals				
Jahr: 2020	Zugänge in kg	EK pro kg in €	Abgänge in kg	Bestand in kg	Wert in €
AB				0	0,00
05.01.20	8000	4,22			
03.02.20			6400		
05.04.20	8000	4,17			
08.06.20			8800		
05.07.20	8000	4,47			
07.09.20			8400		
05.10.20	8000	4,34			
06.12.20			7200		
EB				?	?

3. Die MEDD GmbH, Mannheim, ist ein führender Hersteller von Filteranlagen aller Art. Durch die Marktausweitung in den nordeuropäischen Raum ist auch eine Umstrukturierung des bisherigen Lagerwesens erforderlich, wenngleich die 5-Tage-Woche bei Einschichtbetrieb beibehalten werden soll. Der Abteilungsleiter Einkauf Herr Alfred Barth beauftragt Sie, das Lagerwesen zu überprüfen und wenn möglich zu optimieren.
a) Erläutern Sie drei Aufgaben der Lagerhaltung.
b) Am Artikel 221000 Gummidichtungen, Ø 20 cm – siehe nachfolgend aufgeführte DV-Auszüge – sollen beispielhaft die Lagerkennziffern überprüft werden.
1. Ermitteln Sie den Höchstbestand an Gummidichtungen anhand der Artikelkarte.
2. Welcher durchschnittliche Tagesverbrauch wird bei Artikel Nr. 221000 unterstellt?
3. Ermitteln Sie den durchschnittlichen Lagerbestand, wenn der Jahresanfangsbestand 1 080 Stück und der Jahresendbestand 1 200 Stück betrug und bei einer Zwischeninventur am 30. Juni 720 Stück gezählt wurden.

4. **Durch welche Maßnahmen könnte der durchschnittliche Lagerbestand gesenkt werden?**
5. **Errechnen Sie die durchschnittliche Lagerdauer, wenn die MEDD GmbH von einer Umschlagshäufigkeit von 20 ausgeht.**
6. **Wie hoch war der Wareneinsatz des vergangenen Jahres?**
7. **Beim Vergleich mit den Zahlen des Vorjahres stellten Sie fest, dass die durchschnittliche Lagerdauer um 10 % gesenkt wurde. Wie lange wurde die Ware im letzten Jahr durchschnittlich gelagert?**

Anlage 1

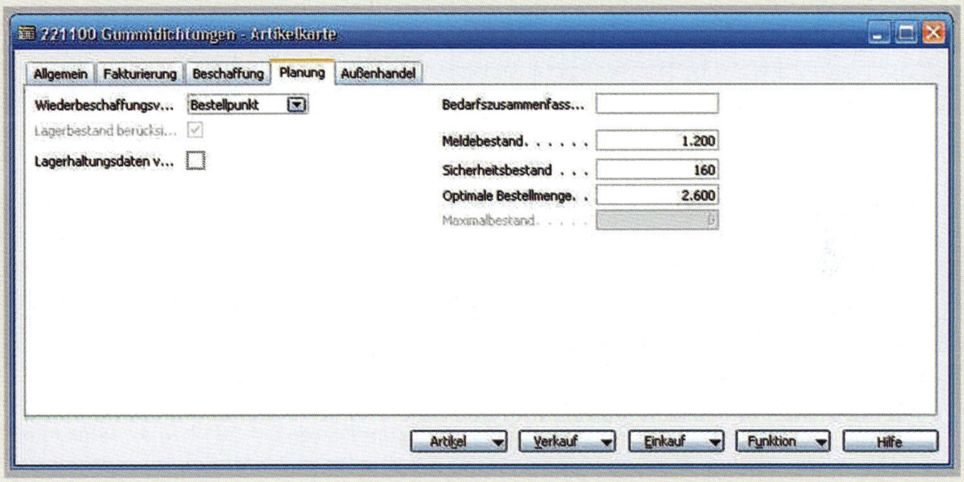

Anlage 2

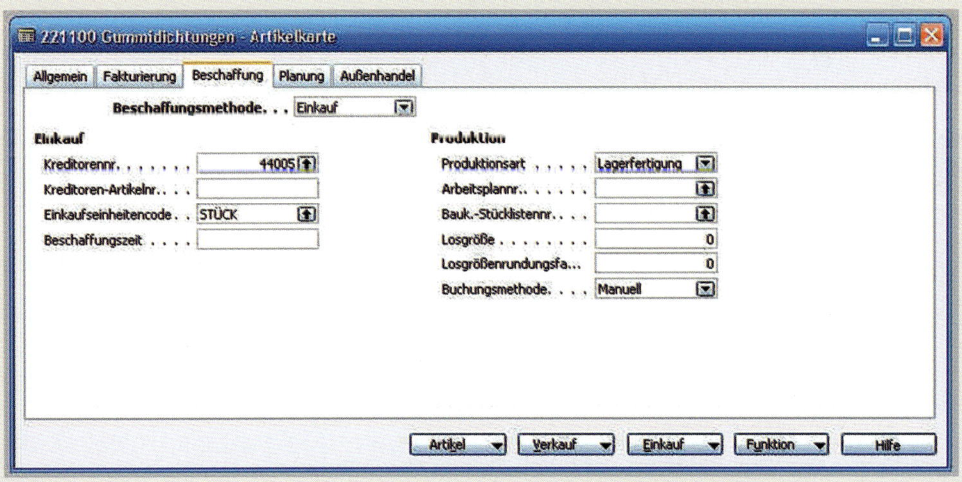

4. ***Sie sind im Zentrallager der Da Rocha KG im Bereich Kleinteile beschäftigt und sollen Ihrem Vorgesetzten für die nächste gemeinsame Sitzung verschiedene Informationen bezüglich des Artikels 0170 Zündkerzen zusammenstellen. Zu deren Generierung steht Ihnen folgende Lagerkarte als Unterlage zur Verfügung.***

Da Rocha KG

Lagerkarte

Artikel:	Zündkerzen	Meldebestand:	50 Stück
Artikelnummer:	0170	Mindestbestand:	30 Stück
Lagerort:	A 15 04	Einstandspreis/Stück:	15,00 €

Datum	Eingang	Ausgang	Bestand	Datum	Eingang	Ausgang	Bestand
01.01.			50	23.07.		25	
12.01	25			29.07.	100		
19.02.		20		08.10.		30	
23.02.		19		22.10.		40	
02.03.	50			06.11.	60		
22.04.		26		15.12		45	
01.06.	15			31.12.			

a) Welches Bestellverfahren findet bei Artikelnummer 0170 Anwendung?
b) Geben Sie ein mögliches weiteres Bestellverfahren an.
c) Ermitteln Sie den Endbestand am 31.12.
d) Mit welchem Wert geht der Lagerbestand an Zündkerzen am 31.12. in die Bilanz ein?
e) Berechnen Sie den prozentualen Anteil der Ausgänge im Monat Februar am Gesamtausgang.
f) Errechnen Sie die durchschnittliche Stückzahl der Zugänge im abgelaufenen Jahr.
g) Ermitteln Sie die durchschnittliche Lagerdauer des Artikels Zündkerze.

III Frachtrechnen

13 Entgeltberechnung im Versandbereich

LOP

Eine der wesentlichsten Tätigkeiten einer Fachkraft im Bereich Lagerwirtschaft/Logistik besteht in der **Verpackung von Gütern** und der optimalen Auswahl der Versandart. Dies setzt einerseits die genaue Kenntnis der wichtigsten Versandarten und Verkehrsträger voraus, andererseits die optimale Auswahl der gültigen Tarife.
Übersicht über die zu behandelnden Entgeltberechnungen im Versandbereich:

Entgeltberechnung bei

Briefen und Kleinstsendungen (←31,5 kg)
- Briefe
- Kleinstsendungen
- IC-Kuriergut

Kleingüter (←3000 kg)
- Fracht
- Express
- Express Plus

Wagenladungsverkehr
- Eisen und Stahl
- Kohle und Koks
- Allg. Güter

Güterkraftverkehr
- Kostentabellen
- KALIF/KIS
- Sammelgutverkehr

Tipp

Alle zur Lösung der nachfolgenden Aufgaben benötigten Gebührenhefte und Tabellen inkl. der Entfernungs- und Mauttabellen befinden sich am Ende des Buches.

13.1 Entgeltberechnung im Bereich von Briefen und Kleinstsendungen

Hierbei handelt es sich neben der Beförderung von Briefen um den Versand von Päckchen, Paketen und IC-Kuriergut bis zu einem Höchstgewicht von 31,5 kg.

13.1.1 Briefversendungen

Obwohl der nationale Briefmarkt zum 1. Januar 2008 vollständig geöffnet wurde und somit völlige Konkurrenz unter diversen Briefanbietern herrscht, erscheint es angesichts der Tatsache, dass noch immer ca. 90 % des Umsatzes im Briefsektor auf die Deutsche Post AG entfällt, gerechtfertigt, weiterhin verstärkt deren Angebot darzustellen.

Exkurs:
Im März 2009 stellte die Deutsche Post AG ihre neue, auf zwei Säulen basierende, Unternehmensstruktur vor. Während sich die Deutsche Post für Briefsendungen zuständig zeigt, steht DHL für den Logistikbereich. Der neue Name **Deutsche Post DHL Group** unterstreicht diese Zwei-Säulen-Strategie wie nachfolgende Darstellung verdeutlicht.

Deutsche Post DHL Group

- Deutsche Post → Briefgeschäft
- DHL → Logistikbereich

Für das vorliegende Lehrbuch wird die von Deutsche Post DHL Group herausgegebene Broschüre „Leistungen und Preise“ vom 01.07.2019 exemplarisch angewandt. Da die Preislisten einem stetigen Wandel unterliegen, finden Sie die jeweils aktuellsten Preise unter www.deutschepost.de/de/b/brief_postkarte.html.

Generell lassen sich die Briefsendungen bei Deutsche Post DHL Group in folgende Bereiche einteilen:

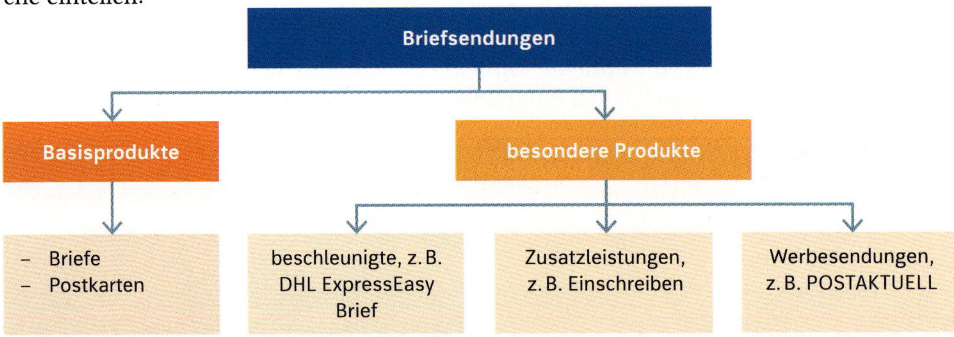

> ***Tipp***
>
> *Die zurzeit gültigen Preise von Deutsche Post DHL Group können den im Anhang befindlichen Auszügen entnommen werden. Es wird jedoch empfohlen, die jeweils neuesten Preislisten zu verwenden.*

13.1.1.1 Basisprodukte

Deutsche Post DHL Group unterscheidet folgende Basisprodukte:

Standardbrief		**0,80 €**
Mindestmaße:	Länge 140 mm x Breite 90 mm	
Höchstmaße:	Länge 235 mm x Breite 125 mm x Höhe 5 mm	
Höchstgewicht:	20 g	
Kompaktbrief		**0,95 €**
Mindestmaße:	Länge 100 (EU/W: 140) x Breite 70 (EU/W: 90) mm	
Höchstmaße:	Länge 235 mm x Breite 125 mm x Höhe 10 mm	
Höchstgewicht:	50 g	
Großbrief		**1,55 €**
Mindestmaße:	Länge 100 mm x Breite 70 mm	
Höchstmaße:	Länge 353 mm x Breite 250 mm x Höhe 20 mm (B4)	
Höchstgewicht:	500 g	
Maxibrief National		**2,70 €**
Mindestmaße:	Länge 100 mm x Breite 70 mm	
Höchstmaße:	Länge 353 mm x Breite 250 mm x Höhe 50 mm (B4)	
Höchstgewicht:	1 000 g	
Postkarte		**0,60 €**
Eine Postkarte ist eine einteilige Karte aus Papier oder Karton in Rechteckform. Andere Formen versenden Sie bitte im Umschlag als Brief.		
Mindestmaße:	Länge 140 mm x Breite 90 mm	
Höchstmaße:	Länge 235 mm x Breite 125 mm	
Flächengewicht:	zwischen 150 g/m² und 500 g/m²	

Musteraufgabe

Der Auszubildende Peter Weber soll drei Briefe mit folgenden Gewichten frankieren:
Brief 1 = 18 g
Brief 2 = 115 g
Brief 3 = 280 g; Höhe 3 cm
Ermitteln Sie die gesamten Portokosten anhand oben stehender Tabelle.

Musterlösung

Brief 1 =	Standardbrief	18 g	=	0,80 €
Brief 2 =	Großbrief	115 g	=	1,55 €
Brief 3 =	Maxibrief	280 g/3 cm Höhe	=	2,70 €
insgesamt				5,05 €

Die gesamten Kosten betragen 5,05 €.

Lösungsschritte

1. Ermittlung der richtigen Briefart anhand des Gewichtes und/oder der Maße.
2. Ablesen des entsprechenden Preises aus der Preisliste von der Deutsche Post AG.

13.1.1.2 Besondere Produkte

Wie bereits eingangs dargestellt lassen sich die besonderen Briefsendungen und ihre Ausprägungen wie folgt unterteilen:

Besondere Produkte

→ Zusatzleistungen
 - Einschreiben
 - Eigenhändig
 - Rückschein
 - Einschreiben Einwurf
 - Nachnahme

→ Werbesendungen, z. B.
 - POSTAKTUELL

Zusatzleistungen*
der Deutschen Post in Euro

	Deutschland	International
Einschreiben	2,50	3,50
– Rückschein	2,20	2,20
– Eigenhändig	2,20	2,20
– Einwurf	2,20	–
Nachnahme	4,40	8,33

*Zusätzlich zum Beförderungsentgelt

Stand: 01.07.2019

Musteraufgabe 1

Die Auszubildende Anja Volz soll nachfolgende Sendungen frankieren:
a) 1 Brief 16 g; Einschreiben Einwurf
b) 1 Brief 75 g; Einschreiben mit Rückschein
c) 1 Brief 185 g; Einschreiben, eigenhändig

Ermitteln Sie den gesamten Preis.

Musterlösung 1

a) Standardbrief;	16 g =	Grundpreis	0,80 €	
		+ Einschreiben Einwurf	2,20 €	3,00 €
b) Großbrief;	75 g =	Grundpreis	1,55 €	
		+ Einschreiben	2,50 €	
		+ Rückschein	2,20 €	6,25 €
c) Großbrief;	185 g =	Grundpreis	1,55 €	
		+ Einschreiben	2,50 €	
		+ Eigenhändig	2,20 €	6,25 €
insgesamt				15,50 €

Der gesamte Preis beträgt 15,50 €.

Lösungsschritte 1

1. Ermittlung der jeweiligen Briefart anhand des Gewichtes und/oder der Maße.
2. Ermittlung des entsprechenden Zusatzentgelts.
3. Addition der ermittelten Preise zum Gesamtpreis.

Musteraufgabe 2

Ein Einkaufszentrum lässt in seinem Umfeld an alle 9 000 Haushalte Prospekte mit einem Gewicht von 46 g verteilen.
Wie hoch ist das dafür zu entrichtende Entgelt, wenn es sich um ein Kerngebiet handelt

Musterlösung 2

Bei dem Produkt POSTAKTUELL wird einerseits zwischen POSTAKTUELL an alle Haushalte und POSTAKTUELL an Haushalte mit Tagespost andererseits zwischen Kern- und Randgebiet unterschieden, wobei die Eingruppierung von der jeweiligen Leitzone (PLZ) des ausgewählten Verteilungsgebietes (siehe https://www.deutschepost.de/de/p/postaktuell/postaktuell_downloads.html) abhängt. Danach werden die Preise in Abhängigkeit vom Gewicht für je 1 000 Stück angegeben. Außerdem ist die Umsatzsteuer von 19 % zu berücksichtigen.
POSTAKTUELL Kerngebiet; 46 g = 1 000er Preis = 155,00 €

Preis	= 9 · 155,00 € + 19 % USt
	= 1 395,00 € + 19 % USt
	= 1 395,00 € + 265,05 €
	= 1 660,05 €

Der zu entrichtende Gesamtpreis beträgt 1 660,05 €.

POSTAKTUELL – Preise und Konditionen

Am 01.01.2016 wurde das Produkt Postwurfsendung durch POSTAKTUELL ersetzt.

Mit diesem Serviceangebot der Deutschen Post DHL ist es möglich, unadressierte Werbesendungen regional oder flächendeckend von Dienstag bis Freitag an alle Haushalte des selektierten Verteilgebietes in Deutschland zu verteilen.

Preise POSTAKTUELL an alle Haushalte pro 1 000 Stück in Euro

Gewicht Gramm	Kerngebiet €/1 000,00 St.	Randgebiet €/1 000,00 St.
< 20	99,00	130,00
21	120,00	147,00
31	131,00	158,00
41	140,00	167,00
51	155,00	179,00
61	164,00	189,00
71	174,00	200,00
81	183,00	211,00
91	191,00	222,00

Quelle: Deutsche Post AG: Preisliste POSTAKTUELL. In: www.deutschepost.de. Veröffentlicht im August 2017 unter: https://www.deutschepost.de/content/dam/dpag/images/P_p/postaktuell/postaktuell-preise-alle-haushalte-082017.pdf [18.10.2019].

Lösungsschritte 2

1. Ermittlung des richtigen Preises je 1 000 Stück anhand des Gewichts und des entsprechenden Zustellgebietes. Hier: 155,00 € für Kerngebiet/46 g
2. Berechnung des Nettopreises.
   Hier: 9 · 155,00 € = 1 395,00 €
3. Errechnung des Gesamtpreises. Hier: 1 395,00 € + 265,05 € USt = 1 660,05 €

Übungsaufgaben

1. ***Wie hoch ist das Porto für einen Brief von 85 g, der von Mannheim nach München versandt wird?***

2. ***Michaela muss einen dringend benötigten Brief von 120 g nach Köln senden. Ihr Chef beauftragt sie, ihn als DHL ExpressEasy Brief zustellen zu lassen.***
   Wie hoch sind die Postkosten, wenn der Brief am folgenden Tag vor 10:00 Uhr zugestellt werden soll?

3. ***Während seiner Ausbildung musste Dieter Burger u. a. auch in der Postabteilung arbeiten. Dort tauchten folgende Probleme auf:***
   a) Ein Schriftstück im Gewicht von 85 g sollte per Einschreiben versandt werden. Außerdem wollte unsere Unternehmung eine Bestätigung über die ordnungsgemäße Zustellung des Briefes.
   b) Ein weiterer Brief im Gewicht von 40 g sollte dem Empfänger bis spätestens 12:00 Uhr des nächsten Tages als DHL ExpressEasy Brief zugestellt werden.
   c) Darüber hinaus waren folgende Auslandsbriefe zu versenden:
   - ***Brief 1 35 g in die USA***
   - ***Brief 2 18 g nach Frankreich***
   - ***Brief 3 55 g in die Schweiz***

   Errechnen Sie das jeweils zu zahlende Porto.

4. ***Die Elektrogroßhandlung Müller & Co. möchte an alle Haushalte ihres Bezirkes Werbeprospekte durch POSTAKTUELL verteilen lassen. Gedacht ist dabei an 6000 Stück im Gewicht von je 8 g.***
   Mit welchem Preis muss die Elektrogroßhandlung kalkulieren, wenn die Verteilung in einem Randgebiet erfolgt?

5. ***Andrea muss einem Kunden ein dringend benötigtes Ersatzteil im Gewicht von 720 g zusenden.***
   a) Wie hoch sind die Portokosten, wenn Andrea das Ersatzteil mit einem eingeschriebenen Brief (Einschreiben) zustellen lässt?
   b) Wie hoch wären die Portokosten, wenn das Ersatzteil per Nachnahme versandt würde (Warenwert 615,00 €)?

6. ***Die Sanitärgroßhandlung Karcher & Co. möchte eine Preisliste mit dem Produkt POSTAKTUELL verteilen lassen.***
   a) Wie hoch ist das gesamte Porto, wenn die Preisliste an 45000 Haushalte in einem Kerngebiet verteilt werden soll und jede Liste ein Gewicht von 13 g hat?
   b) Eine Privatfirma übernimmt die Verteilung für 0,09 € das Stück. Wie viel Euro könnten somit insgesamt eingespart werden?

7. ***Schlagen Sie in den folgenden Beispielen die zweckmäßigste Versendungsart vor und berechnen Sie die Preise:***

Beschreibung	Anzahl	Gewicht
– Briefe:	a) 8 b) 78	je 28 g je 70 g
– Prospekt an alle umliegenden Haushalte	3000 Randgebiet	je 18 g

8. ***Mit welchem Porto muss eine Büchersendung im Gewicht von 800 g freigemacht werden?***

9. ***Wie hoch ist die Portoersparnis, wenn die zentrale Poststelle eines Unternehmens die folgenden 5 Schriftstücke an den gleichen Empfänger statt getrennt in einem Umschlag (Größe 35,3 · 25,0 cm, Dicke 4,5 cm) zusendet?***
   - ***ein Brief, Gewicht 55 g,***
   - ***ein Brief, Gewicht 17 g,***
   - ***ein Brief, Gewicht 530 g,***
   - ***ein Brief, Gewicht 35 g,***
   - ***ein Brief, Gewicht 175 g, Dicke 1,5 cm***

10. ***Während Ihrer Ausbildung zur Fachkraft werden Sie auch in der Postabteilung eingesetzt. Hierbei werden Ihnen verschiedene Briefe zum Versand vorgelegt, für die Sie die Preise ermitteln müssen.***

    a) Ein Brief mit den Maßen 35 cm · 25 cm · 4 cm und dem Gewicht von 250 g soll mit folgenden Zusatzleistungen durch Deutsche Post DHL Group versandt werden:

RG 49 645 006 1DE RG 49 645 006 1DE
RG 49 645 006 1DE
Deutsche Post
[ ] EINSCHREIBEN EINWURF
[x] EINSCHREIBEN (Recommandé)
[ ] EIGENHÄNDIG (A remettre en main propre)
[ ] INT. NACHNAHME (Remboursement)
[x] RÜCKSCHEIN (Avis de réception)
B 912-671-000
R
RG 49 645 006 1DE

    b) Ein weiterer Geschäftsbrief im Gewicht von 125 g soll von Mannheim nach Hamburg befördert werden, wobei folgende Versendungsform gewählt wurde:

RG 49 645 006 1DE RG 49 645 006 1DE
RG 49 645 006 1DE
Deutsche Post
[ ] EINSCHREIBEN EINWURF
[x] EINSCHREIBEN (Recommandé)
[x] EIGENHÄNDIG (A remettre en main propre)
[ ] INT. NACHNAHME (Remboursement)
[ ] RÜCKSCHEIN (Avis de réception)
B 912-671-000
R
RG 49 645 006 1DE

13.1.2 Kleinstsendungen

13.1.2.1 Paketversand mit Deutsche Post DHL Group

Die Paketversendung mit der Deutsche Post DHL Group erfolgt durch die DHL[1], auf die bisher mehr als die Hälfte der bundesdeutschen Gesamtsendungsmenge entfiel. Daher ist es sinnvoll, auf deren Leistungsangebot genauer einzugehen. Innerhalb ihres Inland-Frachtdienstes unterscheidet die DHL u. a. folgende, für uns wichtige Versandarten:

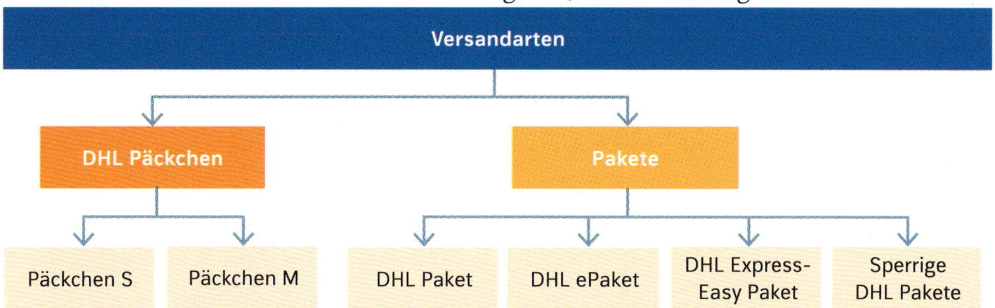

a) Beförderung von Päckchen

Bei DHL Päckchen unterscheidet man zwischen

Päckchenart / Kriterien	Päckchen S		Päckchen M	
▪ Maße:	Mindestmaße	15 x 11 x 1 cm	Mindestmaße	15 x 11 x 1 cm
	Höchstmaße	35 x 25 x 10 cm	Höchstmaße	60 x 30 x 15 cm
▪ Gewicht:	maximal	2 kg	maximal	2 kg
▪ Preis:	– Inland – EU – Welt	3,79 €	– Inland – EU – Welt	4,50 € 9,00 € 16,00 €

b) Beförderung von Paketen

Bei der Ermittlung des Paketpreises gilt es, folgende Kriterien zu beachten:

- Paketart
- Gewicht
- Vertriebskanal (Filiale, Online Frankierung, etc.)
- Maße
- zusätzliche Services
- Zielland

Entsprechend lassen sich folgende Paketarten unterscheiden:

Paketart / Kriterien	DHL Pakete/DHL ePakete[2]	DHL ExpressEasy Pakete National[2]	sperrige Pakete (Sperrgut)
maximale Maße in cm	120 · 60 · 60	120 · 60 · 60	bis 200 cm Länge und 360 cm Gurtmaß
maximales Gewicht in kg	31,5	31,5	31,5
Besonderheiten z. B. Zustellung; Zuschlag	Zustellung i. d. R. am nächsten Werktag, Onlinebeauftragung, Abholung der Pakete	Zustellung am nächsten Werktag; verschiedene Zustelloptionen	Zuschlag + 26,78 €, Sendungsverfolgung und Haftung bis 500 €

---

[1] *Der Name DHL setzt sich aus den Anfangsbuchstaben der drei Gründer Dalsey, Hillblom und Lynn zusammen.*

[2] *Beim ePaket und DHL Express Paket ist es möglich vielfältige Extras wie z. B. Rückschein, eigenhändig, Nachnahme, Übergröße usw. gegen entsprechendes Entgelt hinzu zu wählen. Darüber hinaus können die beiden Paketarten beim Versender abgeholt und dem Empfänger frei Haus zugestellt werden.*

Musteraufgabe

Peter Weber muss einem Kunden in München ein DHL Paket im Gewicht von 14,5 kg zusenden. Welchen Paketpreis muss Peter entrichten?

Musterlösung

14,5 kg = 16,49 €

Lösungsschritte

1. Auswahl der richtigen Beförderungsart.
2. Ablesen des entsprechenden Preises in der Preisliste von DHL.

72 **DHL** – Paket und Päckchen

DHL PAKET[1]

DHL PAKET*
DHL Pakete sind verpackte und adressierte Güter bis 31,5 kg.
Eine Frankierung mit Briefmarken ist nicht zulässig. Im Falle eines Verlustes oder einer Beschädigung besteht beim nationalen Versand eine Haftung bis 500 € und beim internationalen Versand eine Transportversicherung bis 500 €.**

DHL Paket		bis 5 kg	bis 10 kg	bis 20 kg	bis 31,5 kg
Deutschland		7,49 €[2]	9,49 €[2]	–	16,49 €[3]
EU	Zone 1***	17,99 €[2]	22,99 €[2]	33,99 €[3]	44,99 €[3]
Welt	Zone 2***	29,99 €	35,99 €	49,99 €	55,99 €
	Zone 3***	30,99 €	38,99 €	53,99 €	60,99 €
	Zone 4***	31,99 €	38,99 €	55,99 €	62,99 €
	Zone 5***	37,99 €	54,99 €	76,99 €	105,99 €
	Zone 6***	38,99 €	52,99 €	72,99 €	98,99 €
	Zone 7***	43,99 €	59,99 €	95,99 €	125,99 €
	Zone 8***	46,99 €	62,99 €	101,99 €	131,99 €

Quaderform	Mindestmaße:	15 cm x 11 cm x 1 cm (L x B x H)
	Höchstmaße[4]:	120 cm x 60 cm x 60 cm (L x B x H)
	Höchstgewicht:	31,5 kg
Rollenform	Mindestmaße:	Länge 15 cm, Durchmesser 5 cm
	Höchstmaße:	Länge 120 cm, Durchmesser 15 cm
	Höchstgewicht:	5 kg

Für den Versand von Rollen muss zusätzlich ein Rollenzuschlag hinzugebucht werden (➔Seite 75). Sendungen, welche die obigen Höchstmaße überschreiten, weder quader- noch rollenförmig sind oder keine stabile Kartonverpackung haben, gelten als Sperrgut (➔Seite 76).

HINWEIS
Weitere Angebote wie das DHL Paket bis 2 kg finden Sie unter **dhl.de/onlinefrankierung**. Sparen Sie online bis zu 2,00 € pro DHL Paket gegenüber dem Filialpreis!

[1] Alle Preise sind Endpreise und nach UStG umsatzsteuerfrei, soweit zu den einzelnen Preisangaben nichts Abweichendes angegeben ist.
[2] Bei Zubuchung der Services Rolle, Nachnahme oder Sperrgut wird das Beförderungsentgelt umsatzsteuerpflichtig und erhöht sich somit um die gesetzliche Umsatzsteuer.
[3] Endpreis inkl. gesetzlicher Umsatzsteuer.
[4] Bereits bei Überschreitung eines dieser Höchstmaße gilt die Sendung als Sperrgut (z. B. 70 cm x **65 cm** x 30 cm). Für DHL Pakete bis 5 kg und bis 10 kg innerhalb Deutschlands und in die EU beträgt das max. Gurtmaß (= Länge + 2 x Breite + 2 x Höhe) 300 cm. Bei einem Gurtmaß über 300 cm (bis 360 cm) sind diese Pakete mit der DHL Paketmarke bis 31,5 kg (Deutschland) bzw. bis 20 kg (EU) freizumachen.
* Ein Produkt der Deutschen Post AG. Es gelten die AGB PAKET/EXPRESS NATIONAL bzw. die AGB PAKET INTERNATIONAL in der jeweils aktuellen Fassung.
** Abschnitt 7 der AGB PAKET INTERNATIONAL sowie die Broschüre „Transportversicherung" regeln im Übrigen die Transportversicherung. Eine höhere Versicherung für DHL Pakete International bietet der Service Höherversicherung International (➔Seite 78).
*** Eine Übersicht der Ländergruppe EU und der Zonen 2–8 für DHL Pakete finden Sie auf ➔Seite 74. Die detaillierte Zuordnung aller Länder zu ihren Entgeltzonen finden Sie ab ➔Seite 84. Versandmodalitäten wie Haftung, Höchstgewichte, Services, Laufzeiten etc. sind länderspezifisch und können bei Ihrer Filiale der Deutschen Post erfragt oder unter **dhl.de/international** abgerufen werden.

Übungsaufgaben

1. ***Der Auszubildende Peter Krause muss in der Versandabteilung seines Ausbildungsunternehmens folgende Pakete durch DHL versenden:***

Nr.	Anzahl	Gewicht je Paket in kg
1	1	10,2
2	2	1,7
3	2	16,8
4	1	37,5
5	3	8,7

a) Welches Paket wird von DHL nicht über den Standard-Paketversand befördert?
b) Für welche Pakete gäbe es auch eine kostengünstigere Alternative?
c) Ermitteln Sie die Paketpreise je Paket und insgesamt.

2. ***Wie hoch sind die Portokosten für ein Päckchen im Gewicht von 1,8 kg, das Peter einem Kunden in Hamburg zusenden soll?***

3. ***Ein Paket im Gewicht von 13,5 kg mit den Maßen 120 cm · 70 cm · 50 cm soll nach Hamburg versandt werden.***
Wie hoch ist der Paketpreis im vorliegenden Fall?

4. ***Sebastian Lehmann, Auszubildender der Maschinenfabrik Haller & Co. in 68199 Mannheim, Nibelungenring 9, soll der Motorenfabrik Saarland AG in 66215 Saarbrücken, Talgasse 20, eine Sendung Zahnräder im Gesamtgewicht von 18,7 kg zusenden.***
Ermitteln Sie den zu zahlenden Paketpreis, wenn die Sendung (90 cm · 40 cm · 40 cm) als DHL ExpressEasy Paket vor 10:00 Uhr am folgenden Tag zugestellt werden soll.
Auszug aus den Preistabellen für DHL ExpressEasy Pakete:

DHL – Express 87

DHL EXPRESSEASY NATIONAL[1]

Mit DHL ExpressEasy erfolgt die Zustellung Ihrer Sendung innerhalb Deutschlands bereits am nächsten Tag (montags–freitags)* – **ganz Eiliges stellen wir sogar vor 9.00, vor 10.00 oder vor 12.00 Uhr zu.**** Im Falle eines Verlustes oder einer Beschädigung besteht eine Haftung bis 500 €. Der klimaneutrale Versand mit GOGREEN ist inklusive.

DHL ExpressEasy National	
bis 0,5 kg	13,50 €
über 0,5 kg bis 5 kg	16,50 €
über 5 kg bis 10 kg	27,50 €
über 10 kg bis 20 kg	32,50 €
über 20 kg bis 31,5 kg	47,50 €
Zustelloptionen	
vor 9.00 Uhr	+ 24,90 €
vor 10.00 Uhr	+ 12,90 €
vor 12.00 Uhr	+ 4,90 €

Mindestmaße: 10 cm x 7 cm (L x B)
Höchstmaße: 120 cm x 60 cm x 60 cm (L x B x H)
DHL ExpressEasy National ist ein Produkt der Deutschen Post AG.

TIPP
Sie suchen eine Filiale der Deutschen Post in Ihrer Nähe, die Ihre DHL Express Sendung annimmt? Unter **postfinder.de** finden Sie bequem und schnell die nächstgelegene Filiale.

HINWEIS
Informationen zu den zulässigen Wertgegenständen für nationale DHL Express Sendungen finden Sie auf den →Seiten 82 f.

[1] Alle Preise sind Endpreise und inkl. gesetzlicher Umsatzsteuer.
* Zustellung gegen Aufpreis auch samstags möglich. Bitte beachten Sie die Versandschlusszeiten der jeweiligen Filiale der Deutschen Post.
** Die Wahl von Zustelloptionen ist bei der Zustellung auf eine deutsche Insel nicht möglich.

5. ***Eine Lieferung Ersatzteile soll nach Nürnberg versandt werden.***
Wie hoch ist der Paketpreis, wenn das Paket ein Gewicht von 27,9 kg aufweist und am Schalter abgegeben wird?

6. ***Peter Bauer versendet im Auftrag seiner Unternehmung ein Paket (80 cm · 50 cm · 40 cm; Gewicht 14,8 kg) an einen Kunden in Passau.***
Wie hoch ist der zu zahlende Paketpreis, wenn es sich um ein DHL ExpressEasy Paket handelt, das vor 12:00 Uhr am nächsten Werktag zugestellt werden soll?

7. ***Michaela Wagner muss ein Päckchen im Gewicht von 1,7 kg nach Italien versenden. Mit welchem Entgelt muss sie am Postschalter rechnen?***

8. ***Peter Müller muss folgende Sendungen versandfrei machen:***
a) DHL-Paket 18,5 kg
b) Einschreibebrief mit Rückschein nach Stuttgart/680 g
c) 5 Briefe à 25 g an verschiedene Empfänger in Italien
d) Zustellung eines DHL ExpressEasy National Briefes von 280 g bis zum nächsten Tag 09:00 Uhr.
Ermitteln Sie die jeweiligen Preise.

9. ***Wie hoch sind die Preise für nachfolgende Sendungen?***

Anzahl	Bemerkungen	Gewicht je Sendung
a) 4	DHL-Pakete	12,4 kg
b) 1	DHL-Paket mit Paketmarke[1]	25,8 kg
c) 8	Päckchen	1,2 kg
d) 2	DHL-Pakete, sperrig	16,8 kg

10. ***Firma Kunz & Sohn, Elektrogroßhandlung, Hannover, verschickt nachfolgende Sendungen. Ermitteln Sie die günstigsten Preise für folgende Postsendungen:***
a) 25 Angebotsbriefe von je 35 g an verschiedene Kunden
b) 1 Päckchen von 1800 g nach Hamburg; Format 40 cm · 18 cm · 10 cm
c) 5 DHL Pakete mit Paketmarke zu je 28 kg
d) 75 Bücher zum 50-jährigen Firmenjubiläum an verschiedene Kunden im Großraum Hamburg, jedes Buch wiegt 300 g und misst 28 cm · 20 cm · 3,5 cm.

11. ***Verschiedene Proben im Gewicht von 17,8 kg sollen in einem Paket schnellstens von der BASF Ludwigshafen nach Argentinien versandt werden.***
Welcher Betrag ist an Deutsche Post DHL Group zu entrichten, wenn die Sendung per DHL ExpressEasy International Paket zugestellt werden soll?

12. ***Ein Paket im Gewicht von 15,8 kg soll einem Kunden in Berlin mit dem Service „ExpressEasy vor 10:00 Uhr" am nächsten Tag zugesandt werden.***
Welches Entgelt ist hierfür zu entrichten?

13. ***Das Autohaus Dieter Mott GmbH, Chrysler Vertragshändler in Tauberbischofsheim, schickt falsch gelieferte Zylinderdichtungsringe im Gewicht von 1,7 kg zurück in die USA. Mit welchem Preis ist zu rechnen, wenn das Päckchen als DHL Päckchen befördert werden soll?***

[1] *Beim Erwerb Ihrer Paketmarke im Internet oder über eine DHL Packstation sparen Sie 1,00 € im Vergleich zum Filialpreis.*

14. Ermitteln Sie den von der Sanitärgroßhandlung Marco Schweighoffer OHG an Deutsche Post DHL Group zu zahlenden Preis für nachfolgendes, über die DHL Online Frankierung freigemachtes Paket, welches 18,3 kg wiegt.

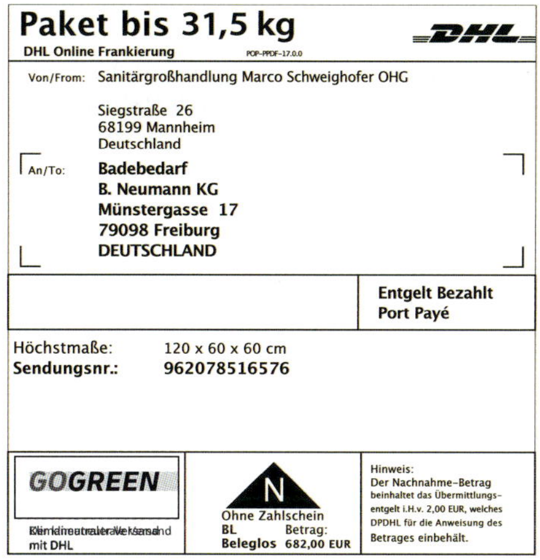
Paket bis 31,5 kg
DHL Online Frankierung
Von/From: Sanitärgroßhandlung Marco Schweighofer OHG
Siegstraße 26
68199 Mannheim
Deutschland
An/To: **Badebedarf**
B. Neumann KG
Münstergasse 17
79098 Freiburg
DEUTSCHLAND
Entgelt Bezahlt
Port Payé
Höchstmaße: 120 x 60 x 60 cm
Sendungsnr.: 962078516576
GOGREEN
Klimaneutraler Versand mit DHL
N
Ohne Zahlschein
BL Betrag:
Beleglos 682,00 EUR
Hinweis:
Der Nachnahme-Betrag beinhaltet das Übermittlungsentgelt i.H.v. 2,00 EUR, welches DPDHL für die Anweisung des Betrages einbehält.

13.1.2.2 Paketversand mit anderen Paketdiensten

Bei Kleinstsendungen bis 31,5 kg, teils bis 70 kg, herrscht im KEP-Bereich mittlerweile eine rege Konkurrenz, wie nachfolgende – nicht vollständige – Darstellung verdeutlicht:

Wie aus der Grafik hervorgeht, bieten neben DHL noch folgende weitere Unternehmen – nach dem Marktanteil aufgeführt – im KEP-Bereich ihre Dienstleistungen an:

prozentueller Antel der KEP Anbieter an der Gesamtsendungsmenge in Deutschland 2017/2018[1]

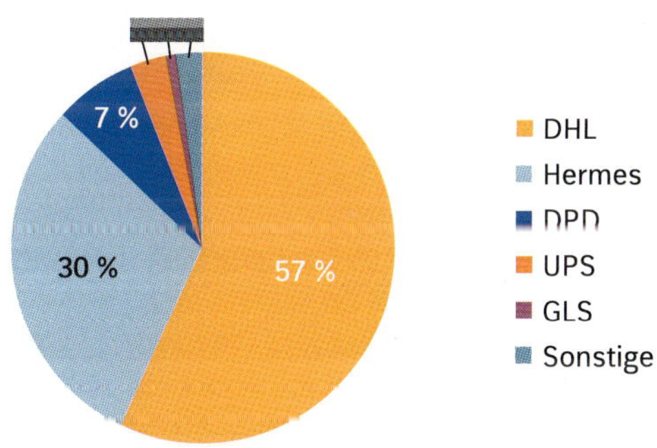

Kurier-, Express- und Paketdienste (KEP) in Deutschland				
Hermes = Otto Group	**DPD** = Dynamic Parcel	**UPS** = United Parcel Service	**GLS** = Global Logistik Service	Sonstige z. B.: TNT FedEx

Während UPS und DHL ihren Paketpreisen das Sendungsgewicht zugrunde legen, berechnen z. B. DPD, Hermes oder TNT die Paketpreise bis 31,5 kg gewichtsunabhängig nach Paketklassen bzw. Paketgrößen, wobei die Eingruppierung in die jeweilige Paketklasse von der Größe des Pakets in cm (längste plus kürzeste Paketseite in cm) abhängig ist.

Nachfolgend sollen aus der Fülle der Anbieter die beiden unterschiedlichen Berechnungsmethoden anhand von UPS und DPD exemplarisch dargestellt werden.

[1] *Vgl.: Mannheimer Morgen, 26. November 2018, 73. Jahrgang, Nr. 273, S. 2.*

Exemplarischer Auszug aus den beiden Preislisten von UPS und DPD

UPS	
Tarife innerhalb Deutschlands – UPS Standard; Zone 1; planmäßige tagdefinierte Zustellung der übergebenen Pakete frei Haus Empfänger	
Gewicht pro Paket in kg	Euro*
bis 4 kg	9,85
bis 7 kg	11,55
bis 10 kg	13,35
bis 14 kg	17,25
bis 20 kg	20,70
bis 22 kg	23,95
bis 24 kg	25,60
bis 26 kg	27,20
bis 28 kg	28,80
bis 30 kg	30,25
⋮	
bis 70 kg	60,40
Zuschläge pro Paket:	
– Inselzustellung	8,50
– Abholzuschlag (Einmalzuschlag)	8,50

Zahlen nach: UPS Deutschland, Neuss, 08.07.2019

DPD		
Preis Classic Service national für DPD Web Pakete frei Haus Empfänger und Abholung zu Hause oder im Paketkasten		
Paketklasse	Größe in cm*	Preis in €***
S	bis 50 cm	7,60
M	bis 70 cm	10,90
L	bis 90 cm	17,20
XL	bis Gurtmaß**	24,00
Zuschläge pro Paket für: – Inselzustellung		12,00
* längste + kürzeste Seite des Pakets in cm ** maximales Gurtmaß 250 cm ***Alle Preise sind Bruttopreise incl. MwSt		

Zahlen nach: DPD Deutschland GmbH, Aschaffenburg, 2019

Musteraufgabe 1

Die Peter Zöphel AG, Mannheim, beliefert Kunden mit Zubehörteilen bis 40 kg grundsätzlich durch UPS.
Berechnen Sie die an UPS zu zahlende Gebühr für eine Sendung über 28,9 kg an einen Kunden in Binz/Rügen, wenn die Sendung beim Versender durch UPS abgeholt wird.

Musterlösung 1

Grundtarif	30,25 €
+ Zuschlag für Inselzustellung	8,50 €
+ Abholzuschlag	8,50 €
Nettopreis	47,25 €
+ USt 19 %	8,69 €
Bruttopreis	55,94 €

Lösungsschritte 1

1. Auswahl der entsprechenden Preisliste.
   Hier: Preisliste Normalpakete innerdeutscher Versand
2. Ablesen des entsprechenden Preises.
   Hier: 28,9 kg = 30,25 €
3. Berücksichtigung von Besonderheiten.
   Hier: – Inselzustellung = Zuschlag pro Paket von 8,50 €
   – Abholzuschlag = Einmalzuschlag von 8,50 €
4. Hinzurechnung der Umsatzsteuer, centgenau.

* *Preise zzgl. der gesetzlichen Mehrwertsteuer*

Musteraufgabe 2

Ralph Schmidt arbeitet in der Versandabteilung des Automobilzulieferers Noah Barth in Mannheim. Heute soll er durch DPD an einen Kunden in Leipzig ein Ersatzteil im Paketgewicht von 23,6 kg und den Maßen 60 cm · 30 cm · 20 cm versenden.
Ermitteln Sie die an DPD zu entrichtende Gesamtfracht.

Musterlösung 2

1. Auswahl der richtigen Paketklasse durch Addition der längsten und kürzesten Paketseite.
   Hier: 60 cm + 20 cm = 80 cm = Paketklasse L
2. Ablesen des entsprechenden Paketpreises.
   Hier: Paketklasse L = 17,20 €*

**Bei den angegebenen Preisen handelt es sich bereits um Bruttopreise.*

Übungsaufgaben

1. ***Die Sanitärgroßhandlung Zimmermann & Co., München, versendet an das Spenglereifachgeschäft Emil Neumann in Mannheim verschiedene Teile im Gesamtgewicht von 29,8 kg und den Paketmaßen 90 cm · 60 cm · 40 cm.***
Ermitteln Sie den günstigsten Preis, wenn die Sanitärgroßhandlung eine Versendung durch DPD, UPS und Deutsche Post DHL Group in Betracht zieht.

2. ***Denise Esen, Versandleiterin einer mittelständischen Maschinenfabrik, überlegt, ob sie ein nicht so dringend benötigtes Ersatzteil im Gewicht von 15,8 kg an einen Kunden auf der Insel Helgoland günstiger durch UPS oder Deutsche Post DHL Group als DHL Paket zustellen lässt.***
Errechnen Sie den günstigeren Preis.

3. ***Im Warenausgangslager der Maschinenfabrik Zahn GmbH, Dresden, stehen unten angegebene Sendungen, die allesamt durch DPD zugestellt werden sollen.***
Ermitteln Sie den an DPD zu zahlenden Gesamtbetrag.

Name	Empfangsort	Gewicht	Maße in cm		
			Länge	Breite	Höhe
Autoteilezubehör Schweighoffer KG	Mannheim	26,3 kg	80	40	30
Sächsisches Walzwerk	Riesa	19,9 kg	50	30	20
Getreidemühle Schneider GmbH	Düsseldorf	22,8 kg	60	40	25

4. ***Drei Kugellager im Gewicht von insgesamt 6,9 kg sollen an die Autolackiererei Peter Müller in Aachen durch UPS zugestellt werden.***
Ermitteln Sie die an UPS zu zahlende Gesamtfracht, wenn die Ware beim Versender abzuholen ist.

Prüfungsaufgabe

Tipp

Bei der nachfolgenden Aufgabe handelt es sich um eine Aufgabe, die sowohl Inhalte der Gesamtwirtschaft als auch Rechen- und Buchführungsinhalte miteinander verknüpft und somit Prüfungscharakter besitzt.

Der im Wiesbadener Raum ansässige Felgenhersteller Karl Wolf OHG verkauft und versendet seine sportlichen 4,5 kg schweren Alufelgen mit folgenden Bedingungen in ganz Europa:

Zahlungsbedingungen: ***Zahlung innerhalb von 30 Tage rein netto, innerhalb von 10 Tagen unter Abzug von 3 % Skonto.***

Rabatte: ***Für Mengenrabatte gelten folgende Sätze:***

Menge in Stück	Rabatte in %
bis 4	0
5–20	5
21–40	10
41–100	15

Lieferbedingungen: ***Ab Werk***

a) Mit welchen Kosten wird das Autohaus Christiane Gutperle KG im 110 km entfernten Mannheim belastet, wenn es 8 Sportfelgen zum Stückpreis von 135,00 € netto bestellt und als Versandform ein Speditionstransport vereinbart wurde?

Versandkosten/Shipping cost

- nationale Transporte
  Wenn nicht ausdrücklich eine Selbstabholung ausgewiesen ist, versenden wir innerhalb Deutschlands als versichertes DHL Paket zu folgenden Preisen:

Gewicht	Preis in Euro
Bis 5 kg	7,00
5–10	10,50
11–20	14,00
20–31,5	18,00

Als Alternative zur Selbstabholung bieten wir einen Speditionstransport zu günstigen Konditionen an:

einfache Entfernung von Wiesbaden Mitte		
Kilometer	Preis	
bis 25 km	pauschal 25,00 €	
25 bis 200 km	0,55 € pro einfachen km	mind. 25,00 €
über 200 km	Verhandlungssache	

- für versicherte internationale Transporte fallen folgende Preise in Euro an:

Gewicht in kg bis	**Zone 1** France, Austria, UK, Belgium, Netherlands, Denmark, Luxembourg	**Zone 2** Switzerland, Italy, Spain, Sweden, Portugal, Greece, Ireland, Finland, Czechia, Poland	**Zone 3** Norway, Russia, Turkey, Bulgaria, Slovenia
1	21	22	37
5	27	30	46
10	36	41	59
15	44	52	71
20	50	60	81

b) ***Ermitteln Sie den Überweisungsbetrag, wenn das Autohaus Gutperle grundsätzlich die Skontierungsmöglichkeit ausnutzt.***

c) ***Verbuchen Sie als Mitarbeiter/-in der Firma Gutperle sowohl die Eingangsrechnung als auch die Banküberweisung der Rechnung am 30. Tag.***

d) ***Welchen Betrag stellt der Felgenhersteller Karl Wolf OHG einem Schweizer Autohaus in Genf für 4 Sportfelgen in Rechnung, wenn zu berücksichtigen ist, dass Rechnungen in das Ausland von der Umsatzsteuer befreit sind, der Nettopreis ebenfalls 135,00 € beträgt und die Firma Karl Wolf OHG mit der Versandabwicklung betraut wurde?***

e) ***Wie viel Schweizer Franken werden dem Autohaus in Genf von seiner Bank belastet, wenn die Rechnung nach 30 Tagen bezahlt wird und die Schweizer Bank mit folgenden Kursen rechnet:***

	Ankauf	Verkauf
1,00 €	1,0580	1,1250

13.1.2.3 IC-Kuriergut

Als weitere Beförderungsmöglichkeit im Bereich der Kleinstgüter bietet sich für die Bundesrepublik Deutschland sowie einige ausgewählte Hauptstädte Europas wie z. B. Paris der von time:matters GmbH organisierte IC-Kurierdienst an. Dabei handelt es sich um eine Kooperation mit dem Unternehmensbereich Personenverkehr der Deutschen Bahn AG, einem Service für sehr eilige Warensendungen bis zu einem Gewicht von 20 kg, die entweder mit Intercity-Zügen (IC) oder dem InterCityExpress (ICE) transportiert werden. Die Sendung wird entweder direkt am „IC-Kurierdienst" gekennzeichneten Zugabteil mit ausgefüllter IC-Kurierdienstkarte oder am IC-Kurierdienstschalter des Personenbahnhofs (spätestens 30 Minuten vor Abfahrt) aufgeliefert. Bei der Beförderung mit dem ICE kann das Kuriergut nur am Gepäckschalter aufgegeben werden.

Fracht

Deutschlandweite Beförderungsleistung (Stand Januar 2019*)			Internationale Beförderungsleistung **
Gewicht in kg	Basispreise Schiene Bahnhof – Bahnhof	Direkte Abholung und Zustellung innerhalb von 25 km zzgl. anfallender Mehrkosten	Basispreise Schiene Bahnhof – Bahnhof
bis 10 kg	99,00 €	je 43,00 €	125,00 €
bis 15 kg	113,00 €		132,00 €
bis 20 kg	127,00 €		139,00 €

* Bei den angegebenen Preisen handelt es sich um Nettopreise bei Bezahlung am DB Automaten.[1]

** International werden derzeit Paris, Wien, Amsterdam und Basel bedient

Gewicht

- max. 20 kg

[1] *Neben der bisherigen Bezahlung der Sendung mithilfe einer ic:kurier Wertmarke gibt es seit 01.06.2015 auch ein über das Onlineportal zu buchendes neues, entfernungsbasiertes Preisberechnungsmodell, das gegenüber dem am DB Automaten zu zahlenden Preis zu Abweichungen führen kann.*

Maße

- Länge – max. 1 m
- Umfang einschließlich Länge – max. 2 m

Sondervereinbarungen – etwa für Kurzstrecken – sind möglich.

Übungsaufgaben

1. ***Ein Titanzahnrad im Gewicht von 17 kg mit den Maßen 30 cm · 20 cm · 20 cm soll schnellstmöglich nach Dresden versandt werden.***
   Wie hoch ist die Fracht, wenn die Sendung als IC-Kuriergut im Bahnhof-Bahnhof-Verkehr befördert werden soll?
2. ***Eine Sendung Ersatzteile im Gewicht von 18,9 kg wird in 68199 Mannheim am IC-Schalter 30 Minuten vor Abfahrt aufgegeben. Die Zustellung der Ware in 56077 Koblenz erfolgt direkt beim Kunden.***
   Welchen Preis hat der Versender in Mannheim zu zahlen?
3. ***Dringend benötigte Ladescheine im Gewicht von 2,8 kg sollen schnellstens von Duisburg nach Karlsruhe transportiert werden.***
   Ermitteln Sie die dem Versender berechnete Fracht, wenn Haus-Haus-Verkehr vereinbart war.
4. ***Als IC-Kuriergut soll ein Ersatzteil im Gewicht von 13,4 kg von Mannheim nach Hamburg im Haus-Haus-Verkehr befördert werden.***
   Ermitteln Sie die dafür zu zahlende Fracht.
5. ***Wichtige Versanddokumente im Gewicht von 1980 g sollen noch heute schnellstmöglich von Mannheim nach Paris als IC-Kuriergut versandt werden.***
   Ermitteln Sie die zu zahlende Bruttofracht, wenn die Dokumente bei unserer Exportabteilung abgeholt werden sollen und der Empfänger in Paris diese am Gare de l`Est in Empfang nimmt.

13.2 Entgeltberechnung im Bereich der Kleingüter

13.2.1 Entgeltberechnung für Güter mit Normalgröße

Unter dem Bereich der Kleingüter fasst die Praxis i. d. R. sämtliche Güter bis zu einem Gewicht von 3000 kg zusammen. Obwohl auch in diesem Marktsegment eine große Konkurrenz herrscht und die einzelnen Anbieter ihren Frachtberechnungen eigene Haustarife zugrunde legen können, bleibt festzustellen, dass fast sämtliche Tarife entfernungs- und gewichtsorientiert aufgebaut sind. Deshalb kann die Abrechnung sämtlicher Kleingutsendungen anhand beiliegender Tabellen exemplarisch gezeigt werden.

Entsprechend der garantierten Laufzeit (Zustellzeit) unterscheidet man zwischen:

- Express Plus Gut
- Express Gut
- Frachtgut

Allgemeine Kriterien	Express Plus	Express	Fracht
Maximale Laufzeit (Mo.–Fr.)	Bis 10:30 Uhr am nächsten Werktag	Bis 14:00 Uhr am nächsten Werktag	24–48 Stunden
Geld-zurück-Garantie	Ja	Ja	Nein
Flächendeckender Haus-zu-Haus-Service	Ja, außer zu den deutschen Inseln und in die PLZ-Gebiete 17 + 18	Ja, außer zu den deutschen Inseln und in das PLZ-Gebiet 17	Ja
Maximale Abmessungen	Länge 200 cm, Breite 150 cm Höhe 220 cm	Länge 200 cm, Breite 150 cm Höhe 220 cm	Länge 200 cm, Breite 150 cm Höhe 220 cm
Gewichtsbegrenzung pro Sendung	Nein	Nein	Nein
Gewichtsbegrenzung pro Packstück	1 200 kg	1 200 kg	1 200 kg
Ausgeschlossene Güter	Bestimmte gefährliche Güter, lebende Tiere	Bestimmte gefährliche Güter, lebende Tiere	Bestimmte gefährliche Güter, lebende Tiere
Frankaturen	Frei Haus Unfrei	Frei Haus Unfrei	Frei Haus Unfrei
Warenwertnach-nahmen	Sind zugelassen	Sind zugelassen	Sind zugelassen
Mindestabrech-nungsgewicht	150 kg bei Euro-Flachpaletten 250 kg bei Euro-Gitterboxpaletten	150 kg bei Euro-Flachpaletten 250 kg bei Euro-Gitterboxpaletten	150 kg bei Euro-Flachpaletten 250 kg bei Euro-Gitterbox-paletten
Mindesabrechnungs-gewicht bei sperrigen Gütern	150 kg/m^3	150 kg/m^3	150 kg/m^3

Express Plus Gut

Wie man der Übersicht entnehmen kann handelt es sich dabei um solche Sendungen, die schnell, i. d. R. bis spätestens 10:30 Uhr des nächsten Werktages, beim Empfänger ausgeliefert sein sollen.

Express Gut

Die als Express Gut versandten Waren werden bis 14:00 Uhr am nächsten Werktag zugestellt.

Fracht

Hierbei wird eine Zustellung innerhalb von maximal 48 Stunden gewährleistet.

Musteraufgabe

Die Firma Dennis Spiegel GmbH, Freiburg, liefert an die Maschinenfabrik Leuck AG in Heidelberg 50 elektronische Steuerungselemente im Gewicht von je 25 kg frei Haus. Für die Versendung der Ware benutzt man zwei Euro-Gibo-Paletten im Eigengewicht von je 20 kg.

a) Da die Teile dringend im 178 km entfernten Heidelberg benötigt werden, entschließt man sich, diese bis zum nächsten Tag um 10:30 Uhr zustellen zu lassen.
Ermitteln Sie die anfallende Bruttofracht.

b) Wie hoch wäre die zu entrichtende Bruttofracht, wenn die Sendung erst gegen 13:00 Uhr am nächsten Werktag zugestellt werden sollte?

c) Ermitteln Sie die Ersparnis, wenn die Auslieferung der Sendung erst am übernächsten Werktag erfolgen könnte.

Musterlösung

Nettogewicht	50 Stück	· 25 kg	= 1250 kg
+ Tara	2 Paletten	· 20 kg	= 40 kg
Bruttogewicht			1290 kg

a) Preistabelle Express Plus

Nettofracht 1 290 kg/178 km	320,00 €
+ 19 % USt	60,80 €
Bruttofracht	380,80 €

b) Preistabelle Express

Nettofracht 1 290 kg/178 km	277,20 €
+ 19 % USt	52,67 €
Bruttofracht	329,87 €

c) Preistabelle Fracht

Nettofracht 1 290 kg/178 km	252,00 €
+ 19 % USt	47,88 €
Bruttofracht	299,88 €

Ersparnis	– gegenüber Express Plus	= 80,92 €
	– gegenüber Express	= 29,99 €

Lösungsschritte

1. Ermittlung des Bruttogewichts der Sendung.

2.1 Auswahl der richtigen Frachttabelle.
Hier: bei Aufgabe a) Zustellung vor 10:30 Uhr am nächsten Tag
= Express Plus Tabelle
b) Zustellung vor 14:00 Uhr, aber nach 10:30 Uhr am nächsten Tag
= Express Tabelle
c) Zustellung innerhalb von max. 48 Stunden
= Fracht Tabelle

2.2 Ermittlung der Nettofracht aus der entsprechenden Tabelle.
Hier: Schnittpunkt 1 290 kg/178 km

2.3 Hinzurechnung der Umsatzsteuer, centgenau.

3. Berechnung der Ersparnis

Vermischte Aufgaben zur Entgeldberechnung im Versandbereich

1. ***Berechnen Sie zu nachstehender Aufgabe die jeweiligen Frachtgebühren einschließlich USt:***

	Entfernung in km	Gewicht in kg
a)	410	712
b)	600	1580
c)	375	98
d)	815	125
e)	535	918
f)	75	2035
g)	111	98

2. ***Zwischen zwei Städten wird eine Sendung im Gesamtgewicht von 489,7 kg als Frachtgut über eine Entfernung von 285 km versandt.***
Wie hoch ist die Fracht einschließlich Umsatzsteuer?

3. ***Peter Müller muss an einen Kunden im 490 km entfernten Aachen schnellstmöglich einen dringend benötigten Motor im Gesamtgewicht von 77 kg versenden.***
Wie hoch sind die Frachtkosten für Herrn Müller?

4. ***Wie hoch ist die Fracht für ein Paket Kleineisenteile im Gewicht von 53 kg, das schnellstens – vor 10:30 Uhr am nächsten Werktag – nach 38448 Wolfsburg über 217 km versandt werden soll?***

5. ***Eine Frachtgutsendung im Gesamtgewicht von 117 kg wird in einer Gitterboxpalette über eine Entfernung von 285 km versandt.***
Auf wie viel Euro lautet die Frachtabrechnung einschließlich Umsatzsteuer?

6. ***Vier Kisten Maschinenteile sollen als Expressgut nach 81329 Tutzing versandt werden. Das Gesamtgewicht der Sendung, einschließlich der Palette, beträgt 87,6 kg.***
Wie hoch sind die Expressgutgebühren, wenn die Ware über 935 km transportiert wird?

7. ***Ein Frachtstück im Gewicht von 875 kg soll an einen Kunden in 10785 Berlin über 718 km zugestellt werden.***
Wie viel Euro beträgt die zu zahlende Expressgutfracht?

8. ***Wir erwarten noch heute ein dringend benötigtes Einbauteil aus Hamburg im Gewicht von 9,8 kg.***
Welche Versandart bietet sich unserem Lieferanten, wenn Haus-Haus-Beförderung vereinbart wurde, und mit welchen Kosten werden wir belastet?

9. ***Eine Unternehmung versendet verschiedene Kisten im Gesamtgewicht von 933 kg als Frachtgut, Entfernung 625 km.***
Errechnen Sie die Frachtkosten einschließlich Umsatzsteuer.

10. ***Mit einer Spedition wird eine Frachtgutsendung im Gewicht von 579 kg über 437 km versandt. Wegen Sonderbehandlung der Frachtgutsendung wird ein Margenaufschlag[1] von 5 % vereinbart.***
Wie viel Euro einschließlich USt sind an den Spediteur zu zahlen?

11. ***Ein Paket im Gewicht von 33,8 kg soll per Expressgut über 290 km nach 26731 Emden versandt werden.***
Wie hoch ist der zu zahlende Preis?

12. ***Eine Sendung im Gewicht von 43 kg soll als Expressgut über 617 km nach 54142 Trier versandt werden.***
Wie viel Euro betragen die zu zahlenden Expressgutgebühren, wenn die Zustellung am nächsten Tag vor 10:30 Uhr erfolgen soll?

13. ***Eine Frachtgutsendung im Gewicht von 1 000 kg wird über eine Entfernung von 285 km befördert.***
Wie hoch ist der zu zahlende Frachtbetrag einschließlich USt, wenn ein Margenabschlag von 6 % vereinbart wurde?

14. ***Ein Karton mit Ersatzteilen soll als Frachtgut über eine Entfernung von 213 km befördert werden.***
Auf wie viel Euro lautet die Frachtabrechnung einschließlich USt, wenn das Bruttogewicht der Sendung 1 120 kg beträgt?

15. ***1 897 kg einer Sendung werden als Frachtgut über eine Entfernung von 477 km versandt.***
Wie hoch sind die Frachtgebühren, wenn wegen Sonderbehandlung ein Margenaufschlag von 3 % vereinbart wurde?

16. ***Eine Expressgutsendung im Gewicht von 138,70 kg soll über 705 km in den Freihafen von 20097 Hamburg zwecks Ausfuhr in die USA befördert werden. In der Expressgutkarte ist u. a. eingetragen: „Umsatzsteuerfreie Beförderung gemäß § 4 in Verbindung mit § 1 UStG".***
Wie hoch ist die Expressgutfracht?

17. ***Eine Sendung im Gesamtgewicht von 123 kg wird als Frachtgut über eine Entfernung von 77 km auf einer Euro-Flachpalette versandt.***
Ermitteln Sie die Fracht einschließlich USt.

18. ***Verschiedene Frachtgüter im Gesamtgewicht von 1 785 kg sind über eine Entfernung von 317 km zu transportieren.***
Wie viel Euro müssen einschließlich USt gezahlt werden?

19. ***Eine Frachtgutsendung im Gesamtgewicht von 2 409 kg soll von Mannheim nach Köln (196 km) versandt werden.***
Wie hoch sind die Frachtkosten einschließlich USt?

20. ***Als Frachtgut sollen 2 867 kg einer Ware über 319 km befördert werden.***
Wie hoch ist der zu zahlende Frachtbetrag einschließlich USt, wenn ein Margenabschlag von 4 % vereinbart wurde?

21. ***Verschiedene Maschinenteile im Gesamtgewicht von 1 354 kg sind als Stückgut über eine Entfernung von 675 km zu transportieren. Wegen Sonderbehandlung der Sendung wurde ein Margenaufschlag von 3 % vereinbart.***
Wie hoch ist der Frachtberechnungsbetrag einschließlich USt?

22. ***Ein dringend benötigtes Ersatzteil im Gewicht von 17,6 kg soll im Haus-Haus-Verkehr über 417 km nach 80939 München versandt werden.***
    a) ***Welche Beförderungsmöglichkeiten bieten sich hierfür an?***
    b) ***Ermitteln Sie den jeweils zu zahlenden Betrag, wenn das Ersatzteil als IC-Kuriergut, DHL ExpressEasy Paket vor 09:00 Uhr oder als Express Plus Gut zugestellt würde.***

---

[1] *Bei Sendungen bis 3 000 kg wird der Margenbetrag auf volle 10 Cents kaufmännisch gerundet.*

23. ***Unser Lieferer in 90461 Nürnberg erwartet ein benötigtes, falsch ausgeliefertes Ersatzteil im Gewicht von 23,8 kg zurück.***

a) Welche Versandmöglichkeiten könnten wir außer dem Expressgut wählen?

b) Ermitteln Sie die Expressgutgebühr, wenn die Entfernung 235 km beträgt und die Zustellung im Laufe des nächsten Werktages erfolgen soll.

24. ***Petra soll im Auftrag ihres Unternehmens ein Zahnrad im Gewicht von 8,7 kg an die Deutsche Werft in 20539 Hamburg (Entfernung 595 km) versenden.***

In der Auftragserteilung bestand die Deutsche Werft auf der Lieferung am nächsten Tag.

a) Welche Versendungsmöglichkeiten können in Betracht gezogen werden, wenn Haus-Haus-Beförderung vereinbart wurde?

b) Stellen Sie die Kosten dreier Beförderungsmöglichkeiten einander gegenüber und wählen Sie die kostengünstigste Alternative aus.

c) Welche Versandart würden Sie wählen, wenn die Lieferung noch im Laufe des Tages in Hamburg eintreffen soll?

Prüfungsaufgabe

Tipp

Bei der nachfolgenden Aufgabe handelt es sich um eine Aufgabe, die sowohl Inhalte aus dem Bereich Buchführung als auch Inhalte aus dem Bereich kaufmännisches Rechnen und allgemeine Betriebswirtschaftslehre miteinander verknüpft und somit Prüfungscharakter besitzt.

Der Baumarkt Richard Morast KG, Mannheim, bezieht von der Bayerischen Marmorit Werke AG in München 25 Marmorwaschbecken im Gewicht von je 28 kg frei Haus (siehe Anlage).

a) Ermitteln Sie die zu zahlende Nettofracht, wenn die Marmorwaschbecken in drei Gitterbox-Paletten (Eigengewicht je Gitterbox-Palette 35 kg) als Frachtgut vor 14:00 Uhr am nächsten Tag zugestellt werden sollen und der Bayerischen Marmorit Werke AG eine Frachtermäßigung von 20 % eingeräumt wird.

b) Vervollständigen Sie die in der Anlage aufgeführte Rechnung, welche die Bayerischen Marmorit Werke AG der Baumarkt Richard Morast KG zusendet.

c) Ein Schweizer Hersteller würde die 25 Marmorwaschbecken in der gleichen Qualität zu einem Gesamtpreis von 8 160,00 sfr ebenfalls frei Haus liefern. Entscheiden Sie sich für eines der beiden Angebote, wenn die Hausbank der Baumarkt Richard Morast KG mit einem Kurs von 1,6000 rechnet.

d) Durch welche Vereinbarungen ließe sich der von der Richard Morast KG zu zahlende Betrag verringern. (3 Nennungen)

e) Verbuchen Sie als Mitarbeiter der Richard Morast KG die Rechnung der Bayerischen Marmorit Werke AG.

f) ***Verbuchen Sie die Bezahlung der Rechnung am 28.04.20.. durch Banküberweisung.***

g) ***Wie müsste die Bayerischen Marmorit Werke AG***
1. ***die Ausgangsrechnung und***
2. ***den Zahlungseingang verbuchen?***

Bayerische Marmorit Werke AG

Bayerische Marmorit Werke AG München

Bayerische Marmorit Werke AGAG, Xavergasse 17, 8136 München

Baumarkt
Richard Morast KG
Hochuferstr. 3
68167 Mannheim

Rechnungsdatum: 28.03.20..
Kunden-Nr.: 2107
Rechnungs-Nr.: 3214/75
Ust-ID-Nr.: 469873

Rechnung

Sehr geehrte Damen und Herren,

gemäß Ihrer Bestellung vom 20.03.20.. über 25 Marmorwaschbecken berechnen wir Ihnen:

Menge	Artikel	Stückpreis in €	Gesamtpreis in €
25	Marmorwaschbecken	150,00	?
	+ Verpackung		30,00
	+ Frachtkosten		?
	+ Transportversicherung		22,00
	Rechnungsbetrag netto		?
	+ Umsatzsteuer 19 %		?
	Rechnungsbetrag brutto		?
Zahlung innerhalb von 30 Tagen ohne Abzug			

Mit freundlichen Grüßen

Bayerische Marmorit Werke AG

i.V. Erika Barth

Bankverbindung: Dresdner Bank München, IBAN: DE10 0058 0505 0500 4898 37, BIC: KANSDEXXX

13.2.2 Entgeltberechnung für sperrige Güter

Güter werden dann als **sperrig** bezeichnet, wenn 1 m^3 weniger als 150 kg wiegt. Aus diesem Grunde werden der Frachtberechnung 1,5 kg je angefangene 10 dm^3 des Rauminhaltes zugrunde gelegt.

Beachte:

1. Bei der Berechnung des Volumens werden die Maße kaufmännisch auf volle dm gerundet.
2. Bei der Umrechnung von dm^3 in kg gilt:

   10 dm^3 = 1,5 kg

3. Mindestabrechnungsgewicht bei sperrigen Gütern = 150 kg/m^3.

Musteraufgabe

Ein Frachtstück im Gewicht von 286 kg und mit den Maßen 312 cm · 138 cm · 85 cm soll über eine Entfernung von 516 km befördert werden.

Wie hoch ist der Frachtberechnungsbetrag einschließlich USt?

Musterlösung

31 dm · 14 dm · 9 dm = 3 906 dm^3

3 906 dm^3 (Frachtbriefangabe des Absenders) : 10 = 390,6 · 1,5 kg = 585,90 kg Frachtberechnungsgewicht

	Nettofracht 586 kg/516 km	213,90 €
+	USt 19 %	40,64 €
=	Frachtberechnungsbetrag	254,54 €

Lösungsschritte

1. Umwandlung der angegebenen cm in dm (kfm. runden).

   Hier: 312 cm = 31 dm
   138 cm = 14 dm
   85 cm = 9 dm

2. Errechnung des Volumens in dm^3.
3. Umwandlung des Volumens in kg, wobei gilt: 10 dm^3 = 1,5 kg

   10 dm^3 = 1,5 kg
   3 906 dm^3 = x kg
   x = 585,9 kg

4. Ablesen der Fracht aus der Frachtentafel bei 551–600 kg/501–600 km = 213,90 €.
5. Hinzurechnung der Umsatzsteuer, centgenau.

Übungsaufgaben

1. **Über eine Entfernung von 397 km soll ein sperriges Frachtstück im Gewicht von 237 kg und mit den Maßen 344 cm · 107 cm · 84 cm befördert werden. Der Rauminhalt wurde vom Absender im Frachtbrief eingetragen.
Wie viel Euro sind einschließlich USt zu zahlen?**

2. **Eine sperrige Stückgutsendung im Gesamtgewicht von 517 kg soll über eine Entfernung von 817 km transportiert werden.
Wie viel Euro sind zu überweisen, wenn das Frachtstück folgende Maße hat: 383 cm · 129 cm · 100 cm?**

3. **Eine Spedition hat mehrere sperrige Stückgüter günstig, d. h. Raum sparend, zusammengestellt und das Gesamtvolumen von 6 785 dm³ bei einem Bruttogewicht von 586 kg im Frachtbrief eingetragen.
Wie viel Euro muss die Spedition für den Transport über 217 km einschließlich USt überweisen?**

4. **Eine Stückgutsendung, die aus folgenden sperrigen Frachtstücken besteht, soll über eine Entfernung von 487 km befördert werden.
Frachtstück 1 = 18,3 dm · 8,5 dm · 5,4 dm/67 kg
Frachtstück 2 = 39,7 dm · 11,6 dm · 8,0 dm/256 kg
Frachtstück 3 = 17,9 dm · 9,9 dm · 6,5 dm/82 kg
Der Absender stellt die Einzelstücke günstig zu einer Sendung zusammen und trägt das von ihm errechnete Volumen in den Frachtbrief ein.
Berechnen Sie die Fracht einschließlich USt.**

5. **Über eine Entfernung von 623 km wird ein sperriges Frachtstück im Gewicht von 259 kg mit den Maßen 375 cm · 119 cm · 65 cm befördert.
Wie hoch ist der Frachtberechnungsbetrag einschließlich USt, wenn die dringende Sendung am nächsten Werktag vor 10:30 Uhr zugestellt werden soll?**

6. **Ein sperriges Frachtstück im Gewicht von 489 kg und den Maßen 3 985 mm · 1 895 mm · 987 mm wird über eine Entfernung von 578 km befördert. Der Absender hat den Rauminhalt in dm³ im Frachtbrief eingetragen und eine Frachtermäßigung von 6 % ausgehandelt.
Wie hoch sind die gesamten Beförderungskosten einschließlich USt?**

Merke

Zusammenfassende Rundungsregeln bei Kleingütern

Stückgewicht	Rundungen		
	Gewicht	Fracht	Marge
< 3000 kg	lt. Tabelle einordnen	aus Tabelle ablesen	auf volle 10 ct kfm. runden (bei Express Plus auf volle Euro kfm. runden)
sperrig	a) auf volle dm³ kfm. runden b) Umwandlung von dm³ in kg	siehe oben	siehe oben

13.3 Abrechnung im Wagenladungsverkehr – Entgeltberechnung bei der Deutschen Bahn AG

Wie bei jedem Verkehrsträger wird auch im Bereich der Deutschen Bahn AG bzw. ihrem für den Gütertransport zuständigen Tochterunternehmen, der DB Cargo AG (kurz: DB Cargo) die Fracht für sämtliche Güter frei vereinbart.

Lediglich für die Bereiche Eisen und Stahl sowie Kohle oder den Fall, dass keine Vereinbarung zwischen dem Versender und der DB Cargo getroffen wurde, wendet man als Orientierungsmaßstab die nachfolgend dargestellten Abrechnungsverfahren und Tabellen an, die in vorliegendem Lehrbuch exemplarisch Verwendung finden.

Tipp

1. *Bei allen in den Branchen-Preislisten angegebenen Beträgen handelt es sich um Höchstpreise, die durch Margenabschläge z. T. erheblich reduziert werden.*
2. *Für alle drei Abrechnungsverfahren gelten im Bereich der Frachtermittlung folgende Rundungsregeln:*
   - *das Gewicht der Ladung wird kaufmännisch auf volle Tonnen gerundet,*
   - *die errechnete Fracht wird kaufmännisch auf volle Euro gerundet,*
   - *ein berechneter Margenauf- und -abschlag wird ebenfalls kaufmännisch auf volle Euro gerundet.*

13.3.1 Frachtberechnung mittels Koeffizienten

Geltungsbereiche: z.B. Eisen und Stahl; siehe hierzu Preisliste 130.

Ausschlaggebend für die zu berechnende **Nettofracht** sind:

1. Die Grundfracht – sie ist abhängig von der Entfernung.
   Als Grundfracht (Preisbasis) wird das Gewicht eines 25-t-Achsenwagens lt. Frachtentafel 130 gewählt.
2. Der maßgebliche Koeffizient – er hängt ab von
   - dem Gewicht der Ladung,
     - Das Gewicht der Ladung umfasst alles, was zur Beförderung aufgeliefert wird (wirkliches Gewicht).
     - Das wirkliche Gewicht wird kaufmännisch auf volle Tonnen gerundet.
   - der verwendeten Waggonart.

Musteraufgabe

17 138 kg Bandstahl werden durch die DB Cargo im Achsenwagen über eine Entfernung von 528 km transportiert.
Wie hoch ist die zu entrichtende Bruttofracht, wenn ein Margenabschlag von 5 % vereinbart wurde?

Musterlösung

1. 17 138 kg = 17 000 kg = 17 t
2. Grundfracht für 528 km (520–540 km) lt. Frachtentafel — 958,16 €
3. maßgeblicher Koeffizient für 17 t im Achsenwagen lt. Koeffiziententabelle — 0,795
4. Frachtermittlung:

Fracht	=	Grundfracht	·	Koeffizienten
Fracht	=	958,16	·	0,795
Fracht	=	761,74		(kfm. Rundung auf volle Euro)
Fracht	=	762,00 €		

Abrechnung:

Fracht 17 t/528 km/Achsenwagen	762,00 €
– 5 % Marge (auf volle Euro kfm. runden) (38,10 €)	38,00 €
	724,00 €
+ 19 % USt	137,56 €
Bruttofracht	861,56 €

Lösungsschritte

1. Kfm. Rundung des Frachtgewichtes auf volle Tonnen.
   Hier: 17 138 kg = 17 t
2. Ablesen der Grundfracht lt. Preistafel 130 für Eisen und Stahl.
   Hier: 540 km = 958,16 €
3. Ermittlung des entsprechenden Koeffizienten aus der Koeffiziententabelle im Schnittpunkt: Gewichtsstufe (Spalte 1)/Wagenart (ab Spalte 2).
   Hier: 17 t/Wagen mit zwei Achsen = 0,795
4. Frachtermittlung durch Multiplikation der Grundfracht mit dem entsprechenden Koeffizienten und kfm. Rundung auf volle Euro.
   Hier: 958,16 · 0,795 = 761,74 = 762,00 €
5. Berücksichtigung einer eventuellen Marge, die ebenfalls kfm. auf volle Euro zu runden ist.
6. Hinzurechnung der Umsatzsteuer, centgenau.

Merke

Grundfracht für einen 25-t-Waggon lt. Frachtentafel 130 x Koeffizient lt. Koeffiziententabelle = Fracht

Grundfracht ↑ abhängig von:
– Entfernung

Koeffizient ↑ abhängig von:
– Gewicht der Sendung
– Art des Waggons

Übungsaufgaben

1. ***Ein Drehgestellwaggon mit Stahlröhren soll über eine Entfernung von 379 km befördert werden. Das Gewicht der Ladung beträgt 23456 kg.***
   Ermitteln Sie die Frachtkosten für die Sendung einschließlich Umsatzsteuer.

2. ***Die DB Cargo soll 6879 kg Stahlmasse über eine Entfernung von 615 km im Achsenwagen transportieren.***
   Wie hoch ist der Frachtberechnungsbetrag einschließlich Umsatzsteuer?

3. ***Im abgebildeten Achsenwagen sollen 24787 kg Metall-Röhren von Dortmund nach München transportiert werden (560 km).***
   Wie hoch ist die Bruttofracht, wenn ein Margenabschlag von 7 % vereinbart wurde?
   Kbs – offener Waggon mit niedrigen Bordwänden und Rungen:

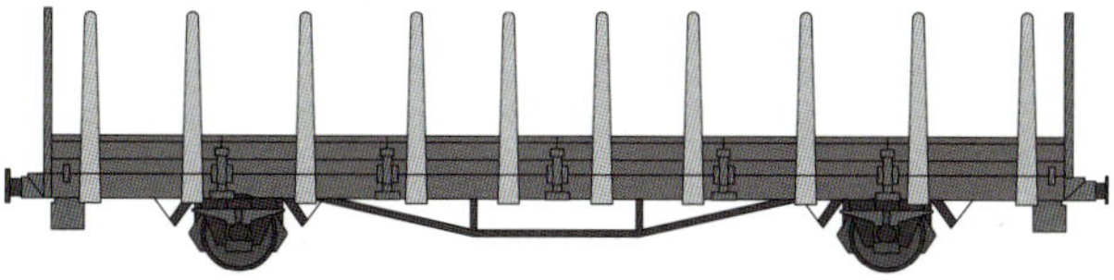

Länge der Ladefläche 12,50 m, Breite der Ladefläche 2,77 m, Ladekapazität 27,5 t

13.3.2 Frachtberechnung in Euro je Tonne aufgelieferter Ware

Geltungsbereich z.B.: Kohle, Koks; siehe hierzu Preisliste 100.

Ausschlaggebend für die zu berechnende **Nettofracht** ist:

1. die Entfernung in km
2. die Warengruppe: Steinkohle/Braunkohle oder Koks
3. die Versandart:
   - in Einzelwagen/Wagengruppe bis drei Wagen
   - geschlossene Züge
4. das Gewicht der Sendung

Musteraufgabe

23,8 t Steinkohle sollen von Dortmund nach Karlsruhe über 390 km durch die DB Cargo transportiert werden.
Errechnen Sie die Bruttofracht, wenn ein Margenabschlag von 30 % vereinbart wurde.

Musterlösung

1. 23,8 t = 24 t
2. Feststellung der Warenart
3. Frachtsatz in Euro je Tonne/390 km/Einzelwagen = 27,96 €
4. Frachtermittlung = Frachtsatz · Tonnen:
5. Fracht = 27,96 € · 24 t
   Fracht = 671,04 €/Wagen (kfm. Rundung auf volle Euro)
   Fracht = 671,00 €

Abrechnung:

Fracht 24 t/Steinkohle/390 km/Einzelwagen	671,00 €
– 30 % Marge (auf volle Euro kfm. runden) (201,30 €)	201,00 €
	470,00 €
+ 19 % USt	89,30 €
Bruttofracht	559,30 €

Lösungsschritte

1. Kfm. Rundung des Frachtgewichtes auf volle Tonnen.
   Hier: 23,8 t = 24 t
2. Feststellung der Warenart.
   Hier: Steinkohle
3. Ablesen des Frachtsatzes pro Tonne Steinkohle im Einzelwagen lt. Preisliste 100.
   Hier: 27,96 €/t
4. Frachtermittlung durch Multiplikation des Frachtsatzes mit der angegebenen Tonnenzahl.
   Hier: 27,96 € · 24 t = 671,04 €
5. Kfm. Rundung der Fracht auf volle Euro.
   Hier: 671,04 € = 671,00 €
6. Berücksichtigung einer eventuellen Marge, die ebenfalls kfm. auf volle Euro zu runden ist.
   Hier: 201,03 € = 201,00 €
7. Hinzurechnung der Umsatzsteuer, centgenau.

Übungsaufgaben

1. ***27,2 t Steinkohle sollen mit der Bahn über eine Strecke von 615 km transportiert werden. Welche Frachtkosten einschließlich Umsatzsteuer sind bei Verwendung eines Achsenwagens an die DB Cargo zu zahlen?***

2. ***28,5 t Koks sollen durch die DB Cargo über eine Entfernung von 473 km befördert werden. Wie hoch sind die Frachtkosten für einen Drehgestellwagen einschließlich Umsatzsteuer, wenn mit der Bahn ein Margenabschlag von 3 % vereinbart wurde?***

3. ***Drei 24-t-Waggons Steinkohle sollen von Bochum nach Stuttgart über 432 km transportiert werden.***
   Errechnen Sie die Bruttofracht, wenn ein Margenabschlag von 35 % vereinbart wurde.

13.3.3 Frachtberechnung in Euro je verwendete Wagenart

Geltungsbereich: für alle Güter, für die keine Vereinbarung getroffen wurde, siehe hierzu die allg. Preisliste.

Ausschlaggebend für die zu berechnende **Nettofracht** ist:

1. die Entfernung in km
2. der Wagentyp
   - Wagen mit zwei Achsen = Preistafel 1
   - Wagen mit mehr als zwei Achsen = Preistafel 2
3. die Gewichtsstufe in Tonnen

Musteraufgabe

Ein Achsenwagen (Wagen mit zwei Achsen) Altpapier im Gewicht von 18 250 kg wird von Münster nach Nürnberg über 468 km durch die DB Cargo transportiert.

Ermitteln Sie die Bruttofracht bei einem Margenabschlag von 30 %, wenn die Abrechnung nach der allg. Preisliste der DB Cargo erfolgt.

Musterlösung

1. 18250 kg = 18,25 t = 18 t
2. Frachtsatz für den verwendeten Wagen mit zwei Achsen
   lt. allg. Preisliste/Preistafel 1 = 18 t/468 km = 1 644,00 €

Abrechnung:

Fracht 18 t/468 km/Wagen mit zwei Achsen	1 644,00 €
– 30 % Marge = 493,20 € (auf volle Euro kfm. runden)	493,00 €
	1 151,00 €
+ 19 % USt	218,69 €
Bruttofracht	1 369,69 €

Lösungsschritte

1. Kfm. Rundung des Frachtgewichtes auf volle Tonnen.
   Hier: 18,25 t = 18 t
2. Ablesen des Frachtsatzes je verwendete Wagenart lt. allg. Preisliste.
   Hier: Tafel 1 = Wagen mit zwei Achsen/18 t/468 km = 1 644,00 €
3. Berücksichtigung einer eventuellen Marge, die ebenfalls kfm. auf volle Euro zu runden ist.
   Hier: 493,20 € = 493,00 €
4. Hinzurechnung der Umsatzsteuer, centgenau.

Übungsaufgaben

1. ***Zum Transport einer Sendung Altpapier im Gewicht von 44,5 t wurde abgebildeter Waggon von der Bahn gestellt.***
   Berechnen Sie die dafür zu zahlende Bruttofracht, wenn das Altpapier über eine Entfernung von 725 km zu transportieren ist.

   Großraumgüterwaggon:

   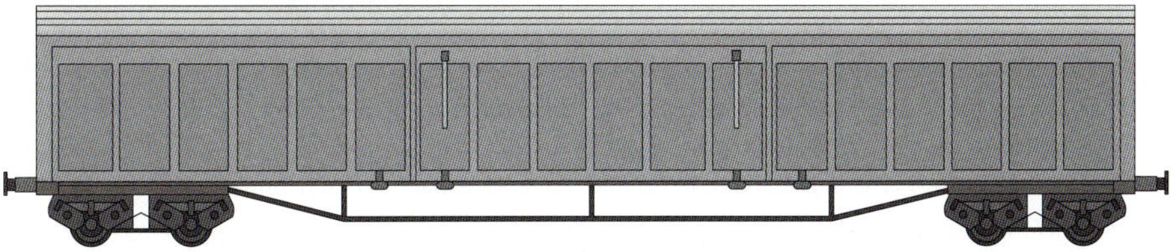

   Länge des Laderaumes 19,85 m Breite des Laderaumes 2,6 m Ladekapazität 52,2 t

2. ***Eine Wagenladung Lebensmittelkonserven im Gesamtgewicht von 19651 kg soll über eine Entfernung von 213 km von der DB Cargo in einem Achsenwagen befördert werden.***

   Ermitteln Sie die Bruttofracht, wenn die Abrechnung nach der allg. Preisliste erfolgt.

Vermischte Aufgaben zu sämtlichen Frachtberechnungsmethoden

1. ***Ein Waggon Eisenbleche im Gewicht von 22436 kg soll von Mannheim nach Bochum (375 km) auf der Schiene transportiert werden.***
   Wie viel Euro an Frachtkosten einschließlich Umsatzsteuer sind an die DB Cargo zu zahlen, wenn ein Drehgestellwagen von 25 m benötigt wird?

2. ***37250 kg Blankstahl sollen über eine Entfernung von 870 km durch die DB Cargo in einem Drehgestellwagen befördert werden.***
   Wie hoch sind die Frachtkosten einschließlich USt?

3. ***Zwei Waggons Stahlmasse sollen über eine Entfernung von 573 km durch die DB Cargo befördert werden. Das Gewicht beträgt je Waggon 28500 kg.***
   Welche Beförderungskosten einschließlich USt sind an die DB Cargo zu zahlen, wenn ein Margenabschlag von 2 % vereinbart wurde und 2 Gelenkwagen benötigt werden?

4. ***13450 kg Altpapier sollen von Heidelberg nach Aschaffenburg (Entfernung 362 km) von der DB Cargo in einem Achsenwagen befördert werden.***
   Wie viel Euro hat der Kunde einschließlich USt an die DB Cargo zu zahlen?

5. ***Stahlröhren im Gesamtgewicht von 26986 kg sollen mit der Bahn über eine Entfernung von 97 km transportiert werden.***
   Ermitteln Sie die Frachtkosten einschließlich USt, wenn nachfolgender Drehgestell-Flachwagen der Gattung S verwendet wird.

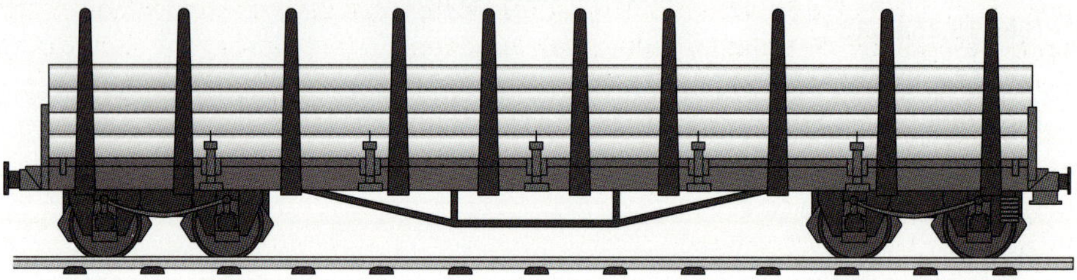

6. ***58 Tonnen Koks sollen mit zwei Gelenkwaggons von Köln nach Passau über 635 km durch die DB Cargo befördert werden. Zwischen Versender und Bahn wurde ein Margenabschlag von 40 % vereinbart.***
   Ermitteln Sie die zu zahlende Bruttofracht.

7. ***38775 kg Steinkohle werden von Dortmund nach Freiburg über eine Strecke von 625 km transportiert.***
   Wie hoch ist die Bruttofracht, wenn die DB Cargo eine Margenermäßigung von 30 % gewährt?

8. ***Verschiedene Lebensmittel im Gesamtgewicht von 30370 kg sollen von München nach Hamburg über eine Strecke von 762 km befördert werden.***
   a) ***Berechnen Sie, ob es günstiger ist, bei der DB Cargo einen Achsenwagen oder einen Gelenkwagen zu bestellen.***
   b) ***Ermitteln Sie die an die DB Cargo zu zahlende Bruttofracht, wenn eine Margenermäßigung von 12 % vereinbart wurde und die Ware mit der günstigsten Waggonart versandt werden soll.***

9. ***Eine Sendung Metallgehäuse soll von Nürnberg nach Köln über eine Entfernung von 370 km im Drehgestellwaggon (Innenmaße: 19,85 m · 2,6 m · 2,80 m) durch die DB Cargo transportiert werden.***

a) Berechnen Sie, wie viele Metallgehäuse in dem angeführten Drehgestellwaggon versandt werden können, wenn jedes Gehäuse in einem würfelförmigen Karton von 60 cm Kantenlänge verpackt ist.

b) Ermitteln Sie das Gesamtgewicht der Sendung, wenn jedes Metallgehäuse inkl. Verpackung 38,5 kg wiegt.

c) Berechnen Sie die an die DB Cargo zu zahlende Bruttofracht, wenn ein Margenabschlag von 30 % vereinbart wurde.

13.4 Entgeltberechnung im Bereich des Güterkraftverkehrs

Wie bei den übrigen Verkehrsträgern steht der Unternehmer heute mehr denn je vor der Herausforderung, in eigener Verantwortung markt- und kostengerechte Preise zu bilden, um sich für den in den kommenden Jahren zu erwartenden starken Preisdruck auf den internationalen Güterverkehrsmärkten zu rüsten.

Vor diesem Hintergrund favorisierte der Bundesverband Güterkraftverkehr Logistik und Entsorgung – kurz BGL – die Preisempfehlung mittels KALIF und KIS. Dabei handelt es sich um ein System, das die Unternehmen zur genauen Kalkulation ihrer Selbstkosten anleiten soll.

Ein gewissermaßen auf KALIF und KIS aufbauendes System der Frachtermittlung ist die im Rahmen der Kostenrechnung für jede Fahrzeugart durchgeführte Aufspaltung der Kosten in fixe Kosten (z. B. Abschreibungen, Kfz- Steuer, Kfz- Versicherung und Verwaltungskosten) und variable Kosten (z. B. Kraftstoffkosten, Reparaturen, Personalkosten des Fahrers, gesetzliche Sozialaufwendungen) an deren Ende häufig die Ermittlung von Durchschnittskosten

- pro Monat,
- pro Tag,
- pro Stunde und
- pro Kilometer Laufleistung

steht, mit deren Hilfe alsdann die Frachten ermittelt werden.

Da die Kosten und die sich daraus ergebenden Werte jedoch für jedes Unternehmen unterschiedlich sind, soll im Folgenden der Preisermittlung mittels KALIF und KIS der Vorzug gegeben werden, zumal ein nicht unerheblicher Teil der Praxis noch immer deren Berechnung, wenn auch in modifizierter Form, anwendet.

Die unter dem Kürzel „KURT“ (**K**ostenorientierte **U**nverbindliche **R**ichtpreis **T**abelle) vom ehemaligen Bundesverband Wirtschaftsverkehr und Entsorgung (BWE) herausgegebenen Richtpreise wurden zwischenzeitlich vom Bundeskartellamt als kartellrechtlich problematisch eingestuft und dürfen von Verbandsseite nicht mehr als Empfehlung ausgesprochen werden. Dennoch verwendet auch heute noch ein Großteil der Praxis das ehemalige Zahlenwerk unter dem Namen **Kostentabellen I–III** als Orientierungsgröße, wohl wissend, dass die solchermaßen ermittelten Preise nicht immer kostendeckend sind. Eine solch starke Verbreitung lässt es gerechtfertigt erscheinen, diese Methode darzustellen, da die einzelnen Unternehmen diese Tabellen auch weiterhin verwenden dürfen.

Neben den genannten Frachtberechnungsmethoden werden häufig noch Berechnungen nach Haustarifen, Einzelkalkulationen oder sonstigen Preisgestaltungen, wie z. B. die Angabe von Preisuntergrenzen pro km*, durchgeführt.

---

* *Laut einem Bericht in der DVZ vom 19.05.09 wird die Preisuntergrenze für französische Transportunternehmen mit 1,20 € pro Kilometer angegeben.*

Bei all den angeführten Preisermittlungen gilt es jedoch festzuhalten, dass sich die zugrunde liegenden Komponenten der Frachtberechnung nicht geändert haben. Als solche gelten nach wie vor:

1. Ladungsgewicht/Nutzlastgewicht
2. Entfernung
3. Einsatzzeit/Nutzungszeit
4. Rücklademöglichkeit
5. Leerfahrt-Kilometer
6. Fahrzeugart, z. B. Sattelzug

Bevor die beiden angesprochenen Berechnungsmethoden exemplarisch dargestellt werden, gilt es zunächst die seit dem 01.01.2005 eingeführte Lkw-Maut zu behandeln, zumal es sich dabei um eine weitere Kosteneinflussgröße handelt, die bei sämtlichen Verfahren zu berücksichtigen ist und noch nicht in die entsprechenden Frachttabellen eingearbeitet wurde.

13.4.1 Ermittlung der Lkw-Maut

Seit dem 01.01.2005 werden für Lkw auf den deutschen Bundesautobahnen und seit dem 01.07.2018 auch für alle Bundesstraßen Mautgebühren fällig*. Diese sind zunächst vom Transportführer zu bezahlen und zur korrekten Preisermittlung danach in die zu zahlende Fracht einzukalkulieren und i. d. R. dem Kunden zu berechnen. Ob die Maut in der Abrechnung als eigene Position ausgewiesen oder gar eine eigene Rechnung über die Maut ausgestellt wird, ist lt. Auskunft beim BGL vom Einzelfall abhängig.

Mautpflichtig ist nach dem Bundesfernstraßenmautgesetz (BFStrMG) die Benutzung deutscher Bundesautobahnen sowie sämtlicher Bundesstraßen mit Lkw und Fahrzeugkombinationen mit einem zulässigen Gesamtgewicht (zGM)** von mindestens 7,5 **Tonnen**, wobei es völlig gleichgültig ist, ob der Lkw leer oder beladen unterwegs ist. Die zu zahlende Maut orientiert sich sowohl an dem zugrunde liegenden Mautsatz als auch an den gefahrenen mautpflichtigen Kilometern.

Mautsatz

Die Mautsätze sind lt. BFStrMG u. a. abhängig von:

- der Anzahl der Achsen des Lkw oder der Fahrzeugkombination,
- den Schadstoffemissionsklassen,
- der Lautstärke des Lkw,
- Ort und Zeit
  Die Bundesregierung kann die Höhe der Maut pro Kilometer auch nach bestimmten Abschnitten von Bundesautobahnen und nach der Benutzungszeit bestimmen.

Auszugsweise Klassifizierung der Mautsätze in Cent/km ab dem 01.01.2019:

* Befreit von der Maut sind Erdgas oder elektrisch betriebene Lkw.

** zGM = zulässige Gesamtmasse, d. h. es handelt sich um die Summe aus dem Leergewicht plus der maximalen Zuladung des Fahrzeuges.

Gewichtsklassen / Schadstoffklassen	7,5 – 12 t zGM	12 – 18 t zGM	Mehr als 18 t zGM	
			bis 3 Achsen	4 Achsen und mehr
EURO 6	9,3	12,8	17,3	18,7
EURO 5	10,4	13,9	18,4	19,8
–				
–				
EURO 0/1	16,7	20,2	24,7	26,1

Vgl.: Toll Collect: Maut-Tarife unter www.toll-collect.de/de/toll_collect/bezahlen/maut_tarife/maut_tarife.html.

Häufig fasst man diese unterschiedlichen Mautsätze zu einem durchschnittlichen Mautsatz zusammen mit dem der Kunde belastet wird. Dieser Mautsatz wurde lt. diverser Untersuchungen unabhängig von der Gewichts- und Schadstoffklasse mit 0,163 Euro-Cent* je mautpflichtiger Kilometer ermittelt.

Hinweis: Für nachfolgende Aufgaben rechnen wir exemplarisch mit einem durchschnittlichen Mautsatz von 16,3 Euro-Cent pro mautpflichtigem Kilometer.

Mautpflichtige Kilometer

Die gefahrenen mautpflichtigen Kilometer lassen sich im Internet unter www.mauttabellen.de ermitteln. Dort ist das komplette mautpflichtige Straßennetz hinterlegt. Ein weiteres einfaches Verfahren zur Feststellung der mautpflichtigen, jedoch lediglich auf Bundesautobahnen gefahrenen Kilometer, stellt das Ablesen anhand einer Tabelle dar. Dies soll im Folgenden näher dargestellt werden. In der sogenannten Maut-Tabelle werden dabei sowohl die gefahrenen als auch die mautpflichtigen Kilometer für den Transport angegeben, wobei unterstellt wird, dass zwischen beiden Orten die maximalen Autobahnkilometer gefahren werden. Benötigt werden hierzu lediglich die ersten drei Zahlen der Postleitzahlen des Ausgangsortes sowie des Empfangsortes.

Auszug der im HUSS-Verlag erschienenen Maut-Tabelle für gefahrene Autobahnkilometer (vgl. S. 215):

Ausgangsort	PLZ 010..**	nach:
Empfangsort PLZ	gefahrene km	mautpflichtige km
780..	602	588
790..	684	664
850..	388	369
960..	285	269

Ausgangsort	PLZ 011..	nach:
080..	117	104
180..	401	311
200..	491	478
330..	469	427
490..	499	484
520..	645	622

* *Als durchschnittliche Mauthöhe für das Jahr 2017 ermittelte das Wegekostengutachten der Bundesregierung 13,7 Cent je Lkw-Fahrkilometer auf Bundesautobahnen.*

** *Beachte: Bei den PLZ interessieren lediglich die ersten drei Ziffern.*

Mautberechnung

Zur Mautberechnung müssen nun in einem weiteren Schritt die mautpflichtigen Kilometer mit dem jeweils zutreffenden Mautsatz multipliziert werden.

Merke

Mautbetrag = mautpflichtige km · Mautsatz

Hierzu stellt z. B. die SVG im Internet unter www.bundesstraßenmaut.de die Bundesstraßenmautberechnung mit ihrer SVG Mautex zur Verfügung.

Hinweis: Für die nachfolgenden Aufgaben liegt jedoch bei der Ermittlung der Maut ausschließlich der durchschnittliche Mautsatz von 16,3 Euro-Cent zugrunde.

Musteraufgabe

Ein Lkw transportiert zwischen 01067 Dresden und 79098 Freiburg Motoren im Gewicht von 22,8 t.

Ermitteln Sie

a) die mautpflichtigen Autobahnkilometer sowie

b) die sich dadurch ergebende Maut.

Musterlösung

a) Ausgangsort = 01067 Dresden = PLZ 010..
Empfangsort = 79098 Freiburg = PLZ 790..
Zwischen beiden Städten ergibt sich eine Entfernung von 684 km, wovon 664 km mautpflichtig sind.

b) Zur Berechnung der zu zahlenden Maut benötigt man jetzt nur noch den entsprechenden km-Satz, der wie angegeben durchschnittlich 16,3 Cent beträgt.
An Maut ergibt sich somit:
Maut = 664 km · 0,163 €/km
Maut = 108,23 €

Lösungsschritte

1. Ablesen der mautpflichtigen Autobahnkilometer aus der entsprechenden Tabelle.
2. Festlegung des zutreffenden Kilometersatzes,
   hier: 16,3 Euro-Cent.
3. Berechnung der zu zahlenden Maut durch Multiplikation der mautpflichtigen km mit dem zutreffenden Mautsatz,
   hier: 664 km · 0,163 €/km.

Tipp

Zur Weiterberechnung der Maut durch die Auftraggeber haben sich in der Praxis bisher drei unterschiedliche Verfahren herausgebildet:

1. *Die Auftraggeber erhalten neben der Frachtrechnung eine gesonderte Rechnung, in der die Maut ohne Umsatzsteuer in Rechnung gestellt wird.*
2. *Die Maut wird in die Kalkulation der Fracht aufgenommen, dort als eigenständige Position aufgeführt, ist jedoch in der Abrechnung an den Auftraggeber i. d. R. nicht erkennbar.*
3. *Die Maut wird mit dem Kilometersatz verrechnet.*

Exemplarisch sollen bei den nachfolgenden Aufgaben alle drei Verfahren dargestellt werden.

Übungsaufgaben

1. ***Ermitteln Sie***
   a) die mautpflichtigen Autobahnkilometer bei Fahrten zwischen den unten angegebenen Versand und Empfangsorten,
   b) die zu entrichtenden Mautgebühren.

Ausgangsort und	Empfangsort	mautpflichtige km	Maut in Euro
01067 Dresden	85049 Ingolstadt	?	?
	78098 Triberg	?	?
	96047 Bamberg	?	?
01187 Dresden	18055 Rostock	?	?
	33098 Paderborn	?	?
	20095 Hamburg	?	?
	52062 Aachen	?	?

2. ***Eine Ladung Lebensmittelkonserven im Gewicht von 18000 kg wird von unserem in unmittelbarer Autobahnnähe gelegenem Lager von 01187 Dresden in einem Sattelfahrzeug nach 49074 Osnabrück befördert.***
   Ermitteln Sie die zu zahlende Lkw-Maut, bei einem Mautsatz von 0,163 € pro km.

3. ***19,7 t Papier sollen von 01067 Dresden nach 85072 Eichstätt transportiert werden. Errechnen Sie die Mautgebühren, wenn von einem durchschnittlichen Mautsatz von 0,163 € pro km ausgegangen werden kann und neben der maximalen Autobahnnutzung ausschließlich mautfreie Straßen befahren werden.***

13.4.2 Frachtberechnung mithilfe der Kostentabellen

Wie dem Vorwort zum „KURT 98“ des ehemaligen Bundesverbandes Wirtschaft und Entsorgung e. V. zu entnehmen war, sollten die Richtpreis-Tabellen

- den Unternehmen des Güterkraftverkehrs den Übergang zur eigenverantwortlichen Preisbildung erleichtern,
- die Fähigkeit zur kosten- und marktorientierten Preisbildung stärken und
- Richtwerte zur Verbesserung des eigenen Preisbewusstseins geben.

Um diesen Zielsetzungen und den damit verbundenen Anforderungen der Praxis gerecht zu werden, wurden drei Abrechnungssysteme entwickelt, die in den nachfolgend dargestellten Kostentabellen I–III ihren Niederschlag fanden.

Kostentabelle I
= Tages- und Kilometersätze

Kostentabelle II
= Stundensätze

Kostentabelle III
= Leistungssätze

Tipp

Die mithilfe der Kostentabellen ermittelten Frachtsätze sind lediglich Richtwerte, die je nach Kosten- und Marktsituation über- bzw. unterschritten werden können.

Fracht

Bei den in den einzelnen Kostentabellen angegebenen Preisen handelt es sich um unverbindliche Richtsätze, die noch keine Umsatzsteuer enthalten.

Gewicht

Als Mindestgewicht werden 3 Tonnen zugrunde gelegt.

13.4.2.1 Kostentabelle I – Tages- und Kilometersätze

Die für die Tages- und Kilometersätze zuständige Tafel I ist für die Beförderung im innerdeutschen Güterkraftverkehr bestimmt und eignet sich vor allem für Einsätze mit langen Standzeiten, wobei zusätzlich pro Stunde i. d. R. mehr als 10 km gefahren werden.

Fracht

Die Fracht nach der Kostentabelle I setzt sich aus den beiden Komponenten
- Tagessatz und
- Kilometersatz

zusammen.

1. Tagessätze

   Diese sind abhängig von:

   - der **Nutzlast** des Lkw in Tonnen
     - diese wirkt sich direkt auf die zu verrechnenden Tages- und Kilometersätze aus;
     - in der angegebenen Tabelle I sind die Frachtsätze bis zu einer Nutzlast von 29 t angegeben;
   - der **Beschäftigungszeit**
     - als Mindestzeit werden 3 Stunden berechnet;

       Frachtsatz = 3 Stunden · 1/8 Tagessatz

     - zwischen 3 und 6 Stunden dürfen angebrochene Stunden auf volle Stunden aufgerundet werden;

       Frachtsatz = Stunden · 1/8 Tagessatz

     - zwischen 6 und 8 Stunden wird der volle Tagessatz berechnet;

       Frachtsatz = Tagessatz

– ab 8 Stunden dürfen angebrochene Stunden auf volle Stunden aufgerundet werden. Ist dies der Fall, so erhöht sich der Tagessatz je weitere Stunde um 1/8 Tagessatz.

Frachtsatz = Tagessatz + Stunden · 1/8 Tagessatz

2. Kilometersätze

Grundlage hierfür ist die **Entfernung**.

- Zur Ermittlung des Kilometersatzes sind die gefahrenen Kilometer (Last- und Leerkilometer) mit einem entsprechenden, von der Nutzlast des Lkw abhängigen Satz zu multiplizieren.

Merke

	berechneter Tagessatz	*(1)*
+	*Kilometersatz*	*(2)*
	Frachtbetrag	

Gewicht

Das Ladungsgewicht ist bei vorliegender Tabelle nicht zu beachten. Wichtig ist lediglich die **Nutzlast** des Lkw.

Musteraufgabe 1

Ein 14-t-Lkw wird auf einer Strecke von 85 km 8 Stunden eingesetzt.

Wie hoch ist die Fracht einschließlich USt für diesen Einsatz, wenn der Lkw ausschließlich Landstraßen benutzte?

Musterlösung 1

	Tagessatz für 14 t (Tafel I)	341,62 €
+	Kilometersatz für 14 t – 0,50 € · 85 km	42,50 €
		384,12 €
+	19 % USt	72,98 €
=	Frachtbetrag	457,10 €

Lösungsschritte 1

1. Ablesen des Tagessatzes in Tafel I, Spalte 2 bis 14 t.
   Hier: 341,62 €
2. Berechnung des Kilometersatzes; Ablesen des km-Satzes der entsprechenden Nutzlast und Multiplikation des Wertes mit den gefahrenen Kilometern.
   Hier: 0,50 € · 85 km = 42,50 €
3. Berechnung der Umsatzsteuer, centgenau.

Musteraufgabe 2

Ein 16-t-Lkw ist 4 1/2 Stunden im Einsatz. Die dabei zurückgelegte Strecke beträgt 62 km, wovon 25 km auf mautpflichtigen Autobahnabschnitten gefahren wurden.
Wie hoch ist der dafür zu zahlende Frachtbetrag, wenn ein Margenabschlag von 6 % vereinbart wurde und der durchschnittliche Mautsatz 0,163 € pro km beträgt?

Musterlösung 2

	1/8 Tagessatz/16 t = 43,30 € · 5 Stunden	216,50 €
+	Kilometersatz/16 t = 0,54 € · 62 km	33,48 €
		249,98 €
–	6 % Margenabschlag von 249,98 €	15,00 €
		234,98 €
+	Maut 0,163 € · 25 km	4,08 €
		239,06 €
+	19 % USt	45,42 €
=	Frachtbetrag	284,48 €

Lösungsschritte 2

1. Ablesen des 1/8 Tagessatzes in Tafel I, Spalte „Nutzlast in t“ bei 16 t.
   Hier: 43,30 €
2. Multiplikation des ermittelten 1/8 Tagessatzes mit der benötigten Zeit.
   Hier: 43,30 € · 5 Stunden = 216,50 €
3. Berechnung des Kilometersatzes; Ablesen des km-Satzes der entsprechenden Nutzlast und Multiplikation des Wertes mit den gefahrenen Kilometern.
   Hier: 0,54 € · 62 km = 33,48 €
4. Berechnung der Marge aus dem Frachtbetrag ohne Umsatzsteuer auf volle Cent genau.
5. Ermittlung der Maut falls erforderlich (Lkw ≥ 12 t, mautpflichtige Strecke)
6. Berechnung der Umsatzsteuer, centgenau.

Übungsaufgaben

1. ***Ein 18-t-Lkw ist 7 Stunden im Einsatz. Die auf Landstraßen gefahrene Strecke beträgt 95 km.***
   Wie hoch ist der zu zahlende Rechnungsbetrag?

2. ***Über eine Entfernung von 125 km wird ein 12-t-Lkw 6 Stunden und 20 Minuten eingesetzt. Wie hoch ist die zu zahlende Fracht einschließlich USt, wenn er ausschließlich Landstraßen benutzt?***

3. ***Ein 8-t-Lkw fährt 7 Stunden 45 Minuten über eine Strecke von 87 km auf nicht mautpflichtigen Straßen.***
   Berechnen Sie den Rechnungsbetrag, wenn ein Margenabschlag von 15 % vereinbart wurde.

4. ***Über eine Entfernung von 35 km wird ein 6-t-Lkw 2 Stunden 10 Minuten eingesetzt. Berechnen Sie die Fracht einschließlich USt.***

5. ***Ein 10-t-Lkw ist 6 1/2 Stunden auf Landstraßen unterwegs. Die gefahrene Strecke beträgt 170 km.***
Wie hoch ist die Fracht einschließlich Umsatzsteuer, wenn ein Margenabschlag von 6 % vereinbart wurde?

6. ***Ein 24-t-Lkw war 9 Stunden unterwegs. Die dabei zurückgelegte Strecke betrug insgesamt 295 km, davon 120 km auf mautpflichtigen Straßen.***
Ermitteln Sie den zu zahlenden Rechnungsbetrag, wenn der Mautsatz 0,163 €/km beträgt.

7. ***Über 228 km wurde ein 8-t-Lkw 6 1/4 Stunden eingesetzt.***
Ermitteln Sie den zu zahlenden Rechnungsbetrag, wenn ein Margenabschlag von 5 % vereinbart wurde und keine mautpflichtige Straßen gefahren wurden.

8. ***Ein 12-t-Lkw war 8 1/4 Stunden im Einsatz. Die dabei gefahrene Strecke betrug 195 km. Wie hoch ist die dafür zu entrichtende Bruttofracht, wenn für insgesamt 42 km Maut zu zahlen war? (Mautsatz = 0,163 €/km).***

13.4.2.2 Kostentabelle II – Stundensätze

In Tafel II sind die Stundensätze, die je Einsatzstunde berechnet werden dürfen, enthalten. Sie eignet sich besonders für Einsätze mit geringer Fahrleistung, d. h. wenn
a) die Ø-Fahrleistung 10 km je Einsatzstunde nicht überschreitet oder
b) keine km-Angaben gemacht werden.

Hinsichtlich der **Nutzlast** ist Tafel II mit Tafel I kombiniert.

Fracht

Ausschlaggebend für die Höhe der zu zahlenden Fracht sind:

- die **Nutzlast** des Lkw in Tonnen
  – diese wirkt sich wie bei Tafel I direkt auf die zu verrechnenden Stundensätze aus;
- die **Beschäftigungszeit**
  – als Mindestzeit werden 3 Stunden berechnet;
  – angebrochene Stunden dürfen auf volle Stunden aufgerundet werden.

Merke

Frachtbetrag = Stundensatz · Beschäftigungszeit

Gewicht

Wie bei der Preisberechnung nach Tabelle I ist auch hier lediglich die **Nutzlast** des Lkw von Bedeutung.

Musteraufgabe

Ein 15-t-Lkw wird 6 Stunden eingesetzt.

Wie hoch ist die zu zahlende Fracht einschließlich Umsatzsteuer, wenn ausschließlich Landstraßen befahren wurden?

Musterlösung

	Stundensatz für 15 t (Tafel II) 48,21 € · 6 Stunden	289,26 €
+	19 % USt	54,96 €
=	Frachtbetrag	344,22 €

Lösungsschritte 2

1. Ablesen des Stundensatzes in Tafel II für die entsprechende Nutzlast.
   Hier: 48,21 €
2. Berechnung der Fracht durch Mulitplikation des ermittelten Stundensatzes mit der benötigten Zeit.
   Hier: 48,21 € · 6 Stunden = 289,26 €
3. Hinzurechnung der Umsatzsteuer, centgenau.

Merke

Tafel II findet immer dann Anwendung, wenn
a) pro Stunde weniger als 10 km gefahren oder
b) keine km-Angaben gemacht werden.

Übungsaufgaben

1. **Ein 12-t-Lkw ist 8 Stunden im Einsatz und legt dabei auf Landstraßen eine Strecke von 65 km zurück.
   Welcher Frachtbetrag muss dafür einschließlich USt entrichtet werden?**
2. **Ein 8-t-Lkw erledigt einen Auftrag in 2 Stunden 10 Minuten.
   Wie hoch ist der zu zahlende Rechnungsbetrag, wenn ein Margenzuschlag von 6 % vereinbart wurde und der LKW ausschließlich innerorts unterwegs war?**
3. **Ein 6-t-Lkw wird für 8 Stunden 45 Minuten eingesetzt.
   Wie viel Euro beträgt der Frachtbetrag einschließlich Umsatzsteuer?**
4. **Für die Dauer von 10 Stunden wird ein 15-t-Lkw eingesetzt. Dabei wurde ein Margenabschlag von 20 % vereinbart.
   Ermitteln Sie die Fracht für diesen Auftrag einschließlich Umsatzsteuer, wenn insgesamt für 65 km Maut zu zahlen war und diese dem Kunden in Rechnung gestellt wird. (Mautsatz 0,163 €/km)**
5. **Ein 5-t-Lkw wurde für einen Auftrag 1 Stunden 50 Minuten eingesetzt.
   Wie hoch ist der Rechnungsbetrag?**

6. ***Für die Dauer von 6 3/4 Stunden wurde ein 12-t-Lkw eingesetzt. Vereinbart wurde ein Margenabschlag von 15 %.***
Wie hoch ist der zu zahlende Betrag einschließlich Umsatzsteuer, wenn keine Maut zu berücksichtigen ist?

7. ***Ein 24-t-Lkw ist 7,5 Stunden im Einsatz, wobei die zurückgelegte Strecke 68 km beträgt. Berechnen Sie die zu zahlende Bruttofracht, wenn ein Margenabschlag von 5 % vereinbart wurde und insgesamt 25 mautpflichtige Kilometer gefahren wurden (Mautsatz 0,163 €/km).***

13.4.2.3 Kostentabelle III – Leistungssätze

Tafel III enthält die Leistungssätze, die nach der Entfernung, die der Lkw bei jeder Fahrt beladen zurücklegt, sowie nach dem **Ladungsgewicht** berechnet werden.

Die Berechnung nach der Kostentabelle III eignet sich daher besonders für Transporte mit hoher Fahrleistung und geringen Stehzeiten, d. h. für alle Aufträge, bei denen der Unternehmer die Abwicklung des Transportes mitgestalten kann.

Mit den Leistungssätzen der Kostentabelle III ist bei Lastentfernungen bis 300 km die Leerfahrt abgegolten.

Fracht

Die Fracht hängt ab von:

- dem **Ladungsgewicht**
  - darunter versteht man das tatsächliche Gewicht der Sendung;
  - das tatsächliche Gewicht kann auf volle 100 kg **auf**gerundet werden.

Tipp

Liegt das maßgebliche Gewicht zwischen zwei Gewichtsstufen, so kann das Gewicht zur nächsten vollen Tonne aufgerundet werden, wenn sich dadurch eine niedrigere Fracht ergibt (alternative Frachtberechnung).

- der **Entfernung**
  - der Berechnung werden lediglich die Lastkilometer zwischen Be- und Entladestelle zugrunde gelegt.

Merke

Frachtbetrag = Leistungssätze in Euro lt. Tabelle III · Gewicht der Sendung

Gewicht

Der Berechnung wird nicht die Nutzlast des Lkw, sondern das **Ladungsgewicht** (tatsächliches Gewicht der Sendung) zugrunde gelegt.

Musteraufgabe

Auf einer Strecke von 197 km befördert ein Lkw 5 650 kg Maschinenteile.
Wie hoch ist das zu zahlende Entgelt, wenn der Lkw auf dem Rückweg leer fährt?

Musterlösung

Alternative Frachtberechnung

Bei dieser Vorgehensweise werden zwei Berechnungen alternativ durchgeführt:

1. 5-t-Satz: 5 650 kg = 5 700 kg = 5,7 t = tatsächliches Gewicht
   Fracht 5-t-Satz/200 km = 87,33 € · 5,7 t = **497,78 €**

2. 6-t-Satz: 5 650 kg = 6 000 kg = 6 t = Frachtberechnungsmindestgewicht
   Fracht 6-t-Satz/200 km = 74,64 € · 6 t = **447,84 €**

Ergebnis: Trotz des höheren Frachtberechnungsmindestgewichtes ist die Abrechnung zum 6-t-Satz infolge der niedrigeren Frachtrate günstiger.

Abrechnung:

	Fracht 6-t-Satz/200 km = 74,64 € · 6 t =	447,84 €
+	19 % USt	85,09 €
=	Frachtbetrag	532,93 €

Lösungsschritte

1. Aufrunden des Frachtgewichtes auf volle 100 kg.
2. Alternative Frachtberechnung für die zugrunde liegende niedrigere und höhere Gewichtsklasse durchführen.
   Hier: 5-t-Satz und 6-t-Satz
3. Ablesen der Leistungssätze in Euro je Tonne.
   a) waagerecht: entsprechende Gewichtsklassen,
      Hier: 5-t und 6-t
   b) senkrecht: 197 km = 200 km
      Schnittpunkt: 5-t/200 km = 87,33 € je Tonne
      6-t/200 km = 74,64 € je Tonne
4. Errechnung der jeweiligen Fracht.
   Hier: 497,78 € bzw. 447,84 €
5. Frachtberechnung mit dem günstigeren Ergebnis.
6. Hinzurechnung der Umsatzsteuer, centgenau.

Übungsaufgaben

1. ***Ein Lkw befördert 13200 kg Lebensmittel über eine Entfernung von 272 km.
   Wie hoch ist der Rechnungsbetrag, wenn eine Frachtermäßigung von 15 % vereinbart wurde und 200 km auf mautpflichtigen Straßen gefahren wurden?
   (durchschnittlicher Mautsatz 0,163 €/km)***

2. ***Ein Lkw befördert auf der Strecke Mannheim – Hockenheim (32 km) 8 150 kg Milchprodukte. Der leer zurückgelegte Heimweg betrug 25 km.
   Wie hoch ist die Fracht einschließlich Umsatzsteuer, wenn keine mautpflichtigen Straßen befahren wurden?***

3. ***Über eine Strecke von 378 km, davon 310 km mautpflichtig, befördert ein Lkw 13,5 t Kleineisenteile. Dafür wird ein Margenabschlag von 8 % vereinbart. Wie viel Euro beträgt das zu zahlende Entgelt einschließlich Umsatzsteuer, wenn der durchschnittliche Mautsatz 0,163 €/km beträgt?***

4. ***Im Bereich Mannheim – Darmstadt (48 km) transportiert ein Lkw 10 370 kg Maschinenteile. Der Rückweg (42 km) erfolgt leer. Wie hoch ist der dafür zu zahlende Rechnungsbetrag, wenn keine Maut zu berücksichtigen ist?***

5. ***Auf einer nicht mautpflichtigen Strecke von 218 km befördert ein Lkw 8,5 t Papier. Wie hoch ist das zu zahlende Entgelt, wenn er den Rückweg leer fährt?***

6. ***Ein Fahrzeug befördert 11 875 kg Kupferdrähte über eine Entfernung von 87 km. Dabei wird eine Frachtermäßigung von 15 % vereinbart. Wie viel Euro beträgt das zu zahlende Entgelt, wenn der LKW nur Land- und Ortsstraßen befährt?***

Zusammenfassung zur Frachtberechnung

Um sofort herauszufinden, welche Kostentabelle zur Frachtberechnung anzuwenden ist, ist Folgendes zu beachten:

Anwendung der Kostentafel ...	bei Angabe der ...
Tabelle I	▪ Nutzlast des Lkw ▪ Entfernung ▪ benötigten Stundenzahl
Tabelle II	▪ Nutzlast des Lkw ▪ Entfernung ▪ benötigten Stundenzahl ▪ Beachte: Tafel II findet jedoch nur dann Anwendung, wenn pro Stunde weniger als 10 km gefahren werden.
Tabelle III	▪ Gewicht der Ladung ▪ Entfernung; meist in Form von Last- und Leerkilometern

Vermischte Aufgaben zur Entgeldberechnung im Güterverkehr

1. ***Wie hoch ist das zu entrichtende Entgelt inkl. USt, wenn ein 10-t-Lkw 7 Stunden im Einsatz ist, dabei 478 km zurücklegt und keine Maut zu berücksichtigen ist?***

2. ***Auf einer Strecke von 83 km befördert ein Lkw innerorts 7 358 kg Düngemittel. Wie viel Euro beträgt die Fracht einschließlich USt?***

3. ***Ein 14-t-Lkw transportiert auf einer Strecke von 67 km Gussteile. Berechnen Sie die Fracht einschließlich USt aber ohne Maut, wenn der Lkw 7,5 Stunden im Einsatz ist.***

4. ***Ein Lkw befördert auf einer ausschließlich auf Landstraßen zurückgelegten Strecke von 282 km 9 415 kg Fracht. Wie hoch ist die Fracht einschließlich USt, wenn er den Rückweg von 79 km leer fährt?***

5. ***Auf einer Strecke von 199 km befördert ein 7-t-LKW 6 300 kg Maschinenteile. Berechnen Sie die zu zahlende Gesamtfracht.***

6. ***Über eine Entfernung von 35 km war ein 6-t-Lkw 2 Stunden 10 Minuten im Einsatz. Wie viel Euro beträgt die Fracht einschließlich USt?***

7. **Ein 24-t-Lkw war 9 Stunden unterwegs. Die dabei zurückgelegte Strecke betrug laut Tacho 475 km, wovon 340 km mautpflichtig waren.**
   Wie hoch ist die dafür zu entrichtende Gesamtfracht, wenn der Mautsatz 0,163 €/km beträgt?

8. **Über eine Strecke von 84 km beförderte ein 7-t-Lkw Kunststoffgranulat in 8 Stunden 45 Minuten.**
   Wie hoch ist die dafür zu zahlende Fracht einschließlich USt?

9. **Ein 14-t-Lkw ist 6 1/2 Stunden im Einsatz.**
   Berechnen Sie die Bruttofracht, wenn die dabei ausschließlich auf nicht mautpflichtigen Straßen zurückgelegte Strecke
   a) 58 km,
   b) 192 km beträgt.

Prüfungsaufgaben

Tipp

Zur Lösung nachfolgender Aufgaben werden sowohl die Mauttabelle als auch die Entfernungstabelle vom Buchende benötigt.

1. **Ein 22-t-Lkw ist von 07:45 bis 13:30 Uhr unterwegs. Die Fahrtstrecke beträgt 125 km, wovon 80 % mautpflichtig sind. Aufgrund verschmutzter Ladung wurde ein Margenaufschlag von 7,5 % vereinbart.**
   Ermitteln Sie die Bruttofracht, wenn die Maut vereinbarungsgemäß auf den Kunden überwälzt wird.

2. **Eine Ladung Ersatzteile wird in einem 38-t-Gliederzug von Berlin nach Stuttgart in 9 Stunden transportiert.**
   Berechnen Sie die Bruttofracht, wenn ein Margenabschlag von 20 % vereinbart wurde und der Kunde eine Übernahme der entstandenen Maut ablehnt.

3. **Die Spedition Mario Kajmer OHG befördert mit ihrem 18-t-Lkw eine Ladung Drahtrollen von Mannheim nach Frankfurt auf nicht mautpflichtigen Straßen.**
   Ermitteln Sie die Bruttofracht, wenn der Lkw von 07:30 bis 16:45 Uhr unterwegs war und ein Margenabschlag von 8 % vereinbart wurde.

4. **Errechnen Sie die Bruttofracht inkl. der Maut, die einem Kunden für einen 24-t-Sattelzug zum Transport von Papierrollen von 68217 Mannheim nach 83024 Rosenheim in Rechnung gestellt wird, wenn aus Termingründen eine optimale Autobahnnutzung angestrebt wurde und der Lkw 6 Stunden 20 Min. unterwegs war.**

5. **18425 kg Kunststoffgranulat werden von Erfurt nach München befördert.**
   Ermitteln Sie die zu zahlende Bruttofracht, wenn 85 % der zurückgelegten Strecke mautpflichtig sind und die Maut dem Versender in Rechnung gestellt wird. Als Besonderheit des Transportvertrages wurde eine Margenermäßigung von 16 2/3 % vereinbart.

6. **Von den Stahlwerken Saarland AG, Saarbrücken, werden 23870 kg Drahtrollen zur Drahtgroßhandlung Morast GmbH nach Mannheim transportiert.**
   Da die Ware nicht so dringend benötigt wird, entschließt sich die Versandabteilung der Stahlwerke den Transport kostengünstig, d. h. über nicht mautpflichtige Straßen zu befördern.
   Berechnen Sie die dafür anfallende Bruttofracht, wenn ein Margenabschlag von 12 % vereinbart wurde.

13.4.3 Frachtberechnung mit den Kalkulationshilfen KALIF und KIS

Nach der Abschaffung der Tarifordnung stellte der BGL seinen Mitgliedern für die Kalkulation der Frachten im Güterkraftverkehr die beiden auf Kostenbasis ausgerichteten Kalkulationshilfen

- KALIF und
- KIS

zur Verfügung.

- KALIF
  Bei den **KAL**KULATIONSHILFEN **I**M GÜTER**F**ERNVERKEHR (**KALIF**) handelt es sich um ein Software-Programm, das die Kalkulation von Transportaufträgen erleichtern soll.
  Nach der Eingabe der entsprechenden Eckdaten eines Auftrages wie z. B. Lade- und Entladestellen werden die Selbstkosten auf der Basis der diesem Programm zugrunde liegenden Kalkulationshilfen des KIS ermittelt. Darüber hinaus ermöglicht dieses System zu überprüfen, inwieweit ein vom Auftraggeber gebotener Preis kostendeckend ist.
- KIS
  Das **K**OSTEN **I**NFORMATIONS **S**YSTEM (**KIS**) stellt den Transportführern zur Preisermittlung für verschiedene Fahrzeugkombinationen und Aufbauten Kalkulationshilfen in Form von jährlich aktualisierten Durchschnittswerten zuletzt im Oktober 2016 zur Verfügung, die nach folgendem Schema aufgebaut sind:

Ausführliches Schema zur Frachtermittlung laut KIS

- Fahrzeugeinsatzkosten pro km
- Fahrzeugvorhaltekosten pro
  a) Produktivtag (= 12 Stunden)
  b) 1/2 Produktivtag (= 6 Stunden)
  c) 1/4 Produktivtag (= 3 Stunden)
  d) Produktivstunde (= 1 Stunden)
- Fahrereinsatzkosten pro Einsatzstunde
- Fahrerspesen pro Einsatzstunde

Merke

Bei von den Tagessätzen abweichenden Stunden sollte die Abrechnung immer nach dem Produktivstundensatz erfolgen.

Neben diesen Durchschnittswerten, die die aktuelle Kostenstruktur im Transportgewerbe wiedergeben sollen, sind als Prozentzuschlag die Verwaltungskosten, kalkulatorische Wagnisse sowie die kalkulatorische Eigenkapitalverzinsung zu berücksichtigen.

Exemplarische Kalkulationssätze für ein Sattelkraftfahrzeug mit einer angenommenen Gesamtfahrleistung von 130 000 km/Jahr

Aufbauart: Normalaufbau – Offener Kasten mit Plane und Spriegel Anzahl Achsen: 2 + 3 Gesamtgewicht: 40 t	Durchschnittswert
Kalkulationssätze in Euro	**€**
Fahrzeugeinsatzkosten pro Lastkilometer – km-Satz Fahrzeug –	0,59
Fahrzeugvorhaltekosten pro Produktivtag – Tagessatz Fahrzeug –	118,48
Fahrzeugvorhaltekosten pro 1/2 Produktivtag – 1/2-Tagessatz Fahrzeug –	59,24
Fahrzeugvorhaltekosten pro 1/4 Produktivtag – 1/4-Tagessatz Fahrzeug –	29,62
Fahrzeugvorhaltekosten pro Produktivstunde – Stundensatz Fahrzeug –	9,87
Fahrereinsatzkosten pro Produktivstunde – Stundensatz Fahrer –	21,90
durchschnittliche Fahrerspesen pro Produktivstunde – durchschnittlicher Stundensatz Fahrerspesen –	2,43
Zuschlagssätze in Prozent	**Prozent**
Verwaltungskosten	18,30
kalkulatorische Wagnisse	1,70
kalkulatorische Eigenkapitalverzinsung	2,70

Vereinfachtes Kalkulationsschema

Hierbei fasst man außer den Fahrzeugeinsatzkosten pro Lastkilometer sämtliche übrige Kostenarten inkl. Verwaltungskosten und kalk. Zinsen zu einem Satz pro Produktivstunde zusammen.

Vereinfachte Kalkulationssätze Sattelkraftfahrzeug

Aufbauart: Normalaufbau – Offener Kasten mit Plane und Spriegel Anzahl Achsen: 2 + 3 Gesamtgewicht: 40 t	Durchschnittswert
Tourenbezogener Gesamtdeckungsbedarf	**€**
– pro Lastkilometer*	0,59
plus – pro Produktivstunde*	47,92

* *Beträge enthalten keinen kalkulatorischen Gewinn.*

2018 kalkulierte eine große deutsche Spedition bei einer angenommenen Laufleistung ihres Sattelzuges von 120 000 km mit einem Produktivstundensatz von 46,26 € sowie einem Kilometersatz Laufleistung von 1,11 €.

Musteraufgabe

Im Güterverkehr befördert ein Sattelzug zwischen Saarbrücken und Dortmund über 364 km, davon 298 km mautpflichtig, 24 t Stahlrohre.

a) Wie viel Euro beträgt die dem Kunden in Rechnung gestellte Bruttofracht, wenn der Transportführer mit 1/2 Tagessatz, 6 Fahrerstunden und einem Mautsatz von 0,163 €/km kalkuliert und darüber hinaus einen Gewinn von 8 % erzielen will?

b) Wie hoch wäre die Gesamtfracht, wenn man das vereinfachte Kalkulationsschema zugrunde legen würde?

Musterlösung a)

Fahrzeugeinsatzkosten	364 km · 0,59 €	=	214,76 €
Fahrzeugvorhaltekosten	1/2 Tagessatz	=	59,24 €
Fahrereinsatz	6 Stunden · 21,90 €	=	131,40 €
Fahrerspesen	6 Stunden · 2,43 €	=	14,58 €
		=	419,98 €
+ Verwaltungskosten	18,3 %	=	76,86 €
+ kalk. Wagnisse	1,7 %	=	7,14 €
+ kalk. Zinsen	2,7 %	=	11,34 €
		=	515,32 €
+ Maut	0,163 € · 298 km	=	48,57 €
Selbstkosten		=	563,89 €
+ Gewinn	8 %	=	45,11 €
Nettofracht		=	609,00 €
+ 19 % USt		=	115,71 €
Bruttofracht		=	724,71 €

Musterlösung b)

Fahrzeugeinsatzkosten	364 km · 0,59 €/km	=	214,76 €
sonstige Produktivkosten	6 Stunden · 47,92 €/Stunden	=	287,52 €
		=	502,28 €
+ Maut	0,163 € · 298 km	=	48,57 €
Selbstkosten		=	550,85 €
+ Gewinn	8 %	=	44,07 €
Nettofracht		=	594,92 €
+ 19 % USt		=	113,03 €
Bruttofracht		=	707,95 €

Lösungsschritte a) und b)

1. Auswahl der erforderlichen Fahrzeugkombination bzw. des notwendigen Aufbaus. Hier: Sattelzug
2. Überlegung, welches Kalkulationsschema angewandt werden soll.
3. Heraussuchen der entsprechenden KIS-Kalkulationswerte.
4. Aufbau des Kalkulationsschemas unter Beachtung der Mautgebühren und Errechnung der Bruttofracht.

Übungsaufgaben

1. *24 300 kg Ersatzteile sollen von Stuttgart nach Erfurt über 455 km mit einem Sattelzug transportiert werden. Die dabei zurückgelegte mautpflichtige Strecke beträgt 378 km. Zu welcher Bruttofracht kann der Transport angeboten werden, wenn der Transportführer mit einem ganzen Tagessatz und 8 Fahrerstunden auf Basis des „KIS“ kalkuliert, der anzusetzende Mautsatz 0,163 €/km beträgt und überdies 12 % Gewinn erzielen will?*

2. *Im Güterkraftverkehr sollen 25 t Konserven über eine Entfernung von 638 km, davon 570 km auf Bundesstraßen und Bundesautobahnen, transportiert werden. (Mautsatz 0,163 €/km)*
   a) *Welche Bruttofracht ist dem Versender in Rechnung zu stellen, wenn für die Beförderung mit einem Sattelzug 9 Produktivstunden anfallen und der Transportführer mit einem Gewinn von 6 % kalkuliert?*
   b) *Welche Bruttofracht wäre an die DB Cargo zu zahlen, wenn die Versendung in einem Achsenwaggon erfolgen würde?*
   c) *Wie viel Prozent beträgt die Differenz?*

3. *Die Motoren Werke Mannheim (MWM) fordern für nachfolgenden Transport ein Angebot: Zunächst sollen von Mannheim 23 500 kg Motorenteile mit einem Sattelzug nach Duisburg (270 km) transportiert werden. Am gleichen Tag soll der Lkw im Duisburger Hafen 25 t Bleche als Rückfracht zur MWM laden.*
   Welchen Nettoangebotspreis kann der Transportführer der MWM unterbreiten, wenn er auf Basis des „KIS“ mit 10 Produktivstunden und einem Gewinnzuschlag von 12 % rechnet und die Maut lt. Vereinbarung nicht abgerechnet werden darf?

4. *21 800 kg Edelstahl sollen in einem Lastzug von Dortmund nach Wolfsburg über 296 km befördert werden, wobei die mautpflichtige Strecke 230 km beträgt.*
   a) *Zu welcher Nettofracht wird der Transport angeboten, wenn mit einem halben Tagessatz und 6 Stunden Fahrereinsatz auf Basis des KIS kalkuliert wird, der durchschnittliche Mautsatz 0,163 €/km beträgt und der Transportführer mit einem Gewinn von 8 % rechnet?*
   b) *Welche Nettofracht würde sich mit dem vereinfachten Berechnungsverfahren ergeben?*

5. *Im Güterverkehr befördert ein Sattelzug von der in unmittelbarer Autobahnnähe befindlichen Ladestelle in 68213 Mannheim 28 t Kunststoffteile nach 84030 Landshut.*
   a) *Ermitteln Sie die zu zahlende Maut, wenn der Lkw die maximal möglichen Autobahnkilometer und daneben ausschließlich Landstraßen befährt.*
   b) *Wie viel Euro beträgt die dem Kunden in Rechnung gestellte Bruttofracht, wenn der Transportführer mit 8 Stunden Fahrzeugvorhaltung und 8 Fahrerstunden kalkuliert und darüber hinaus einen Gewinn von 12 % erzielen will?*
   Da keine sonstige Vereinbarung getroffen wurde, wird die entstandene Maut dem Kunden ebenfalls belastet.

Tipp

Die Kalkulationssätze für einen Lastzug sowie die Mauttabelle befinden sich am Ende des Buches.

13.4.4 Frachtberechnung beim Sammelgutverkehr

Eine Sammelladung liegt dann vor, wenn Güter mehrerer Versender von einem Spediteur zusammengefasst und als eine Sendung behandelt werden.

Dabei beginnt der Leistungsbereich des Spediteursammelgutverkehrs mit der Übernahme des Gutes vor dem Haus des Versenders und endet mit der Übergabe des Gutes vor dem Haus des Empfängers (= Haus-Haus-Leistungsbereich).

Die Fracht im Sammelgutverkehr wird grundsätzlich frei ausgehandelt. Orientierungsgröße ist dabei der von der „Vereinigung der Sammelgutspediteure im BSL" zum 01.09.2000 empfohlene Tarif. Dieser besteht aus folgenden drei Bestandteilen:

1. Bedingungen — Unter den Bedingungen wird u.a. aufgeführt, dass sich die Entfernung nach der „verkehrsüblichen Entfernung" richtet.
   Diese kann sowohl die GFT-Entfernung als auch die effektive Straßenentfernung sein.
   Zur Bestimmung des Frachtberechnungsgewichtes wurde der Sperrigkeitsfaktor auf 200 kg/m³ angehoben.
2. Haus-Haus-Entgelte — Die neuen Entgeltstafeln enthalten nun ein einheitliches Entgelt; es gibt nur noch eine Entgeltstafel.
3. Nebengebühren — Die im neuen Tarif aufgeführten Nebengebühren werden zusätzlich zum Haus-Haus-Entgelt berechnet.
   → Solche Gebühren können sein:

a) Gebühren für Versendernachnahmen	2%, mindestens	15,34 €
b) Avisgebühren	pro Sendung	5,11 €
c) Zustellung an einem vorgeschriebenen Tag (Fixtag) nach Ablauf der Regellaufzeit		15,34 €
d) Wiegen von Gütern sowie Aufmessen von Sperrgütern nach Zeit und Aufwand	pro Sendung mindestens	2,56 €
e) Lagergeld für Güter normalen Umfangs pro Tag und 100 kg		1,02 €
	mindestens	2,05 €
f) Rechnungserstellung für Unfrei-Empfänger, die nicht zur sofortigen Zahlung bereit sind, sowie für Dritte		6,14 €
g) Nachträgliche Verfügungen des Versenders (z. B. Änderung der Frankatur) und Anweisungen des Empfängers	pro Sendung mindestens	5,11 €
h) Beschaffung eines Ablieferungsnachweises	mindestens	6,14 €
i) Palettentauschgebühr für		
– genormte Flachpaletten*	je Palette	2,56 €
– genormte Gitterboxpaletten*	je Palette	10,23 €

* Die Normen für Abmessungen und Güter richten sich nach DIN.

Tipps zum Palettentausch:
1. Paletten sind Packmittel, die vom Auftraggeber zu stellen sind.
2. Paletten sind im Stückgutverkehr Zug um Zug zu tauschen.
3. Lt. DIHT und BSL sind Palettentauschgebühren zu zahlen.

Beachte: Palettentauschgebühren sind immer zu zahlen.

j) Stand- und Wartezeiten von mehr als einer halben Stunde	je halbe Stunde	17,90 €

Musteraufgabe

Die Becker GmbH, Bruchsal, versendet mit der Transeurop AG drei Gitterboxpaletten Maschinenteile an einen Kunden in das 455 km entfernte Hannover.
Ermitteln Sie, welchen Frachtbetrag die Transeurop AG der Becker GmbH berechnet, wenn eine Preisermäßigung von 15 % vereinbart wurde und das Bruttogewicht jeder Gitterboxpalette 575 kg beträgt.

Musterlösung

1. Frachtgewicht = 3 · 575 kg = 1 725 kg
2. **Abrechnung**

	Haus-Haus-Entgelt/1 725 kg/455 km	354,79 €
–	15 % Preisermäßigung	53,22 €
		301,57 €
+	Palettentauschgebühr 3 · 10,23 €	30,69 €
	Nettofracht	332,26 €
+	19 % USt	63,13 €
	Bruttofracht	395,39 €

Lösungsschritte

1. Ermittlung des Frachtgewichtes.
   Hier: 3 Kisten · 575 kg = 1 725 kg
2. Ablesen der Fracht aus der „Haus-Haus-Entgelt" Tabelle.
   Hier: 1 725 kg/455 km = 354,79 €
3. Berücksichtigung der Preisermäßigung.
   Hier: 15 % = 53,22 €
4. Hinzurechnung der angefallenen Nebengebühren.
   Hier: Palettentauschgebühr für Gitterboxpaletten
   3 Gitterboxpaletten à 10,23 € = 30,69 €
5. Hinzurechnung der Umsatzsteuer, centgenau.

Übungsaufgaben

1. ***Eine Europalette im Gesamtgewicht von 798 kg wird im Rahmen des Sammelguttransportes von München nach Hamburg über 679 km transportiert.***
   Welcher Betrag wird dem Auftraggeber in Rechnung gestellt?
2. ***Fünf Gitterboxpaletten mit je 278 kg werden durch die Gebr. Lehmann KG, Ludwigshafen, an einen Kunden in das 138 km entfernte Saarbrücken unfrei befördert.***
   Welchen Betrag muss der Kunde bezahlen, wenn überdies eine Versendernachnahme von je 1 100,00 € einzubeziehen ist?

Tipp

Eine weiter gehende Betrachtung und Berechnung des Sammelgutverkehrs ist mehr Sache des Spediteurs und weniger die der Fachkraft für Lagerlogistik.
Aus diesem Grunde werden in diesem und den beiden folgenden Punkten lediglich die wichtigsten theoretischen Kenntnisse dargeboten. Eine Berechnung der einzelnen Frachten ist lt. Lehrplan nicht erforderlich, wird jedoch anhand einiger ausgewählter Musteraufgaben dargestellt.

13.5 Entgeltberechnung bei der Schifffahrt

13.5.1 Frachtberechnung bei der Binnenschifffahrt

Mit dem Inkrafttreten des Tarifaufhebungsgesetzes zum 1. Januar 1994 sind auch die im Bereich der Binnenschifffahrt gültigen Tarife, der **FTB** – Frachten- und Tarifanzeiger Binnenschifffahrer –, entfallen. Dies hatte zur Folge, dass sämtliche Frachten und Zuschläge frei vereinbart werden konnten. Die ebenfalls beschlossene Aufhebung des Karbotageverbotes, wonach nun auch Ausländer innerdeutsche Transporte durchführen dürfen, führte zu einem drastischen Preisverfall der Frachtraten.

Um die Gesamtfracht bzw. die Fracht pro Tonne dennoch möglichst kostengerecht ermitteln zu können, sind folgende Kenntnisse unabdingbar:

1. **Bereithaltungskosten je Arbeitstag**
   (abhängig von Abschreibung, Personalkosten, Reparaturkosten, Versicherungen, Zinsen, sonstigen Kosten)
2. **Fortbewegungskosten**
   (abhängig von Schiffstyp, Fahrtgebiet, Motorleistung und -verbrauch)

Die im Auftrag des Bundesministeriums für Verkehr erarbeitete und im „Handbuch Güterverkehr Binnenschifffahrt" vorgeschlagene Kalkulationshilfe für den Bereich der Binnenschifffahrt* soll nachfolgend anhand eines Beispiels exemplarisch erläutert werden.

Musteraufgabe

Transport von 1000 Tonnen Ladungsgut mit dem 2000 t Binnenschiff „Heidelberg" von Mannheim nach Duisburg mit vorhergehender Leerfahrt ab Karlsruhe.

Annahmen:

1) Bereithaltungskosten des angegebenen Schiffs	=	750,00 €
2) Fortbewegungskosten		
effektive Fahrzeit:		
– Leeranfahrt Karlsruhe – Mannheim		4 Stunden
– Ladungsfahrt Mannheim – Duisburg		17 Stunden
		21 Stunden
Gasölverbrauch in Litern:		
– Gasölverbrauch pro Stunde 50 l = 21 Stunden · 50 l	=	1050 l
Fortbewegungskosten:		
– Preis je l Gasöl 0,30 € = 1050 l · 0,30 €	=	315,00 €
– Zuschlag für Schmierstoffe 10 %	=	31,50 €
		346,50 €

* *Herausgegeben von der LUB Consulting GmbH (Dresden) und der Dornier SystemConsult GmbH (Friedrichshafen) im Auftrag des Bundesministeriums für Verkehr, 2. Aufl. Sept. 1998.*

Musterlösung

Abrechnung des obigen Transportes

effektive Fahrzeit			
1. Leeranfahrt	Karlsruhe – Mannheim	4 Stunden	
2. Ladungsfahrt	Mannheim – Duisburg	17 Stunden	
		21 Stunden	
	21 Stunden/14 Stunden je Tag =		1,5 Tage
Zeit für Laden/Löschen, Meldetag			
1/4 gesetzliche Ladezeit für 1 000 Tonnen		1,5 Tage	
1/4 gesetzliche Löschzeit für 1 000 Tonnen		1,5 Tage	
kein Meldetag beim Laden		–	
1 Meldetag beim Löschen		1,0 Tage	4 Tage
Gesamtdauer des Transports			
effektive Fahrzeit + Zeit für Laden/Löschen + Meldetag			5,5 Tage
Bereithaltungskosten			
Gesamtdauer des Transports · Tagessatz/5,5 Tage · 750 € =			4 125,00 €
Fortbewegungskosten			346,50 €
Gesamtkosten des Transports			4 471,50 €
Kosten des Transportes je Tonne/4 471,50 € : 1 000 Tonnen			4,47 €

Lösungsschritte

1. Ermittlung der Bereithaltungskosten je Arbeitstag (unterschiedlich je nach Schiffstyp etc.).
2. Ermittlung der Gesamtdauer des Transportes:
   - Ermittlung der effektiven Fahrzeit,
   - Ermittlung der Lade-/Löschzeiten inkl. Meldetag.
3. Berechnung der Bereithaltungskosten.
4. Ermittlung der Fortbewegungskosten.
5. Berechnung der Gesamtkosten des Transportes.
6. Hinzurechnung der USt, centgenau.

Wie das vorliegende Beispiel verdeutlicht gelten als Grundlage der Frachtberechnung weiterhin:
a) der verwendete Schiffstyp,
b) die Entfernung,
c) das Gewicht der Ladung.

Immer häufiger geben die Auftraggeber für eine bestimmte Fracht, z. B. die Beförderung von Stahlerzeugnissen über 800 km, einen Preis vor, sodass es am Frachtführer bzw. Reeder liegt, ob er den Transport zu diesem Preis durchführen möchte oder nicht.

Aus diesem Grunde erübrigt sich auch eine weitere Betrachtung der Frachtgestaltung für den Bereich der Binnenschifffahrt.

13.5.2 Frachtberechnung bei der Seeschifffahrt

Im Bereich der Seeschifffahrt gibt es ebenfalls keinen verbindlichen Tarif, sodass die Frachtberechnung frei ausgehandelt werden kann.

Häufig werden als Frachtbasis jedoch die Frachtraten herangezogen, die für die Häfen eines bestimmten Konferenzgebietes, z. B. alle nordkontinentalen Häfen (z. B. Hamburg, Bremen, Antwerpen, Rotterdam), festgelegt werden und für ein bestimmtes Gut gewöhnlich gleich hoch sind.

Grundlagen der Frachtbasis können sein:

- **reine Gewichtsfrachten**
  - dabei erfolgt die Angabe der Frachtrate je 1 000 kg unabhängig vom Volumen der Ladung;
- **Maß-/Gewichtsfrachten**
  - die Frachtrate gilt je Frachttonne (**frt**), d. h. per **1** m^3 **oder 1 000 kg**, und wird in M/G (Maß/Gewicht) angegeben;
  - je nachdem, welches Abrechnungskriterium dem Verfrachter die höheren Einnahmen erbringt, kommt entweder das Maß oder das Gewicht zur Anwendung;
- **Wertfrachten**
  - diese werden in % des fob-Wertes (**fob** – **f**ree **o**n **b**oard) angegeben und kommen nur noch sehr selten zur Anwendung.

Beachte: Der Versender berechnet im Seefrachtverkehr stets die höhere Fracht aus Gewicht, Raummaß oder Wert.

13.6 Entgeltberechnung im Luftverkehr

Die im Luftverkehr üblichen Luftfrachtraten werden von der International Air Transport Association (IATA) in gemeinsamen Tarifen veröffentlicht, die dann für alle der IATA angeschlossenen Luftverkehrsgesellschaften als Empfehlungen gelten.

(Ausnahme: Luftverkehr innerhalb Europas; hier bestimmen die einzelnen Fluggesellschaften ihre eigenen Raten.)

Fracht

Die von der IATA festgelegten Frachtraten richten sich nach:

- dem **Gewicht**
  - das tatsächliche Gewicht wird auf volle 500 g aufgerundet, z. B. 53,2 kg – 53,5 kg;
  - sperrige Sendungen werden nach Volumen abgerechnet, wobei üblicherweise gilt: **6** dm^3 **= 1 kg**;
- der **Entfernung**
  - sie wird durch das Zielgebiet bestimmt und beeinflusst direkt die Höhe der Frachtrate.

Beachte:
- die Frachtraten werden centgenau berechnet;
- die Hinzurechnung der Umsatzsteuer entfällt im internationalen Verkehr.

Besonderheiten

- Die von der IATA herausgegebenen Luftfrachten stellen Transportpreise je kg dar.
- Für Luftfrachtsendungen werden häufig Mindestfrachtsätze festgelegt, die nicht unterschritten werden dürfen.

Die Luftfrachtraten der IATA gliedern sich in drei Hauptratengruppen:
1. Allgemeine Frachtraten,
2. Warenklassenraten,
3. Spezialraten.

13.6.1 Allgemeine Frachtraten (General Cargo Rates)

Die allgemeinen Frachtraten finden immer dann Anwendung, wenn für das zu befördernde Gut weder eine Wertklassenrate noch eine Spezialrate besteht bzw. diese zu hoch wäre.

Die allgemeinen Frachtraten werden unterteilt in:

- **Normalraten**
  - sie gelten für alle Sendungen bis zu einem frachtpflichtigen Gewicht unter 45 kg;
  - bereits ab 34 kg ist jedoch zu überprüfen, ob die Fracht nicht nach der Mengenrabattrate günstiger abgerechnet werden kann.
- **Mengenrabatt-Raten**
  - sie gelten ab einem frachtpflichtigen Gewicht von 45 kg;
  - sie sind i.d.R. etwa 25% niedriger als Normalraten.

Beachte: Mindestfrachtbeträge kommen immer dann zur Anwendung, wenn die Normalrate oder die Mengenrabatt-Rate unter dem festgesetzten Mindestsatz liegt.

Die Mindestfracht für innerdeutsche Transporte beträgt zz. 48,00 €.

Musteraufgabe

Eine Sendung im Gewicht von 44,4 kg soll von Stuttgart nach Hamburg geflogen werden.

Wie viel Euro beträgt die reine Luftfracht (inkl. USt), wenn die Lokalrate 1,10 € je kg beträgt?

Musterlösung

44,4 kg = 44,5 kg (frachtpflichtiges Gewicht)

	Grundfracht 44,5 kg · 1,10 €/kg	48,95 €
+	19% USt	9,30 €
=	reine Luftfracht	58,25 €

Lösungsschritte

1. Aufrunden des Frachtgewichtes auf volle 500 g (Frachtberechnungsgewicht).
   Hier: 44,4 kg · 44,5 kg
2. Ermittlung der Lokalrate aus der entsprechenden Frachtentafel.
   Hier: Lokalrate unter 45 kg (Lokalrate – 45) = 1,10 € je kg
3. Errechnung der Grundfracht durch Multiplikation der Lokalrate mit dem Frachtberechnungsgewicht.
   Hier: 1,10 €/kg · 44,5 kg
4. Hinzurechnung der Umsatzsteuer centgenau (gilt jedoch nur bei Flügen innerhalb der Bundesrepublik Deutschland)

13.6.2 Warenklassenraten (Class Rates)

Die Warenklassenraten gelten für bestimmte Warengruppen, wie z.B. Zeitungen, Zeitschriften, Kataloge, unbegleitetes Reisegepäck, sterbliche Überreste oder Wertfracht, und werden in Prozentsätzen der Normalrate zugeschlagen oder von ihr abgezogen.

Beachte: Auch hier gelten die bekannten Frachtberechnungsvorschriften sowie die Mindestfrachtkosten.

Musteraufgabe

Zeitschriften im Gesamtgewicht von 29,3 kg sollen von Hamburg nach Tokio befördert werden.

Wie hoch ist die reine Luftfracht, wenn die Class Rate für Zeitschriften 60 % der Normalrate beträgt?

(Normalrate 15,04 € je kg)

Musterlösung

29,3 kg = 29,5 kg (frachtpflichtiges Gewicht)
Class Rate = Normalrate · 60 % = 15,04 €/kg · 60 % = 9,03 €/kg
reine Luftfracht = frachtpflichtiges Gewicht · Class Rate
reine Luftfracht = 29,5 kg · 9,03 € = 266,39 €

Lösungsschritte

1. Aufrunden des Frachtgewichtes auf volle 500 g (Frachtberechnungsgewicht).
2. Ermittlung der Class Rate (Warenklassenrate) durch Multiplikation der Normalrate mit dem Prozentsatz der Warenklassenrate.
   Hier: 15,04 €/kg · 60 % = 9,03 €/kg
3. Berechnung der reinen Luftfracht durch Multiplikation des frachtpflichtigen Gewichtes mit der Class Rate.
   Hier: 29,5 kg · 9,03 €/kg = 266,39 €

13.6.3 Spezialraten (Specific Commodity Rates)

Bei den Spezialraten handelt es sich um besonders ermäßigte Raten für ausgewählte Waren bzw. Warengruppen auf dafür festgelegten Strecken.

Die Spezialraten werden dabei einer eigenen Spezialraten-Tabelle entnommen, sie liegen bis zu 80 % unter den Normalraten.

Beispiele für Spezialraten sind etwa:

Kennzahl	Warenbeschreibung
2601	Textilien und fertige Textilartikel
7107	Tageszeitungen
7119	Bücher
8203	Musikinstrumente

Beachte: Für den Nord- und Südatlantikverkehr bestehen abweichende Kennzahlen (= Item).

14 Unterlagen für die Frachtberechnung

Tipp

Bei den folgenden Unterlagen zur Frachtberechnung handelt es sich um Tabellen, die exemplarischen Charakter besitzen, zumal diese Daten halbjährlich bzw. jährlichen Änderungen unterliegen.

14.1 Preisliste Express

Haus-Haus-Preise in Euro für nationale Sendungen, exkl. MwSt., SVS

kg \ km	bis 40	bis 75	bis 100	bis 150	bis 200	bis 250	bis 300	bis 350	bis 400	bis 500	bis 600	bis 800	bis 1200
bis 30	22,7	23,7	24,4	25,4	26,3	27,1	27,8	28,3	28,8	29,3	30,0	30,3	30,9
bis 40	25,4	26,8	27,9	29,1	30,4	31,7	32,4	33,2	33,9	34,6	35,5	36,1	36,8
bis 50	27,0	28,8	30,1	31,8	33,5	35,0	36,0	37,0	37,8	38,8	39,9	40,6	41,6
bis 75	32,4	35,2	37,2	39,8	42,4	44,7	46,3	47,9	49,1	50,6	52,3	53,4	54,8
bis 100	37,3	41,0	43,7	47,2	50,6	53,8	55,9	58,1	59,9	61,9	64,1	65,6	67,6
bis 125	45,0	49,8	53,3	57,7	62,3	66,3	68,9	71,7	73,9	76,4	79,4	81,2	83,7
bis 150	48,1	53,5	57,5	62,5	67,8	72,4	75,4	78,6	81,2	84,1	87,4	89,6	92,4
bis 175	50,9	57,1	61,5	67,1	73,1	78,1	81,6	85,1	87,9	91,2	94,8	97,3	100,6
bis 200	53,5	60,7	65,8	72,4	79,4	85,2	89,2	93,3	96,6	100,4	104,8	107,5	111,3
bis 225	61,2	69,3	75,1	82,5	90,3	97,0	101,5	106,2	109,9	114,1	119,1	122,3	126,5
bis 250	64,1	72,8	79,1	87,1	95,5	102,7	107,5	112,5	116,6	121,2	126,5	129,9	134,5
bis 275	66,9	76,3	83,0	91,5	100,6	108,2	113,5	118,8	123,2	128,0	133,0	137,4	142,3
bis 300	71,3	81,6	88,9	98,2	108,0	116,4	122,1	127,9	132,7	138,0	144,2	148,2	153,5
bis 325	76,3	87,3	95,2	105,3	115,9	124,9	131,0	137,3	142,5	148,2	154,9	159,2	165,0
bis 350	78,8	90,4	98,6	109,2	120,3	129,8	136,2	142,7	148,2	154,2	161,2	165,7	171,7
bis 375	81,7	93,7	102,3	113,4	125,0	134,9	141,5	148,5	154,1	160,3	167,7	172,5	178,6
bis 400	86,1	98,9	108,0	119,8	132,1	142,7	149,8	157,1	163,1	169,7	177,5	182,5	189,2
bis 425	90,5	104,0	113,7	120,0	139,0	150,0	157,6	165,3	171,6	178,5	186,8	192,0	199,1
bis 450	93,5	107,5	117,4	130,2	143,6	155,0	162,8	170,8	177,3	184,5	193,0	198,5	205,7
bis 475	96,5	111,0	121,2	134,4	148,2	160,0	168,1	176,2	182,9	190,4	199,2	204,8	212,2
bis 500	103,0	118,4	129,3	143,4	158,0	170,6	179,2	188,0	195,1	203,0	212,4	218,3	226,3
bis 550	107,8	123,9	135,3	150,1	165,6	178,7	187,7	196,8	204,3	212,7	222,5	228,7	237,1
bis 600	113,8	130,9	143,0	158,7	175,0	189,0	198,4	208,1	216,1	225,0	235,3	241,9	250,8
bis 650	119,9	138,0	150,7	167,2	184,5	199,2	209,3	219,5	227,8	237,2	248,1	255,1	264,5
bis 700	125,6	144,5	157,9	175,1	193,2	208,6	219,1	229,8	238,6	248,3	259,8	267,2	276,9
bis 750	131,1	150,8	164,6	182,7	201,4	217,6	228,4	239,5	248,7	258,9	270,8	278,4	288,6
bis 800	136,6	157,0	171,4	190,0	209,4	226,1	237,0	249,1	258,5	269,0	281,4	289,2	299,9
bis 850	143,7	164,5	179,3	198,4	218,2	235,3	246,6	258,8	268,4	279,2	291,8	299,9	310,7
bis 900	150,8	172,0	187,1	206,6	227,0	244,5	256,4	268,4	278,3	289,3	302,3	310,5	321,7
bis 950	158,6	179,9	195,1	214,6	235,0	252,5	264,4	277,2	287,4	298,7	312,1	321,0	333,3
bis 1000	166,4	187,8	202,9	222,5	242,9	260,5	272,4	285,0	295,3	306,6	319,9	328,8	341,1
bis 1100	176,1	197,5	212,6	232,2	252,6	270,1	282,0	294,7	304,9	316,2	329,5	338,4	350,7
bis 1200	183,7	206,5	222,5	243,3	265,1	283,6	296,2	309,2	319,7	331,5	345,2	354,1	365,9
bis 1300	191,3	215,4	232,3	254,0	277,2	296,9	310,3	323,9	335,0	347,5	362,0	371,4	383,9
bis 1400	199,6	224,8	242,7	265,7	289,7	310,3	324,4	338,6	350,3	363,3	378,7	388,4	401,5
bis 1500	204,7	230,8	249,4	273,4	298,4	319,9	334,5	349,4	361,5	375,0	391,0	401,2	414,8
bis 1600	211,2	238,7	258,3	283,4	309,6	332,1	347,5	363,1	375,9	390,0	406,7	417,5	431,7
bis 1700	217,5	246,3	266,7	293,0	320,6	344,2	360,1	376,5	389,8	404,7	422,2	433,4	448,4
bis 1800	223,8	253,9	275,1	302,6	331,3	355,9	372,6	389,7	403,7	419,2	437,5	449,1	464,8
bis 1900	230,1	261,4	283,5	312,1	342,1	367,6	385,1	402,8	417,3	433,5	452,5	464,7	480,9
bis 2000	236,1	268,6	291,7	321,5	352,6	379,2	397,3	415,8	430,9	447,7	467,5	480,1	497,0
bis 2200	248,3	283,3	308,0	340,0	373,3	401,8	421,3	441,2	457,4	475,4	496,7	510,2	528,3
bis 2500	265,9	304,3	331,6	366,7	403,5	435,0	456,3	478,2	496,0	515,8	539,3	554,2	574,2
bis 3000	293,3	337,5	368,7	409,0	451,2	487,3	511,9	536,9	557,3	580,1	607,0	624,0	647,0

14.2 Preisliste Express Plus

Haus-Haus-Preise in Euro für nationale Sendungen, exkl. MwSt., SVS

kg \ km	bis 100	bis 200	bis 300	bis 400	bis 600	bis 1 200
bis 10	45	49	51	54	57	61
bis 20	47	50	53	56	60	63
bis 30	49	52	55	58	61	65
bis 40	53	56	59	63	66	71
bis 50	55	58	62	66	70	74
bis 75	64	67	72	76	81	85
bis 100	73	77	82	87	93	98
bis 125	83	92	98	104	110	117
bis 150	87	97	105	111	118	125
bis 175	90	103	111	118	125	132
bis 200	98	111	122	130	140	150
bis 225	106	121	132	143	154	167
bis 250	110	127	139	150	162	175
bis 275	115	132	146	157	170	183
bis 300	122	141	155	168	181	195
bis 325	129	149	165	178	192	207
bis 350	132	154	170	184	199	215
bis 375	137	160	176	190	206	222
bis 400	143	168	185	200	216	233
bis 425	150	175	194	210	226	244
bis 450	154	180	200	216	233	251
bis 475	159	186	205	222	239	259
bis 500	168	196	217	235	254	274
bis 550	174	204	227	244	264	285
bis 600	182	214	238	257	277	300
bis 650	191	224	249	269	290	313
bis 700	198	234	259	280	302	327
bis 750	206	242	269	291	314	339
bis 800	213	251	278	301	325	351
bis 850	221	260	288	311	336	364
bis 900	230	269	299	323	348	376
bis 950	238	278	308	332	358	387
bis 1 000	246	286	315	341	368	397
bis 1 100	256	296	325	351	379	409
bis 1 200	266	308	339	366	396	427
bis 1 300	276	320	353	382	412	445
bis 1 400	286	333	367	397	428	463
bis 1 500	292	342	377	407	440	476
bis 1 600	301	353	390	421	455	492
bis 1 700	310	364	403	436	470	508
bis 1 800	318	374	416	449	485	524
bis 1 900	326	385	428	462	500	539
bis 2 000	334	396	440	476	514	555
bis 2 200	351	416	464	502	541	584
bis 2 500	375	447	500	539	582	629
bis 3 000	412	494	555	600	650	701

14.3 Preisliste Fracht

Haus-Haus-Preise in Euro für nationale Sendungen, exkl. MwSt., SVS

km / kg	bis 40	bis 75	bis 100	bis 150	bis 200	bis 250	bis 300	bis 350	bis 400	bis 500	bis 600	bis 800	bis 1200
bis 30	20,6	21,5	22,2	23,0	23,9	24,7	25,3	25,7	26,2	26,7	27,3	27,6	28,1
bis 40	23,0	24,3	25,3	26,5	27,7	28,8	29,5	30,2	30,8	31,5	32,3	32,8	33,4
bis 50	24,5	26,2	27,4	28,9	30,5	31,9	32,8	33,6	34,4	35,3	36,3	36,9	37,7
bis 75	29,5	32,1	33,8	36,1	38,6	40,6	42,1	43,6	44,7	46,0	47,5	48,5	49,8
bis 100	33,9	37,3	39,7	42,9	46,0	49,0	50,9	52,8	54,5	56,2	58,3	59,7	61,4
bis 125	40,9	45,2	48,4	52,4	56,7	60,2	62,6	65,2	67,2	69,5	72,1	73,8	76,1
bis 150	43,7	48,7	52,3	56,9	61,7	65,8	68,6	71,5	73,8	76,4	79,5	81,4	84,1
bis 175	46,3	51,7	55,9	61,0	66,4	71,0	74,1	77,4	79,9	82,9	86,3	88,5	91,4
bis 200	48,7	55,2	59,8	65,8	72,1	77,5	81,1	84,8	87,8	91,3	95,3	97,8	101,2
bis 225	55,6	63,0	68,3	75,0	82,1	88,2	92,3	96,5	100,0	103,8	108,3	111,2	115,0
bis 250	58,2	66,2	71,9	79,1	86,8	93,3	97,8	102,3	106,0	110,2	115,0	118,1	122,2
bis 275	60,8	69,4	75,4	83,2	91,4	98,4	103,2	108,0	111,9	116,4	121,6	124,9	129,3
bis 300	64,8	74,2	80,8	89,3	98,2	105,8	111,0	116,3	120,6	125,4	131,1	134,7	139,5
bis 325	69,4	79,4	86,6	95,7	105,3	113,6	119,2	124,8	129,6	134,8	140,9	144,8	150,0
bis 350	71,7	82,3	89,7	99,3	109,4	118,0	123,8	129,8	134,7	140,2	146,6	150,7	156,1
bis 375	74,2	85,2	93,1	103,1	113,6	122,6	128,6	135,0	140,0	145,8	152,5	156,8	162,4
bis 400	78,2	90,0	98,2	108,9	120,1	129,7	136,2	142,9	148,3	154,3	161,4	166,0	171,9
bis 425	82,3	94,6	103,3	114,6	126,4	136,4	143,3	150,3	155,9	162,3	169,8	174,6	181,0
bis 450	85,0	97,8	106,7	118,4	130,6	140,9	148,1	155,3	161,2	167,7	175,4	180,4	187,0
bis 475	87,8	100,9	110,2	122,2	134,7	145,4	152,7	160,2	166,3	173,1	181,1	186,1	193,0
bis 500	93,6	107,6	117,5	130,3	143,7	155,1	162,9	170,9	177,3	184,6	193,1	198,5	205,7
bis 550	98,0	112,7	123,1	136,5	150,5	162,5	170,7	179,0	185,8	193,3	202,2	207,9	215,6
bis 600	103,4	119,0	130,0	144,2	159,1	171,8	180,4	189,2	196,4	204,5	213,9	220,0	228,0
bis 650	109,1	125,4	137,0	152,1	167,7	181,1	190,2	199,6	207,1	215,6	225,6	231,9	240,5
bis 700	114,2	131,3	143,5	159,2	175,6	189,6	199,2	208,9	216,9	225,7	236,2	242,9	251,7
bis 750	119,2	137,1	149,7	166,1	183,1	197,8	207,6	217,8	226,1	235,3	246,2	253,1	262,3
bis 800	124,2	142,8	155,8	172,8	190,4	205,5	215,4	226,5	235,0	244,6	255,8	263,0	272,6
bis 850	130,6	148,6	163,0	180,3	198,4	213,0	224,3	235,2	244,0	253,8	265,3	272,0	282,5
bis 900	137,1	156,4	170,1	187,8	206,4	222,3	233,0	244,0	253,0	263,0	274,8	282,3	292,4
bis 950	144,1	163,5	177,3	195,1	213,7	229,6	240,4	252,0	261,3	271,6	283,7	291,8	302,9
bis 1000	151,3	170,7	184,5	202,3	220,9	236,8	247,6	259,1	268,4	278,8	290,8	298,9	310,1
bis 1100	160,1	179,5	193,3	211,1	229,7	245,5	256,3	267,9	277,2	287,5	299,5	307,6	318,8
bis 1200	167,0	187,7	202,3	221,2	240,9	257,8	269,3	281,1	290,7	301,4	313,8	321,9	332,6
bis 1300	173,9	195,7	211,2	230,8	252,1	269,9	282,1	294,4	304,6	315,9	329,1	337,6	349,0
bis 1400	181,5	204,3	220,6	241,5	263,4	282,1	294,9	307,9	318,5	330,3	344,3	353,1	365,0
bis 1500	186,1	209,8	226,7	248,5	271,3	290,8	304,1	317,6	328,7	341,0	355,5	364,7	377,1
bis 1600	192,0	217,0	234,7	257,6	281,5	301,9	315,9	330,0	341,6	354,5	369,8	379,5	392,5
bis 1700	197,7	223,9	242,5	266,4	291,4	312,8	327,4	342,3	354,4	367,9	383,9	394,0	407,6
bis 1800	203,5	230,8	250,1	275,1	301,2	323,5	338,8	354,3	367,0	381,1	397,7	408,3	422,5
bis 1900	209,2	237,6	257,7	283,8	311,0	334,2	350,0	366,2	379,3	394,1	411,4	422,4	437,2
bis 2000	214,6	244,2	265,2	292,3	320,6	344,7	361,2	378,0	391,7	407,0	425,0	436,5	451,9
bis 2200	225,7	257,5	280,0	309,0	339,3	365,3	383,0	401,1	415,7	432,2	451,5	463,8	480,3
bis 2500	241,7	276,7	301,4	333,4	366,8	395,4	414,9	434,7	450,9	469,0	490,3	503,8	522,0
bis 3000	266,6	306,8	335,2	371,9	410,2	443,0	465,3	488,1	506,6	527,4	551,8	567,3	588,2

14.4 Wagenladungs-Frachtsätze

14.4.1 Branchen-Preisliste 130 für Eisen und Stahl

1. Grundfrachten

5.

Preistafel

Grundfrachten für ein Gewicht von 25 t in Wagen mit 2 Achsen					
Entferung bis km	€	Entferung bis km	€	Entferung bis km	€
7	105,84	125	350,23	420	776,14
10	114,02	130	355,35	440	801,19
13	120,15	135	360,97	460	843,12
16	129,36	140	365,57	480	875,33
19	138,05	145	372,73	500	909,59
22	146,74	150	377,33	520	958,16
25	129,36	155	383,47	540	958,16
28	164,64	160	388,07	560	983,21
31	173,84	165	393,18	580	1 008,27
34	182,53	170	400,34	600	1 030,25
37	191,22	175	404,94	620	1 051,22
40	200,43	180	410,57	640	1 072,69
43	207,07	185	415,68	660	1 093,14
46	213,21	190	422,33	680	1 111,55
49	221,39	195	428,97	700	1 132,00
52	229,06	200	434,09	720	1 152,45
55	237,24	210	439,20	740	1 174,44
58	244,91	220	456,07	760	1 194,38
61	253,09	230	471,92	780	1 213,81
64	260,76	240	489,82	800	1 234,77
67	267,41	250	505,16	820	1 250,11
70	274,05	260	523,05	840	1 268,00
73	282,23	270	539,92	860	1 282,32
76	290,41	280	555,77	880	1 297,66
79	298,59	290	573,16	900	1 312,49
82	308,31	300	588,50	920	1 333,45
85	317,51	310	615,08	940	1 351,86
88	326,72	320	631,96	960	1 368,22
91	328,76	330	647,30	980	1 384,07
94	331,32	340	663,15	1 000	1 399,92
97	333,36	350	679,00	1 050	1 435,20
100	334,90	360	694,85	1 100	1 480,70
105	340,01	370	712,23	1 150	1 525,18
110	342,57	380	726,03	1 200	1 569,67
115	345,12	390	743,42	1 250	1 614,15
120	347,68	400	759,27	1 300	1 659,65

Mindestfracht je
- *Achsenwagen 153,39 €*
- *Drehgestellwagen sowie Wageneinheiten/Gelenkwagen 214,74 €*

2. Koeffiziententabelle

Branchen-Preisliste 130 für Eisen und Stahl

6.

Koeffiziententabelle

Koeffizient				
für Ge wichts-stufe in t	unter Verwendung von			unter Verwendung von Wagen mit mehr als zwei Achsen und einer Ladelänge unter 27 m
	Wagen zwei Achsen	Wagen mit mehr als zwei Achsen und einer Ladelänge unter 27 m	für Gewichts-stufe in t	
1	2	3	1	3
15	0,744		48	1,920
16	0,770		49	1,960
17	0,795		50	2,000
18	0,821		51	2,040
19	0,846		52	2,080
20	0,872	1,016	53	2,120
21	0,898	1,042	54	2,160
22	0,923	1,067	55	2,200
23	0,949	1,093	56	2,240
24	0,974	1,118	57	2,280
25	1,000	1,144	58	2,320
26	1,040	1,170	59	2,360
27	1,080	1,195	60	2,400
28	1,120	1,221	61	2,440
29	1,160	1,246	62	2,480
30	1,200	1,272	63	2,520
31		1,298	64	2,560
32		1,323	65	2,600
33		1,349	66	2,640
34		1,374	67	2,680
35		1,400	68	2,720
36		1,440	69	2,760
37		1,480	70	2,800
38		1,520	71	2,840
39		1,560	72	2,880
40		1,600	73	2,920
41		1,640	74	2,960
42		1,680	75	3,000
43		1,720	76	3,040
44		1,760	77	3,080
45		1,800	78	3,120
46		1,840	79	3,160
47		1,880	80	3,200
Für Sendungen über 80 t erhöht sich der Koeffizient um 0,04 je Gewichtsstufe				

Zu Spalte 3: Maßgebend ist die am Güterwagen angeschriebene Ladelänge

14.4.2 Branchen-Preisliste 100 für Kohle

Branchen-Preisliste 100 für Kohle

6.

Preistafel in Euro

Entferung bis km	Preis je Tonne – nur zur Information –			
	Steinkohle, Braunkohle		Koks, sng; Retortenkohle	
	Einzelwagen Wagengruppen	Geschlos-sene Züge	Einzelwagen Wagengruppen	Geschlos-sene Züge
7	3,35	2,80	4,13	3,15
10	3,64	3,05	4,48	3,42
13	3,93	3,29	4,83	3,70
16	4,21	3,54	5,19	3,97
19	4,50	3,78	5,54	4,25
22	4,79	4,05	5,91	4,52
25	5,07	4,29	6,26	4,81
28	5,36	4,54	6,61	5,07
31	5,67	4,79	6,97	5,36
34	5,95	5,03	7,32	5,62
37	6,24	5,28	7,67	5,91
40	6,52	5,52	8,04	6,18
43	6,81	5,77	8,39	6,46
46	7,10	6,01	8,73	6,75
49	7,38	6,26	9,10	7,01
52	7,67	6,50	9,43	7,30
55	7,96	6,75	9,71	7,57
58	8,24	7,01	10,00	7,85
61	8,53	7,26	10,27	8,12
64	8,84	7,51	10,55	8,41
67	9,12	7,75	10,84	8,67
70	9,41	8,00	11,13	8,96
73	9,69	8,24	11,39	9,22
76	9,98	8,49	11,68	9,51
79	10,27	8,73	11,96	9,78
82	10,55	8,98	12,25	10,06
85	10,84	9,22	12,54	10,33
88	11,13	9,47	12,80	10,61
91	11,41	9,71	13,09	10,88
94	11,70	9,98	13,38	11,17
97	12,01	10,23	13,66	11,45
100	12,29	10,47	13,93	11,72
105	12,66	10,80	14,32	12,09
110	13,11	11,21	14,79	12,56
115	13,58	11,62	15,26	13,01
120	14,03	12,03	15,73	13,48
125	14,44	12,39	16,16	13,87
130	14,81	12,72	16,59	14,23
135	15,18	13,03	17,00	14,60

Der Mindespreis für Einzelwagen und Wagengruppen bis 3 Wagen beträgt für:
- *Wagen mit zwei Achsen* *133,45 € je Wagen*
- *Wagen mit mehr als zwei Achsen* *186,62 € je Wagen*

Branchen-Preisliste 100 für Kohle

6.

Preistafel in Euro

Entferung bis km	Preis je Tonne – nur zur Information –			
	Steinkohle, Braunkohle		Koks, sng; Retortenkohle	
	Einzelwagen Wagengruppen	Geschlossene Züge	Einzelwagen Wagengruppen	Geschlossene Züge
140	15,56	13,35	17,40	14,95
145	15,93	13,68	17,83	15,32
150	16,30	14,01	18,24	15,69
155	16,67	14,32	18,67	16,03
160	17,06	14,64	19,08	16,40
165	17,38	14,93	19,47	16,73
170	17,71	15,22	19,82	17,04
175	18,02	15,48	20,19	17,32
180	18,35	15,75	20,53	17,63
185	18,65	16,01	20,88	17,94
190	18,98	16,28	21,25	18,24
195	19,29	16,57	21,60	18,55
200	19,61	16,83	21,97	18,86
210	20,02	17,20	22,42	19,27
220	20,59	17,75	23,07	19,88
230	21,19	18,24	23,72	20,43
240	21,76	18,69	24,36	20,94
250	22,33	19,14	25,01	21,43
260	22,80	19,59	25,52	21,94
270	23,13	19,96	25,91	22,35
280	23,48	20,23	26,28	22,66
290	23,83	20,51	26,67	22,97
300	24,21	20,80	27,10	23,29
310	24,64	21,13	27,59	23,66
320	25,09	21,52	28,08	24,09
330	25,52	21,88	28,57	24,50
340	25,95	22,27	29,08	24,93
350	26,38	22,64	29,53	25,36
360	26,77	23,03	29,98	25,79
370	27,16	23,40	30,41	26,20
380	27,55	23,72	30,86	26,59
390	27,96	24,07	31,29	26,96
400	28,35	24,42	31,74	27,34
420	28,94	24,95	32,40	27,94
440	29,72	25,65	33,27	28,71
460	30,49	26,32	34,15	29,49
480	31,00	26,75	34,71	29,96
500	31,23	26,89	34,95	30,13
520	31,43	27,04	35,20	30,29

Branchen-Preisliste 100 für Kohle

6.

Preistafel in Euro

Entferung bis km	Preis je Tonne – nur zur Information –			
	Steinkohle, Braunkohle		Koks, sng; Retortenkohle	
	Einzelwagen Wagengruppen	Geschlos-sene Züge	Einzelwagen Wagengruppen	Geschlos-sene Züge
540	31,76	27,30	35,57	30,58
560	32,19	27,65	36,04	30,96
580	32,60	28,00	36,51	31,35
600	33,03	28,35	37,00	31,74
620	33,42	28,69	37,43	32,13
640	33,79	29,00	37,84	32,48
660	34,15	29,33	38,22	32,85
680	34,50	29,65	38,63	33,21
700	34,87	29,98	39,04	33,56
720	35,22	30,31	39,43	33,93
740	35,59	30,62	39,84	34,30
760	35,93	30,94	40,25	34,65
780	36,30	31,27	40,64	35,01
800	36,65	31,60	41,05	35,38
820	37,02	31,93	41,44	35,75
840	37,39	32,23	41,84	36,10
860	37,73	32,56	42,25	36,47
880	38,10	32,89	42,64	36,83
900	38,45	33,21	43,05	37,18
920	38,92	33,60	43,56	37,63
940	39,47	34,09	44,20	38,18
960	40,04	34,58	44,85	38,72
980	40,62	35,05	45,48	39,27
1000	41,19	35,55	46,12	39,80
1050	42,17	36,38	47,22	40,76
1100	43,00	37,61	48,84	42,11
1150	45,03	38,82	50,43	43,46
1200	46,47	40,02	52,03	44,83

14.4.3 Allgemeine Preisliste

Für Transporte in einem Wagen mit zwei Achsen

Sendungsgewicht in t	bis 13,499	13,500–17,499	17,500–21,499	21,500–25,499	25,500–30,499	jede weitere Tonne kostet
Entfernung bis km	Wagenpreise in Euro					
100	603	603	603	664	742	27
110	614	614	632	705	790	30
120	614	614	666	742	830	32
130	691	691	696	779	872	33
140	691	691	730	815	912	34
150	724	724	761	850	955	35
160	724	724	793	887	993	37
170	738	738	825	924	1 032	37
180	738	757	859	960	1 076	38
190	769	788	895	995	1 115	41
200	769	817	924	1 031	1 158	41
220	769	856	970	1 084	1 214	46
240	788	906	1 028	1 148	1 286	48
260	830	960	1 087	1 214	1 361	51
280	876	1 011	1 144	1 279	1 431	54
300	921	1 062	1 201	1 343	1 503	56
320	961	1 111	1 257	1 405	1 571	57
340	1 000	1 155	1 311	1 463	1 638	60
360	1 042	1 200	1 361	1 521	1 702	61
380	1 080	1 248	1 411	1 576	1 765	64
400	1 118	1 291	1 465	1 633	1 831	65
450	1 178	1 361	1 539	1 720	1 927	70
500	1 257	1 450	1 644	1 836	2 055	77
550	1 332	1 537	1 742	1 945	2 179	80
600	1 402	1 617	1 832	2 047	2 290	85
650	1 468	1 696	1 919	2 141	2 402	89
700	1 533	1 772	2 006	2 241	2 509	91
750	1 586	1 830	2 071	2 314	2 591	94
800	1 621	1 871	2 117	2 366	2 651	99
850	1 659	1 911	2 167	2 420	2 710	100
900	1 694	1 953	2 215	2 473	2 769	101
950	1 730	1 996	2 261	2 525	2 828	105
1 000	1 765	2 039	2 308	2 578	2 889	107
1 100	1 822	2 102	2 380	2 658	2 979	110
1 200	1 893	2 186	2 475	2 766	3 097	113
1 300	1 966	2 271	2 572	2 870	3 218	117
1 400	2 039	2 354	2 666	2 979	3 335	124
1 500	2 112	2 438	2 761	3 086	3 452	126

Für Transporte in einem Wagen mit mehr als zwei Achsen und einer Ladelänge bis zu 26,99 m

Sendungsgewicht in t	bis 34,499	34,500–39,499	39,500–44,499	44,500–49,499	49,500–54,499	54,500–59,499	59,500–64,499	64,500–69,499	69,500–75,499	jede weitere Tonne kostet
Entfernung bis km	**Wagenpreise in Euro**									
100	918	1017	1145	1274	1403	1532	1662	1791	1894	25
110	977	1083	1220	1357	1495	1633	1773	1908	2017	27
120	1027	1140	1284	1428	1571	1717	1862	2008	2123	30
130	1078	1196	1346	1499	1649	1800	1951	2103	2224	32
140	1129	1252	1408	1568	1725	1887	2046	2202	2332	33
150	1178	1306	1471	1638	1803	1968	2135	2301	2435	34
160	1230	1362	1533	1708	1880	2053	2225	2401	2537	35
170	1279	1418	1595	1778	1954	2136	2317	2495	2642	36
180	1328	1472	1661	1843	2035	2222	2408	2596	2745	37
190	1379	1529	1721	1914	2110	2304	2496	2693	2849	38
200	1430	1586	1783	1986	2187	2391	2592	2793	2954	39
220	1501	1662	1872	2083	2296	2509	2717	2929	3098	41
240	1591	1761	1986	2212	2435	2656	2882	3104	3285	46
260	1678	1862	2099	2336	2573	2808	3042	3280	3473	49
280	1772	1961	2211	2458	2708	2956	3205	3456	3656	51
300	1861	2061	2324	2582	2846	3107	3370	3631	3840	54
320	1946	2155	2427	2701	2976	3251	3525	3798	4018	55
340	2025	2243	2528	2812	3097	3385	3669	3955	4182	57
360	2103	2332	2626	2922	3219	3514	3812	4109	4346	59
380	2184	2418	2726	3034	3339	3647	3956	4265	4508	61
400	2263	2506	2825	3144	3460	3779	4098	4417	4674	63
450	2383	2638	2975	3309	3645	3982	4317	4651	4922	65
500	2542	2814	3176	3534	3891	4247	4608	4965	5253	71
550	2693	2982	3364	3743	4121	4500	4879	5259	5560	77
600	2833	3139	3537	3937	4333	4735	5134	5531	5851	80
650	2969	3288	3706	4123	4540	4962	5378	5795	6131	85
700	3101	3431	3872	4307	4741	5179	5617	6053	6403	88
750	3203	3546	3997	4451	4901	5352	5801	6255	6614	90
800	3276	3629	4088	4553	5015	5475	5937	6400	6768	91
850	3354	3713	4184	4656	5129	5600	6071	6541	6921	94
900	3424	3794	4275	4757	5240	5722	6204	6686	7073	98
950	3498	3876	4365	4861	5354	5846	6340	6831	7224	99
1000	3573	3956	4459	4958	5467	5969	6468	6974	7379	101
1100	3684	4080	4595	5115	5635	6155	6672	7190	7604	105
1200	3831	4240	4781	5319	5861	6400	6941	7477	7908	109
1300	3975	4404	4964	5525	6084	6644	7206	7767	8213	112
1400	4123	4568	5147	5728	6309	6890	7473	8053	8515	116
1500	4272	4732	5331	5935	6536	7138	7738	8341	8821	120

14.5 Kostentabelle I – Tages- und Kilometersätze und Kostentabelle II – Stundensätze

Kostentabelle I Tages- und Kilometersätze (müssen addiert werden)				Kostentabelle II Stundensätze
Nutzlast in t bis einschl.	Tagessatz in Euro	1/8-Tages-Satz in Euro	km-Satz in Euro	Stundensatz in Euro
3	303,66	37,96	0,32	41,16
4	307,60	38,45	0,33	41,80
5	311,55	38,95	0,35	42,43
6	315,49	39,44	0,36	43,07
7	319,43	39,93	0,38	43,71
8	323,37	40,42	0,39	44,34
9	327,31	40,91	0,40	44,98
10	331,26	41,40	0,42	45,61
11	335,20	41,90	0,43	46,25
12	337,60	42,20	0,46	46,76
13	339,61	42,45	0,48	47,24
14	341,62	42,70	0,50	47,72
15	343,64	42,95	0,53	48,21
16	346,41	43,30	0,54	48,69
17	349,49	43,68	0,55	49,18
18	352,59	44,07	0,56	49,66
19	355,68	44,46	0,57	50,15
20	358,76	44,85	0,58	50,63
21	361,85	45,23	0,59	51,12
22	364,94	45,62	0,60	51,60
23	368,03	46,01	0,61	52,09
24	371,12	46,39	0,62	52,58
25	374,21	46,78	0,63	53,06
26	377,30	47,16	0,64	53,55
27	380,39	47,55	0,65	54,03
28	383,48	47,93	0,66	54,52
29	386,57	48,32	0,67	55,00
je weitere angefangene t	3,09	0,39	0,01	0,49
				nur anwendbar, wenn nicht mehr als 10 km pro Stunde gefahren werden

14.6 Kostentabelle III – Leistungssätze

Kostentabelle III Leistungssätze in Euro je Tonne									
Lastenentfernung in km bis einschl.	Gewicht der Sendung in t ab								
	3	4	5	6	7	8	9	10	11
5	11,39	9,32	8,06	7,22	6,60	6,13	5,75	5,45	5,18
10	16,05	12,88	10,97	9,68	8,75	8,04	7,48	7,03	6,64
15	20,59	16,35	13,79	12,08	10,84	9,90	9,16	8,56	8,06
20	25,02	19,74	16,55	14,42	12,88	11,72	10,80	10,07	9,45
25	29,34	23,04	19,24	16,70	14,87	13,49	12,41	11,53	10,81
30	33,56	26,26	21,87	18,93	16,82	15,22	13,97	12,97	12,13
35	37,68	29,41	24,43	21,11	18,72	16,92	15,51	14,37	13,43
40	41,70	32,49	26,94	23,23	20,57	18,57	17,01	15,74	14,70
45	45,63	35,49	29,39	25,32	22,39	20,19	18,47	17,08	15,94
50	49,48	38,43	31,79	27,35	24,17	21,78	19,90	18,40	17,16
55	53,25	41,32	34,14	29,35	25,92	23,33	21,31	19,68	18,35
60	56,93	44,13	36,42	31,31	27,63	24,85	22,69	20,95	19,52
65	60,54	46,90	38,70	33,22	29,30	26,35	24,04	22,19	20,66
70	64,08	49,61	40,91	35,10	30,94	27,81	25,37	23,40	21,79
75	67,55	52,26	43,08	36,95	32,55	29,25	26,67	24,60	22,89
80	70,95	54,87	45,21	38,75	34,13	30,66	27,95	25,77	23,97
85	74,29	57,42	47,29	40,53	35,68	32,04	29,20	26,92	25,04
90	77,56	59,93	49,34	42,27	37,21	33,40	30,43	28,05	26,09
95	80,78	62,40	51,36	43,99	38,71	34,74	31,65	29,16	27,12
100	83,94	64,83	53,34	45,67	40,18	36,06	32,84	30,25	28,13
110	90,11	69,55	57,20	48,96	43,06	38,62	35,17	32,39	30,12
120	96,07	74,12	60,94	52,14	45,85	41,11	37,42	34,46	32,03
130	101,85	78,55	64,57	55,23	48,55	43,53	39,61	36,48	33,90
140	107,45	82,85	68,08	58,23	51,18	45,87	41,74	38,43	35,71
150	112,89	87,03	71,50	61,14	53,73	48,16	43,81	40,33	37,48
160	118,19	91,10	74,83	63,98	56,21	50,38	45,83	42,19	39,20
170	123,33	95,05	78,07	66,74	58,63	52,55	47,80	44,00	40,87
180	128,35	98,91	81,23	69,44	61,00	54,66	49,72	45,76	42,51
190	133,25	102,68	84,32	72,07	63,31	56,73	51,60	47,49	44,12
200	138,03	106,35	87,33	74,64	65,56	58,75	53,44	49,18	45,69
225	142,08	109,55	90,03	77,00	67,68	60,68	55,22	50,86	47,27
250	145,04	111,93	92,05	78,79	69,31	62,18	56,63	52,18	48,53
275	158,88	122,56	100,75	86,20	75,79	67,98	61,90	57,02	53,02
300	172,73	133,19	109,45	93,61	82,29	73,78	67,16	61,85	57,50
350	194,98	150,18	123,29	105,35	92,53	82,90	75,41	69,40	64,47
400	208,82	160,81	131,99	112,77	99,02	88,70	80,67	74,23	68,96
450	222,66	171,44	140,69	120,17	105,51	94,51	85,93	79,07	73,45
500	236,51	182,07	149,38	127,58	112,00	100,31	91,20	83,91	77,93
550	250,35	192,69	158,08	134,99	118,49	106,11	96,47	88,74	82,42
600	264,20	203,32	166,78	142,41	124,98	111,91	101,73	93,58	86,90
650	348,46	266,69	217,61	184,88	161,50	143,94	130,28	119,35	110,39
700	368,37	281,86	229,95	195,32	170,58	152,02	137,57	126,00	116,53
750	388,28	297,04	242,28	205,76	179,67	160,10	144,85	132,65	122,67
800	408,18	312,21	254,62	216,21	188,76	168,17	152,14	139,31	128,80
850	428,09	327,39	266,95	226,65	197,85	176,24	159,43	145,96	134,95
900	447,99	342,56	279,28	237,09	206,94	184,32	185,12	152,62	141,08
950	467,90	357,74	291,62	247,53	216,03	192,39	174,00	159,28	147,22
1000	487,81	372,91	303,95	257,97	225,12	200,47	181,28	165,93	153,36

Kostentabelle III Leistungssätze in Euro je Tonne									
Lastenent-fernung in km bis einschl.	Gewicht der Sendung in t ab								
	12	13	14	15	16	17	18	19	20
5	4,95	4,76	4,58	4,42	4,27	4,14	4,01	3,89	3,77
10	6,31	6,03	5,78	5,56	5,35	5,17	5,00	4,84	4,69
15	7,64	7,28	6,95	6,67	6,41	6,18	5,97	5,77	5,58
20	8,93	8,49	8,10	7,75	7,44	7,16	6,91	6,68	6,46
25	10,20	9,67	9,21	8,81	8,45	8,13	7,83	7,56	7,32
30	11,43	10,83	10,31	9,85	9,44	9,07	8,74	8,43	8,16
35	12,64	11,96	11,38	10,86	10,40	10,00	9,62	9,29	8,97
40	13,83	13,07	12,42	11,86	11,35	10,90	10,49	10,12	9,78
45	14,98	14,16	13,45	12,83	12,28	11,79	11,34	10,94	10,56
50	16,12	15,23	14,45	13,78	13,19	12,65	12,17	11,73	11,34
55	17,23	16,27	15,44	14,71	14,08	13,50	12,99	12,52	12,09
60	18,31	17,29	16,41	15,64	14,95	14,34	13,79	13,29	12,84
65	19,38	18,29	17,35	16,54	15,80	15,16	14,58	14,05	13,57
70	20,44	19,28	18,28	17,41	16,65	15,96	15,35	14,79	14,29
75	21,46	20,25	19,20	18,28	17,48	16,76	16,11	15,52	14,99
80	22,48	21,20	20,10	19,14	18,29	17,53	16,85	16,24	15,68
85	23,47	22,13	20,98	19,98	19,09	18,30	17,59	16,95	16,37
90	24,45	23,05	21,85	20,80	19,87	19,05	18,31	17,64	17,04
95	25,41	23,96	22,71	21,61	20,65	19,79	19,02	18,33	17,70
100	26,36	24,85	23,54	22,41	21,41	20,52	19,72	19,00	18,35
110	28,21	26,59	25,19	23,97	22,90	21,94	21,09	20,32	19,62
120	30,00	28,27	26,78	25,49	24,34	23,33	22,42	21,60	20,86
130	31,74	29,91	28,33	26,96	25,75	24,67	23,71	22,85	21,55
140	33,44	31,51	29,84	28,39	27,12	25,99	24,98	24,07	23,24
150	35,08	33,06	31,31	29,79	28,45	27,27	26,20	25,25	24,38
160	36,70	34,57	32,74	31,15	29,76	28,51	27,41	26,41	25,50
170	38,27	36,05	34,14	32,49	31,03	29,74	28,58	27,54	26,59
180	39,80	37,50	35,51	33,79	32,27	30,93	29,73	28,64	27,67
190	41,30	38,91	36,85	35,06	33,49	32,09	30,85	29,73	28,71
200	42,77	40,29	38,16	36,31	34,68	33,24	31,95	30,79	29,74
225	44,28	41,74	39,55	37,65	35,98	34,50	33,17	31,99	30,91
250	45,48	42,90	40,67	38,74	37,04	35,53	34,19	32,98	31,88
275	49,08	46,84	44,41	42,29	40,43	38,70	37,31	35,90	34,79
300	53,87	50,79	48,14	45,84	43,82	42,02	40,43	38,99	37,69
350	60,37	56,88	53,89	51,28	49,00	46,98	45,17	43,55	42,09
400	64,56	60,82	57,62	54,83	52,39	50,22	48,29	46,56	44,99
450	68,75	64,77	61,35	58,38	55,78	53,47	51,41	49,56	47,90
500	72,94	68,71	65,08	61,93	59,16	56,71	54,53	52,57	50,80
550	77,13	72,66	68,81	65,48	62,55	59,96	57,65	55,58	53,71
600	81,33	76,60	72,55	69,02	65,94	63,21	60,77	58,59	56,62
650	102,92	96,59	91,16	86,44	82,31	78,66	75,40	72,49	69,85
700	108,63	101,94	96,19	91,20	86,83	82,97	79,53	76,45	73,67
750	114,34	107,28	101,22	95,96	91,36	87,29	83,66	80,41	77,48
800	120,04	112,62	106,25	100,72	95,88	91,60	87,79	84,37	81,30
850	125,75	117,97	111,28	105,48	100,41	95,92	91,92	88,34	85,11
900	131,46	123,31	116,31	110,25	104,93	100,23	96,05	92,30	88,92
950	137,17	128,65	121,35	115,01	109,46	104,55	100,18	96,27	92,74
1000	142,88	133,99	126,32	119,77	113,98	108,86	104,31	100,23	96,55

Kostentabelle III Leistungssätze in Euro je Tonne									
Lastenent-fernung in km bis einschl.	Gewicht der Sendung in t ab								
	21	22	23	24	25	26	27	28	29 und mehr
5	3,66	3,55	3,45	3,35	3,25	3,15	3,06	2,97	2,87
10	4,55	4,41	4,28	4,16	4,03	3,92	3,80	3,69	3,58
15	5,41	5,25	5,09	4,94	4,80	4,66	4,54	4,40	4,28
20	6,26	6,06	5,88	5,72	5,55	5,39	5,25	5,10	4,96
25	7,08	6,87	6,66	6,47	6,28	6,11	5,95	5,78	5,63
30	7,89	7,65	7,42	7,21	7,00	6,81	6,63	6,45	6,28
35	8,69	8,42	8,17	7,93	7,71	7,50	7,30	7,10	6,92
40	9,46	9,17	8,90	8,64	8,40	8,17	7,95	7,75	7,55
45	10,22	9,90	9,61	9,34	9,08	8,83	8,59	8,37	8,16
50	10,97	10,63	10,31	10,02	9,74	9,47	9,23	8,99	8,76
55	11,70	11,34	11,00	10,69	10,39	10,11	9,85	9,60	9,36
60	12,42	12,04	11,68	11,35	11,03	10,74	10,46	10,20	9,94
65	13,12	12,72	12,34	11,99	11,66	11,35	11,05	10,78	10,51
70	13,82	13,39	12,99	12,62	12,28	11,95	13,91	11,35	11,07
75	14,50	14,05	13,64	13,25	12,88	12,54	14,45	11,92	11,63
80	15,17	14,70	14,27	13,86	13,48	13,12	14,99	12,48	12,17
85	15,83	15,34	14,89	14,46	14,07	13,70	16,03	13,02	12,71
90	16,48	15,97	15,50	15,06	14,65	14,27	17,06	13,56	13,24
95	17,12	16,59	16,10	15,65	15,22	14,82	18,05	14,10	13,76
100	17,75	17,20	16,69	16,22	15,78	15,37	19,02	14,62	14,28
110	18,98	18,40	17,85	17,35	16,88	16,44	19,97	15,65	15,28
120	20,18	19,56	18,98	18,45	17,95	17,49	20,90	16,65	16,26
130	21,35	20,69	20,08	19,52	18,99	18,51	21,81	17,62	17,22
140	22,48	21,79	21,15	20,56	20,01	19,50	22,70	18,57	18,15
150	23,59	22,86	22,20	21,58	21,01	20,47	23,57	19,50	19,06
160	24,67	23,92	23,22	22,58	21,98	21,42	24,42	20,41	19,95
170	25,73	24,95	24,22	23,55	22,93	22,35	25,46	21,30	20,81
180	26,77	25,95	25,20	24,51	23,86	23,26	26,34	22,16	21,67
190	27,79	26,94	26,16	25,44	24,77	24,15	28,74	23,02	22,51
200	28,78	27,91	27,10	26,36	25,67	25,02	31,15	23,86	23,33
225	29,93	29,03	28,20	27,44	26,73	26,08	34,73	24,88	24,34
250	30,88	29,97	29,13	28,36	27,64	26,97	37,14	25,75	25,20
275	33,70	32,70	31,79	30,94	30,16	29,42	39,54	28,11	27,51
300	36,51	35,43	34,44	33,53	32,68	31,89	41,95	30,46	29,81
350	40,76	39,54	38,42	37,40	36,44	35,56	44,35	33,96	33,23
400	43,57	42,27	41,08	39,98	38,96	38,01	46,75	36,31	35,54
450	46,38	45,00	43,73	42,56	41,48	40,47	56,74	38,66	37,85
500	49,20	47,73	46,38	45,14	44,00	42,93	59,82	41,02	40,15
550	52,01	50,46	49,04	47,73	46,52	45,39	62,90	43,37	42,46
600	54,82	53,19	51,69	50,31	49,04	47,85	65,98	45,72	44,76
650	67,46	65,29	63,29	61,46	59,76	58,20	69,06	55,38	54,11
700	71,14	68,84	66,74	64,80	63,01	61,36	72,13	58,38	57,04
750	74,82	72,40	70,18	68,14	66,26	64,51	75,21	61,39	59,98
800	78,50	75,96	73,63	71,48	69,51	67,67	78,29	64,39	62,91
850	82,18	79,51	77,07	74,82	72,75	70,83	69,06	67,39	65,84
900	85,86	83,07	80,51	78,17	76,00	73,99	72,13	70,40	68,78
950	89,54	86,62	83,96	81,51	79,25	77,15	75,21	73,40	71,71
1000	93,22	90,18	87,40	84,85	82,49	80,31	78,29	76,40	74,64

14.7 KIS – Kalkulationssätze für Lastzüge und Sattelkraftfahrzeuge[1]

Kalkulationssätze Lastzug (1)

Aufbauart: Normalaufbau – Offener Kasten mit Plane und Spriegel Anzahl Achsen: 2 + 3 Gesamtgewicht: 40 t	Durchschnittswert
Kalkulationssätze	**in Euro**
Fahrzeugeinsatzkosten pro Lastkilometer – **km-Satz Fahrzeug** –	0,59
Fahrzeugvorhaltekosten pro Produktivtag – **Tagessatz Fahrzeug** –	118,11
Fahrzeugvorhaltekosten pro 1/2 Produktivtag – **1/2-Tagessatz Fahrzeug** –	59,05
Fahrzeugvorhaltekosten pro 1/4 Produktivtag – **1/4-Tagessatz Fahrzeug** –	29,53
Fahrzeugvorhaltekosten pro Produktivstunde – **Stundensatz Fahrzeug** –	9,84
Fahrereinsatzkosten pro Produktivstunde – **Stundensatz Fahrer** –	21,90
durchschnittliche Fahrerspesen pro Produktivstunde – **durchschnittlicher Stundensatz Fahrerspesen** –	2,43
Zuschlagsätze	**in Prozent**
Verwaltungskosten	17,20
kalkulatorische Wagnisse	1,70
kalkulatorische Eigenkapitalverzinsung	2,70

[1] *Zahlen fiktiv*

Kalkulationssätze Lastzug (2)

Aufbauart: Normalaufbau – Offener Kasten mit Plane und Spriegel **Anzahl Achsen:** 2 + 3 **Gesamtgewicht:** 40 t	**Durchschnittswert**
Kalkulationssätze	**in Euro**
Fahrzeugeinsatzkosten pro Lastkilometer – **km-Satz Fahrzeug** –	0,59
Fahrzeugvorhaltekosten pro Produktivstunde – **Stundensatz Fahrzeug** –	9,84
Fahrzeugvorhaltekosten pro Produktivstunde – **Stundensatz Fahrer** –	21,90
durchschnittliche Fahrerspesen pro Produktivstunde – **durchschnittlicher Stundensatz Fahrerspesen** –	2,43
Verwaltungskostzen und kalk. Kosten pro Produktivstunde – **Gemeinkosten ohne kalkulatorischen Gewinn** –	12,54

↓

Tourenbezogener Gesamtdeckungsbedarf	**in Euro**
– **pro Lastkilometer** –	0,59*
plus – **pro Produktivkosten** –	46,71*

* *Beträge enthalten keinen kalkulatorischen Gewinn.*

14.8 Preisliste Sammelgutverkehr

Haus-Haus-Entgelte in Euro

Entfernung in km / Gewicht in kg	1 – 100	101 – 200	201 – 300	301 – 400	401 – 500	501 – 600	601 – 700	701 – 800	801 – 1 000
1–50	22,09	23,93	24,24	24,39	24,54	24,85	25,46	25,77	26,33
51–100	37,43	41,31	41,98	42,28	42,64	43,31	44,58	45,25	46,53
101–200	52,82	60,64	61,97	62,58	63,25	64,58	67,18	68,46	71,07
201–300	76,69	89,73	91,88	93,00	94,08	96,23	100,57	102,77	107,12
301–400	98,32	116,57	119,64	121,18	122,66	125,73	131,81	134,83	140,91
401–500	117,44	140,91	144,85	146,79	148,73	152,67	160,49	164,38	172,20
501–600	136,82	165,51	170,26	172,66	175,07	179,82	189,38	194,19	203,75
601–700	160,09	193,98	199,66	202,47	205,28	210,96	222,26	227,88	239,18
701–800	183,40	222,51	229,06	232,28	235,55	242,10	255,13	261,63	274,67
801–900	190,81	235,14	242,51	246,24	249,92	257,28	272,06	279,47	294,25
901–1 000	212,24	261,78	270,01	274,15	278,30	286,53	303,04	311,33	327,84
1 001–1 500	256,21	321,40	332,24	337,71	343,13	353,97	375,70	386,59	408,32
1 501–2 000	258,15	330,65	342,72	348,75	354,79	366,85	391,04	403,10	427,29
2 001–2 500	258,76	345,02	359,44	366,60	373,81	388,17	416,96	431,33	460,06
2 501–3 000	259,33	358,01	374,47	382,70	390,93	407,40	440,27	456,74	489,61

14.9 Auszüge aus der Preisliste Deutsche Post DHL Group (vom 01.07.2019)[1]

BRIEFE UND POSTKARTEN[1]

Standardbrief	**National**	**International**
	0,80 €	1,10 €

Mindestmaße: 140 mm x 90 mm* (L x B)
Höchstmaße: 235 mm x 125 mm x 5 mm* (L x B x H)
Höchstgewicht: 20 g
STANDARDBRIEFE müssen so beschaffen sein, dass sie sich maschinell verarbeiten lassen (siehe Hinweis ➔Seite 16).

Kompaktbrief	**National**	**International**
	0,95 €	1,70 €

Mindestmaße: National: 100 mm x 70 mm* (L x B)
International: 140 mm x 90 mm* (L x B)
Höchstmaße: 235 mm x 125 mm x 10 mm* (L x B x H)
Höchstgewicht: 50 g

Großbrief	**National**	**International**
	1,55 €	3,70 €

Mindestmaße: 100 mm x 70 mm (L x B)
Höchstmaße: 353 mm x 250 mm x 20 mm (L x B x H) (B4)
Höchstgewicht: 500 g
Für internationale GROSSBRIEFE gelten die Mindest- und Höchstmaße wie bei MAXIBRIEF INTERNATIONAL.

Maxibrief National	**National**
	2,70 €

Mindestmaße: 100 mm x 70 mm (L x B)
Höchstmaße: 353 mm x 250 mm x 50 mm (L x B x H) (B4)
Höchstgewicht: 1.000 g
Für nationale MAXIBRIEFE, die das o. g. Höchstgewicht und/oder die o. g. Höchstmaße überschreiten:**

zusätzliches Entgelt	+ 2,20 €

Maxibrief International	**International**
über 500 g bis 1.000 g	7,00 €
über 1.000 g bis 2.000 g	17,00 €

Mindestmaße: 140 mm x 90 mm (L x B)
Höchstmaße: L + B + H = 900 mm, keine Seite länger als 600 mm
Höchstgewicht: 2.000 g

HINWEIS
Alle Briefformate müssen grundsätzlich eine Rechteckform haben. Für eine schnellere internationale Beförderung Briefe und Postkarten bitte immer mit dem Vermerk „PRIORITY/Prioritaire/Luftpost" oder dem entsprechenden Aufkleber kennzeichnen.

[1] Alle Preise sind Endpreise und nach UStG umsatzsteuerfrei.

ZUSATZLEISTUNGEN[1]

Eigenhändig	**National**	**Internat.**
	+ 2,20 €	+ 2,20 €

Die Sendung wird nur an den Empfänger persönlich oder an einen besonders Bevollmächtigten übergeben. Nur in Verbindung mit EINSCHREIBEN oder WERT NATIONAL*/WERT INTERNATIONAL* (➔Seite 27).
INTERNATIONAL: Nicht in jedes Land zugelassen.
Gerne ist Ihnen auch unser Geschäftskundenservice Brief International behilflich, Kontakt ➔Seite 4.

Rückschein	**National**	**Internat.**
	+ 2,20 €	+ 2,20 €

Der Absender erhält ein vorbereitetes Dokument (RÜCKSCHEIN) mit der Bestätigung durch Unterschrift des Empfängers oder eines Empfangsberechtigten, dass die Sendung an diesen zugestellt wurde. Nur in Verbindung mit EINSCHREIBEN oder WERT NATIONAL*/WERT INTERNATIONAL* (➔Seite 27).
INTERNATIONAL: Die Auslieferungsbestätigung auf dem RÜCKSCHEIN kann in einigen Ländern durch den Zusteller erfolgen.
Hinweis zu Einschränkungen:
Die Länder Brasilien, Dänemark und Vereinigtes Königreich von Großbritannien und Nordirland haben die Einstellung des Dienstes angekündigt.

Einschreiben Einwurf	**National**	**Internat.**
	+ 2,20 €	–

Die Deutsche Post dokumentiert, dass der Brief, die POSTKARTE oder die BLINDENSENDUNG in den Briefkasten oder das Postfach des Empfängers eingeworfen, dem Empfänger oder Ersatzempfänger übergeben oder an einem mit dem Empfänger vereinbarten Ort („Wunschort" oder „Wunschnachbar") abgelegt wurden.
NATIONAL: Haftung bei Verlust oder Beschädigung max. 20,00 € (u. a. ➔Seite 25, EINSCHREIBEN).

Doppel des Auslieferungsbelegs	**National**	**Internat.**
	5,00 €	–

Nur in Verbindung mit EINSCHREIBEN NATIONAL oder WERT NATIONAL auf Anfrage beim Privatkundenservice Brief und E-Postbrief (➔Seite 4).

[1] Alle Preise sind Endpreise und nach UStG umsatzsteuerfrei.
* Das Gesamtentgelt setzt sich zusammen aus dem jeweiligen Beförderungsentgelt, dem Entgelt für EINSCHREIBEN oder WERT NATIONAL/WERT INTERNATIONAL und dem Zusatzentgelt für EIGENHÄNDIG bzw. RÜCKSCHEIN.

[1] *Diese Preislisten haben exemplarischen Charakter und unterliegen ständigen Änderungen. Die jeweils aktuellen Leistungen und Preise von Deutsche Post DHL Group finden Sie unter www.deutschepost.de/de/produkte.html → Gesamtpreisliste*

ZUSATZLEISTUNGEN[1]

Wert National/Wert International*	**National**	**Internat.**
	+ 4,30 €	+ 3,50 €
zzgl. je angefangene 100 € Haftungsbetrag	–	+ 2,00 €

WERT bietet Ihnen für den Versand von Briefen (National) und WARENPOST INTERNATIONAL mit Unterschrift (Einschreiben) die Möglichkeit einer erhöhten Haftung. Die Sendung muss in einer Filiale der Deutschen Post eingeliefert und bezahlt werden. Die Sendung darf nicht als WERT gekennzeichnet werden. WERT enthält die Leistungsbestandteile des EINSCHREIBEN. Bei der Auslieferung von Sendungen mit der Zusatzleistung WERT quittiert der Empfänger bzw. Empfangsberechtigte den Erhalt des Briefs schriftlich. Eine Abfrage des aktuellen Sendungsstatus ist möglich (➔Seite 25). Die Kombination mit EIGENHÄNDIG und/oder RÜCKSCHEIN ist zugelassen.

WERT NATIONAL: Zugelassen für Bargeld oder andere Zahlungsmittel bis zu einem Wert von maximal 100 € oder wertvolle Gegenstände der Valorenklasse II bis zu einem Wert von maximal 500 € je Brief (Stück). Täglich dürfen nur ein Brief an ein und denselben Empfänger sowie insgesamt nur fünf Briefe mit solchen Inhalten und der Zusatzleistung WERT vom Absender aufgegeben werden. Bitte beachten Sie: Die Haftung entfällt komplett, wenn der Versandwert pro Brief 100 € Bargeld bzw. 500 € Sachwert überschreitet. Die Kombination WERT NATIONAL mit der Freimachungsart „EINSCHREIBEN mit INTERNETMARKE" ist ausgeschlossen.

WERT INTERNATIONAL: Alle Länder weltweit, zugelassen für wertvolle Gegenstände (außer Bargeld) bis zu einem Wert von maximal 5.000 € bzw. 500 € für Valoren der Klasse II.

Die zulässigen Inhalte in WERT NATIONAL und WERT INTERNATIONAL finden Sie im nächsten Abschnitt.

Weitere Informationen erhalten Sie für WERT NATIONAL unter
Internet: **deutschepost.de/wert**
Kontakt: Privatkundenservice Brief und E-Postbrief, ➔Seite 4

für WERT INTERNATIONAL (auch zu Haftung bei Verlust und Beschädigung) unter **deutschepost.de/brief-international/wert**.

[1] Alle Preise sind Endpreise und nach UStG umsatzsteuerfrei, soweit zu den einzelnen Preisangaben nichts Abweichendes angegeben ist.
* Die Frankierung auf der Sendung darf nur das Beförderungsentgelt zzgl. EINSCHREIBEN NATIONAL (2,50 €) bzw. EINSCHREIBEN INTERNATIONAL (3,50 €) betragen.

ZUSATZLEISTUNGEN[1]

Zusatzleistungen werden zusätzlich zum Beförderungsentgelt der jeweiligen Sendung berechnet. Weitere Informationen finden Sie in den Broschüren „Einschreiben" und „Nachnahme", die für Sie zum Download unter **deutschepost.de/einschreiben** bzw. **deutschepost.de/nachnahme** bereitstehen.
Unter **deutschepost.de/shop** können Sie auch versandfertige Einschreibenmarken einzeln, im 10er-Set oder 50er-Set sowie Nachnahmemarken beziehen (Versandkosten ➔Seite 109). Dort erhalten Sie auch Label in größeren Mengen für das EINSCHREIBEN.

INTERNATIONAL: Ausführliche Informationen zu den Zusatzleistungen International finden Sie unter **deutschepost.de/brief-international**.

SENDUNGSSTATUS
Informationen zum Sendungsstatus können Sie wie folgt abfragen:
Internet: **deutschepost.de/briefstatus**
Kontakt: Privatkundenservice Brief und E-Postbrief, ➔Seite 4

Einschreiben	**National**	**Internat.**
	2,50 €	3,50 €

Der Empfänger oder ein anderer Empfangsberechtigter quittiert den Erhalt eines Briefs, einer POSTKARTE, BLINDENSENDUNG oder BLINDENSENDUNG SCHWER. Beim Versand ins Ausland ist es zudem möglich, PRESSE INTERNATIONAL* Sendungen mit einem EINSCHREIBEN zu kombinieren.
In Briefen (National) einschließlich EINSCHREIBEN sowie WARENPOST INTERNATIONAL mit Unterschrift dürfen – außer Briefmarken und Warengutscheinen, jeweils bis zu einem tatsächlichen Wert von 25,00 €**, sowie einzelnen Fahrkarten und einzelnen Eintrittskarten – keine Gegenstände der Valorenklasse II versendet werden (➔Seiten 27 f.).
Diese dürfen nur in Briefen (National) bzw. WARENPOST INTERNATIONAL mit Unterschrift mit der Zusatzleistung WERT NATIONAL/WERT INTERNATIONAL versendet werden.

NATIONAL: Haftung bei Verlust oder Beschädigung max. 25,00 €.

INTERNATIONAL: Der Versand eines EINSCHREIBEN ist in jedes Land möglich. Haftung bei Verlust oder Beschädigung max. 30 SZR[2] (zzt. ca. 35,85 €).

[1] Alle Preise sind Endpreise und nach UStG umsatzsteuerfrei.
[2] SZR: Sonderziehungsrechte des Internationalen Währungsfonds; 1 SZR = 1,1951 € (offizieller Umrechnungskurs für 2019 gemäß Weltpostvertrag).
* Nur kombinierbar mit der Beförderungsleistung PRIORITY.
** Bei internationalen EINSCHREIBEN bis 30 SZR.

DHL PÄCKCHEN[1]

DHL PÄCKCHEN*
Kleine, leichte Güter können Sie preiswert als DHL Päckchen versenden. Höchstgewicht: 2 kg.

DHL Päckchen		**D**	**EU****	**Welt****
Päckchen S	bis 2 kg	3,79 €	–	–
Päckchen M[2]	bis 2 kg	4,50 €	9,00 €	16,00 €

Quaderform
Mindestmaße: 15 cm x 11 cm x 1 cm (L x B x H)
Höchstmaße Deutschland:
Päckchen S: 35 cm x 25 cm x 10 cm (L x B x H)
Päckchen M: 60 cm x 30 cm x 15 cm (L x B x H)
Höchstmaße international: L + B + H = 90 cm, keine Seite länger als 60 cm

Rollenform
Mindestmaße: Länge 15 cm, Durchmesser 5 cm
Höchstmaße Deutschland: Länge 90 cm, Durchmesser 15 cm
Höchstmaße international: Länge + zweifacher Durchmesser = 104 cm
Länge 90 cm, Durchmesser 15 cm

Der Versand von Rollen ist nur bei Päckchen M zulässig; es muss zusätzlich ein Rollenzuschlag hinzugebucht werden (➔Seite 75). DHL Päckchen, welche weder quader- noch rollenförmig sind oder keine stabile Kartonverpackung haben, sind als Paket mit Sperrgutzuschlag zu frankieren.

HINWEIS
Bitte nutzen Sie für den Versand Ihrer DHL Päckchen die in Ihrer Filiale der Deutschen Post erhältlichen Versandscheine. Beachten Sie außerdem, dass die Einlieferung von internationalen Päckchen über Briefkasten nicht zulässig ist.

TIPP 1
Weitere Angebote wie das DHL Päckchen XS International bis 2 kg[3] finden Sie unter **dhl.de/onlinefrankierung** bereits ab 4,89 €.

TIPP 2
Sie versenden häufiger oder größere Mengen? Dann nutzen Sie die Vorzüge der DHL Päckchenmarken Sets. Deutschlandweiter Versand schon ab 3,39 €. Mehr unter **dhl.de/setpreise** (Versandkosten ➔Seite 109).

[1] Alle Preise sind Endpreise und nach UStG umsatzsteuerfrei.
[2] Bei Zubuchung des Services Rolle wird das Päckchen M Deutschland und EU umsatzsteuerpflichtig und der Preis erhöht sich um die gesetzliche Umsatzsteuer.
[3] Für Päckchen XS International ist keine stabile Kartonverpackung und keine Mindesthöhe von 1 cm erforderlich.
* Ein Produkt der Deutschen Post AG. Kein Sperrgut (➔Seite 76), keine adressierten schriftlichen Mitteilungen. Es gelten die AGB BRIEF NATIONAL bzw. AGB BRIEF INTERNATIONAL in der jeweils aktuellen Fassung.
** Eine Übersicht der Ländergruppe EU für DHL Päckchen finden Sie auf ➔Seite 74. Die Ländergruppe Welt für DHL Päckchen umfasst alle Länder und Gebiete, die nicht der Ländergruppe EU zugeordnet sind.

DHL PAKET[1]

DHL PAKET*

DHL Pakete sind verpackte und adressierte Güter bis 31,5 kg.
Eine Frankierung mit Briefmarken ist nicht zulässig. Im Falle eines Verlustes oder einer Beschädigung besteht beim nationalen Versand eine Haftung bis 500 € und beim internationalen Versand eine Transportversicherung bis 500 €.**

DHL Paket		bis 5 kg	bis 10 kg	bis 20 kg	bis 31,5 kg
Deutschland		7,49 €[2]	9,49 €[2]	–	16,49 €[3]
EU	Zone 1***	17,99 €[2]	22,99 €[2]	33,99 €[3]	44,99 €[3]
Welt	Zone 2***	29,99 €	35,99 €	49,99 €	55,99 €
	Zone 3***	30,99 €	38,99 €	53,99 €	60,99 €
	Zone 4***	31,99 €	38,99 €	55,99 €	62,99 €
	Zone 5***	37,99 €	54,99 €	76,99 €	105,99 €
	Zone 6***	38,99 €	52,99 €	72,99 €	98,99 €
	Zone 7***	43,99 €	59,99 €	95,99 €	125,99 €
	Zone 8***	46,99 €	62,99 €	101,99 €	131,99 €

Quaderform	Mindestmaße:	15 cm x 11 cm x 1 cm (L x B x H)
	Höchstmaße[4]:	120 cm x 60 cm x 60 cm (L x B x H)
	Höchstgewicht:	31,5 kg
Rollenform	Mindestmaße:	Länge 15 cm, Durchmesser 5 cm
	Höchstmaße:	Länge 120 cm, Durchmesser 15 cm
	Höchstgewicht:	5 kg

Für den Versand von Rollen muss zusätzlich ein Rollenzuschlag hinzugebucht werden (➔Seite 75). Sendungen, welche die obigen Höchstmaße überschreiten, weder quader- noch rollenförmig sind oder keine stabile Kartonverpackung haben, gelten als Sperrgut (➔Seite 76).

HINWEIS

Weitere Angebote wie das DHL Paket bis 2 kg finden Sie unter **dhl.de/onlinefrankierung**. Sparen Sie online bis zu 2,00 € pro DHL Paket gegenüber dem Filialpreis!

[1] Alle Preise sind Endpreise und nach UStG umsatzsteuerfrei, soweit zu den einzelnen Preisangaben nichts Abweichendes angegeben ist.
[2] Bei Zubuchung der Services Rolle, Nachnahme oder Sperrgut wird das Beförderungsentgelt umsatzsteuerpflichtig und erhöht sich somit um die gesetzliche Umsatzsteuer.
[3] Endpreis inkl. gesetzlicher Umsatzsteuer.
[4] Bereits bei Überschreitung eines dieser Höchstmaße gilt die Sendung als Sperrgut (z. B. 70 cm x **65 cm** x 30 cm). Für DHL Pakete bis 5 kg und bis 10 kg innerhalb Deutschlands und in die EU beträgt das max. Gurtmaß (= Länge + 2 x Breite + 2 x Höhe) 300 cm. Bei einem Gurtmaß über 300 cm (bis 360 cm) sind diese Pakete mit der DHL Paketmarke bis 31,5 kg (Deutschland) bzw. bis 20 kg (EU) freizumachen.
* Ein Produkt der Deutschen Post AG. Es gelten die AGB PAKET/EXPRESS NATIONAL bzw. die AGB PAKET INTERNATIONAL in der jeweils aktuellen Fassung.
** Abschnitt 7 der AGB PAKET INTERNATIONAL sowie die Broschüre „Transportversicherung" regeln im Übrigen die Transportversicherung. Eine höhere Versicherung für DHL Pakete International bietet der Service Höherversicherung International (➔Seite 78).
*** Eine Übersicht der Ländergruppe EU und der Zonen 2–8 für DHL Pakete finden Sie auf ➔Seite 74. Die detaillierte Zuordnung aller Länder zu ihren Entgeltzonen finden Sie ab ➔Seite 84. Versandmodalitäten wie Haftung, Höchstgewichte, Services, Laufzeiten etc. sind länderspezifisch und können bei Ihrer Filiale der Deutschen Post erfragt oder unter **dhl.de/international** abgerufen werden.

SERVICES FÜR DEN PAKETVERSAND[1]

SPERRGUT*

Als Sperrgut gelten Sendungen, für die eine oder mehrere der folgenden Eigenschaften zutreffen:

- Überschreitung der Höchstmaße in mindestens einer Dimension (DHL Paket: 120 cm x 60 cm x 60 cm; Rolle: Länge 120 cm bzw. Durchmesser 15 cm)
- Nicht quaderförmig
- Abstehende Teile
- Keine Verpackung oder Versandtasche aus Pappe oder Papier

Ausgenommen hiervon sind Sendungen bis 5 kg in Rollen- und Ordnerverpackungen, sofern die o. g. Paketmaße nicht überschritten werden.

Es erfolgt keine Sendungsannahme bei einer Überschreitung der Sperrgut-Höchstmaße, bei nicht vollständig bzw. unverpackten oder nicht sicher verpackten Sendungen.

Sperrgut*	D	EU	Welt
	+ 26,78 €[2]	+ 29,75 €[2]	+ 30,00 €

Sperrgut-Höchstmaße

Quaderform:	Länge 200 cm, Gurtmaß (= Länge + 2 x Breite + 2 x Höhe) bis 360 cm
Rollenform:	Länge 200 cm, Durchmesser 60 cm, Länge plus gemessener Umfang zusammen bis 360 cm

Reisegepäckstücke gelten deutschlandweit als Sperrgut, wenn sie die Höchstmaße 120 cm x 60 cm x 60 cm (L x B x H) überschreiten. Verpackungsform und -materialien sind hierbei unerheblich (➔Seite 73). Zusätzlich zu dem gewichtsabhängigen Paketentgelt fällt dann der Zuschlag für Sperrgut an.

[1] Alle Preise sind Endpreise und nach UStG umsatzsteuerfrei, soweit zu den einzelnen Preisangaben nichts Abweichendes angegeben ist.
[2] Endpreis inkl. gesetzlicher Umsatzsteuer: Bei Zubuchung des Services Sperrgut wird das Beförderungsentgelt von Paketen bis 10 kg Deutschland und EU umsatzsteuerpflichtig und erhöht sich somit um die gesetzliche Umsatzsteuer.
* Bitte beachten Sie, dass der Service Sperrgut nicht in alle Länder möglich ist. Höchstgewicht und Höchstmaß im internationalen Versand sind länderindividuell. Auskünfte erhalten Sie in Ihrer Filiale der Deutschen Post oder unter **dhl.de/laenderinfo**.

DHL EXPRESSEASY NATIONAL[1]

Mit DHL ExpressEasy erfolgt die Zustellung Ihrer Sendung innerhalb Deutschlands bereits am nächsten Tag (montags–freitags)* – **ganz Eiliges stellen wir sogar vor 9.00, vor 10.00 oder vor 12.00 Uhr zu.**** Im Falle eines Verlustes oder einer Beschädigung besteht eine Haftung bis 500 €. Der klimaneutrale Versand mit GOGREEN ist inklusive.

DHL ExpressEasy National	
bis 0,5 kg	13,50 €
über 0,5 kg bis 5 kg	16,50 €
über 5 kg bis 10 kg	27,50 €
über 10 kg bis 20 kg	32,50 €
über 20 kg bis 31,5 kg	47,50 €
Zustelloptionen	
vor 9.00 Uhr	+ 24,90 €
vor 10.00 Uhr	+ 12,90 €
vor 12.00 Uhr	+ 4,90 €

Mindestmaße: 10 cm x 7 cm (L x B)
Höchstmaße: 120 cm x 60 cm x 60 cm (L x B x H)

DHL ExpressEasy National ist ein Produkt der Deutschen Post AG.

TIPP

Sie suchen eine Filiale der Deutschen Post in Ihrer Nähe, die Ihre DHL Express Sendung annimmt? Unter **postfinder.de** finden Sie bequem und schnell die nächstgelegene Filiale.

HINWEIS

Informationen zu den zulässigen Wertgegenständen für nationale DHL Express Sendungen finden Sie auf den →Seiten 82 f.

[1] Alle Preise sind Endpreise und inkl. gesetzlicher Umsatzsteuer.
* Zustellung gegen Aufpreis auch samstags möglich. Bitte beachten Sie die Versandschlusszeiten der jeweiligen Filiale der Deutschen Post.
** Die Wahl von Zustelloptionen ist bei der Zustellung auf eine deutsche Insel nicht möglich.

DHL EXPRESSEASY INTERNATIONAL[1]

Mit DHL ExpressEasy International erreichen Ihre Sendungen schnell und zuverlässig ihren Empfänger – und das in mehr als 220 Ländern und Territorien weltweit. Innerhalb der Europäischen Union erreichen Waren und Dokumente in der Regel schon am nächsten Tag (montags–freitags) ihr Ziel.
Außerhalb der EU befördern wir über die Filialen der Deutschen Post ausschließlich zollfreie Dokumente, die in der Regel innerhalb von 2–3 Tagen im Zielland zugestellt werden.

DHL ExpressEasy International	**Zone 1*** EU	**Zone 2*** Rest Europa, Nordamerika	**Zone 3*** Asien	**Zone 4*** Rest der Welt
bis 500 g	47,90 €[2]	59,90 €	69,90 €	72,90 €
über 500 g bis 1.000 g	59,90 €[2]	74,90 €	91,90 €	98,90 €
über 1.000 g bis 2.000 g	72,90 €[2]	89,90 €	124,90 €	134,90 €
über 2 kg bis 5 kg	103,90 €[2]	135,90 €	196,90 €	217,90 €
über 5 kg bis 10 kg	154,90 €[2]	196,90 €	279,90 €	311,90 €
über 10 kg bis 20 kg	228,90 €[2]	279,90 €	384,90 €	465,90 €
über 20 kg bis 31,5 kg	299,90 €[2]	359,90 €	489,90 €	619,90 €

Mindestmaße: 21,0 cm x 15,2 cm (L x B)
Höchstmaße: 120 cm x 60 cm x 60 cm (L x B x H)
Erhältlich in teilnehmenden Filialen der Deutschen Post.
Ihr Vertragspartner ist die DHL Express Germany GmbH.

HINWEIS

Für den Versand von zollpflichtigen Express-Sendungen oder von Sendungen schwerer als 31,5 kg setzen Sie sich bitte mit dem DHL Express Kundenservice in Verbindung, Kontakt →Seite 4.

Sendungsverfolgung Ihrer internationalen Express-Sendung unter **dhl.de/express** oder über unseren DHL Express Kundenservice, Kontakt →Seite 4.

TIPP

Für den Dokumentenversand mit DHL **ExpressEasy International** bieten wir Ihnen kostenlos dokumentenechte Versandtaschen mit Sicherheitsverschluss und Einzelnummerierung an. Sie erhalten diese in teilnehmenden Filialen der Deutschen Post.

[1] Alle Preise sind Endpreise und nach UStG umsatzsteuerfrei, soweit zu den einzelnen Preisangaben nichts Abweichendes angegeben ist.
[2] Endpreis inkl. gesetzlicher Umsatzsteuer.
* Die genaue Länderauflistung je Zustellzone finden Sie auf den →Seiten 91 ff.

ZIELE, ZEITEN UND ZONEN FÜR DHL EXPRESSEASY

HINWEIS
Bitte informieren Sie sich in Ihrer Filiale der Deutschen Post über die Versandschlusszeit für Ihre DHL Express Sendung.

Die Zustellung erfolgt jeweils montags bis freitags. Innerhalb der Europäischen Union (EU) befördern wir Waren und Dokumente. Außerhalb der EU befördern wir ausschließlich zollfreie Dokumente.

Die internationalen Laufzeiten sind unverbindliche Regellaufzeiten in Tagen, basierend auf Erfahrungswerten. Dies sind beispielhafte Laufzeiten in die Hauptstädte der jeweiligen Länder. **Prüfen Sie daher bei internationalem Versand vorab die Serviceverfügbarkeit und Laufzeit für die Empfänger-Postleitzahl beim DHL Express Kundenservice, Kontakt →Seite 4.**

Zone	Tage	Zielland
4	3	Afghanistan
4	2	Ägypten
1	2	Ålandinseln (FI)[1]
2	1	Albanien
4	1	Algerien
2	3	Andorra
4	4	Angola
4	3	Anguilla
4	3	Antigua und Barbuda
4	3	Äquatorial-guinea
4	2	Argentinien
4	2	Armenien
4	2	Aserbaidschan
4	2	Äthiopien
4	3	Australien
4	3	Sydney, Brisbane, Melbourne, Perth
1	3	Azoren (PT)
4	2	Bahamas
4	2	Bahrain
1		Balearen (ES)
1	3	Formentera
1	2	Ibiza
1	1	Mallorca
1	2	Menorca
4	3	Bangladesch
4	2	Barbados
2	2	Belarus (Weißrussland)
1	1	Belgien (EU)
4	3	Belize
4	2	Benin
1	1	Berg Athos (GR)[1]
4	2	Bermudas
4	4	Bhutan
4	3	Bolivien
2	1	Bosnien und Herzegowina
4	3	Botsuana
4	3	Brasilien
4	3	Brunei Darussalam
1	1	Bulgarien (EU)
4	3	Burkina Faso
4	3	Burundi
1	5	Ceuta und Melilla (ES)[1]
4	2	Chile
3	2	China, Volksrepublik[2]
4	4	Cook-Inseln
4	2	Costa Rica
4	2	Côte d'Ivoire (Elfenbein-küste)
1	1	Dänemark (EU)[1,2]
D	1	Deutschland
4	3	Dominica
4	3	Dominikani-sche Republik
4	3	Dschibuti
4	2	Ecuador
4	2	El Salvador
4	4	Eritrea
1	1	Estland (EU)
4	3	Eswatini
4	6	Falklandinseln
2	3	Färöer (DK)[1]
4	4	Fidschi
1	1	Finnland (EU)[1,2]
1	1	Frankreich (EU)[1,2]
4	3	Französisch-Guayana (FR)[1]
4	2	Gabun
4	3	Gambia
4	2	Georgien
4	2	Ghana
2	1	Gibraltar (GB)[1]
4	3	Grenada
1	1	Griechenland (EU)[1,2]
4	2	Grönland (DK)[1]
1	1	Großbritannien (EU)[1,2,*]

ZIELE, ZEITEN UND ZONEN FÜR DHL EXPRESSEASY

Zone	Tage	Zielland
4	2	Guadeloupe (FR)[1]
4	4	Guam
4	2	Guatemala
2	2	Guernsey (GB)[1]
4	5	Guinea-Bissau
4	2	Guinea, Republik
4	3	Guyana
4	3	Haiti
4	2	Honduras
3	2	Hongkong
3	2	Indien
3	2	Indonesien
4	4	Irak
1	1	Irland (EU)
2	1	Island
4	2	Israel
1	1	Italien (EU)[1,2]
4	2	Jamaika
3	2	Japan
4	4	Jemen
2	2	Jersey (GB)[1]
4	2	Jordanien
4	3	Jungfern-inseln (GB)[1]
4	3	Jungfern-inseln (US)
4	2	Kaimaninseln
4	2	Kambodscha
4	2	Kamerun
2	2	Kanada
2	2	Kanarische Inseln (ES)[1,3]
4	6	Kap Verde
4	2	Kasachstan
4	2	Katar
4	2	Kenia
4	3	Kirgisistan
4	5	Kiribati
4	2	Kolumbien
4	5	Komoren
4	2	Kongo, Demo-kratische Rep.
4	2	Kongo, Republik
4	8	Korea, Nord
3	2	Korea, Süd
1	3	Korsika (FR)
2	2	Kosovo
1	1	Kroatien (EU)
4	2	Kuwait
4	4	Laos
4	3	Lesotho
1	1	Lettland (EU)
4	2	Libanon
4	3	Liberia
4	7	Libyen
2	2	Liechtenstein
1	1	Litauen (EU)
1	2	Livigno und Campione d'Italia (IT)[1]
1	1	Luxemburg (EU)
4	2	Macau
4	3	Madagaskar
1	3	Madeira (PT)
4	3	Malawi
3	2	Malaysia
4	4	Malediven
4	2	Mali
1	2	Malta (EU)
4	2	Marokko
4	1	Casablanca
4	2	Martinique (FR)[1]
4	3	Mauretanien
4	2	Mauritius
4	6	Mayotte (FR)[1]
2	1	Mazedonien
2	2	Mexiko
4	4	Mikronesien[4]
2	2	Moldau, Republik
1	2	Monaco (EU)
4	3	Mongolei
2	2	Montenegro
4	3	Montserrat
4	3	Mosambik
4	3	Myanmar
4	3	Namibia
4	5	Nauru
4	3	Nepal
4	5	Neukaledonien (FR)[1]
4	3	Neuseeland
4	3	Nevis
4	2	Nicaragua
4	4	Niederländi-sche Antillen (NL)[1,5]
1	1	Niederlande (EU)[1,2]
4	3	Niger
4	2	Nigeria
4	5	Niue
1	1	Nordirland*
4	4	Nördliche Marianen (US)
2	1	Norwegen
4	2	Oman
1	1	Österreich (EU)
4	2	Pakistan
4	2	Panama
4	4	Papua-Neuguinea
4	2	Paraguay
4	2	Peru
3	2	Philippinen
1	1	Polen (EU)
1	1	Portugal (EU)[2]
4	2	Puerto Rico
4	3	Réunion (FR)[1]
4	3	Ruanda
1	1	Rumänien (EU)
2	1	Russland
4	4	Saipan
4	6	Salomonen
4	3	Sambia
4	3	Samoa
4	5	Samoa (US)
2	1	San Marino
4	3	São Tomé und Príncipe
1	2	Sardinien
4	2	Saudi-Arabien

ZIELE, ZEITEN UND ZONEN FÜR DHL EXPRESSEASY

Zone	Tage	Zielland
1	1	Schweden (EU)
2	1	Schweiz
4	2	Senegal
2	1	Serbien
4	3	Seychellen
4	2	Sierra Leone
4	3	Simbabwe
3	2	Singapur
1	2	Sizilien
1	1	Slowakei (EU)
1	1	Slowenien (EU)
4	6	Somalia
4	6	Somaliland
1	1	Spanien (EU)[1,2]
4	2	Sri Lanka
4	3	St. Bartholo-mäus (FR)[1]
4	3	St. Kitts
4	3	St. Lucia
2	3	St. Pierre und Miquelon (FR)[1]
4	3	St. Vincent
4	2	Südafrika
4	4	Südsudan
4	4	Suriname
4	3	Tahiti
3	2	Taiwan
4	2	Tansania
3	2	Thailand
4	5	Timor-Leste (Osttimor)
4	2	Togo
4	5	Tonga
4	3	Trinidad und Tobago
4	6	Tschad
1	1	Tschechische Republik (EU)
4	2	Tunesien
2	2	Türkei
2	1	Istanbul
4	4	Turkmenistan
4	3	Turks- und Caicosinseln
4	5	Tuvalu
4	2	Uganda
2	1	Ukraine
1	1	Ungarn (EU)
4	2	Uruguay
4	3	Usbekistan
4	5	Vanuatu
1	1	Vatikanstadt (EU)
4	2	Venezuela
4	2	Vereinigte Arabische Emirate
2	2	Vereinigte Staaten von Amerika[2]
2	1	New York City
4	2	Vietnam
4	5	Zentral-afrikanische Republik
2	2	Zypern (Nord)
1	2	Zypern (Süd) (EU)

Laufzeitenänderungen vorbehalten. Länder können vorübergehend oder dauerhaft zu Embargo-Ländern erklärt werden. Ein Versand in ein Embargo-Land ist über die Filiale nicht möglich. Ob es sich bei dem Empfangsland Ihrer Sendung um ein Embargo-Land handelt, erfahren Sie in Ihrer Filiale oder über den DHL Express Kundenservice, Kontakt →Seite 4.

[1] Warenversand nicht zulässig in die EU-Ausnahmegebiete Ålandinseln (FI), Berg Athos (GR), Ceuta und Melilla sowie die Kanarischen Inseln (ES), Färöer-Inseln und Grönland (DK), französische Überseegebiete und Departements (FR), Isle of Man, britische Überseegebiete, Gibraltar und Kanalinseln (GB) (vorbehaltlich des Austritts des Vereinigten Königreichs aus der EU/Zollunion, bei Austritt sind ausschließlich Express-Dokumentensendungen nach Großbritannien und Nordirland möglich), Livigno und Campione d'Italia sowie der zum italienischen Gebiet gehörende Teil des Luganer Sees (IT), Niederländische Antillen (NL).

[2] Bitte beachten Sie: Für dieses Land sind bestimmte Territorien (z. B. Inseln, Exklaven) gesondert in der Liste ausgewiesen, die ggf. andere Laufzeiten und Zonen haben können.

[3] Zu den Kanarischen Inseln gehören: El Hierro, Fuerteventura, Gran Canaria, La Gomera, La Palma, Lanzarote, Teneriffa.

[4] Unter dem Begriff „Mikronesien" sind folgende Inseln zusammengefasst: Guam, Föderierte Staaten von Mikronesien, Kiribati, Marshallinseln, Nauru, Nördliche Marianen, Palau, Wake.

[5] Unter dem Begriff „Niederländische Antillen" sind folgende Inseln zusammengefasst: Curaçao, Bonaire, Sint Maarten, Sint Eustatius, Saba, Aruba.

* Bei Austritt des Vereinigten Königreichs aus der EU/Zollunion gilt Zone 2 und es sind ausschließlich Express-Dokumentensendungen nach Großbritannien und Nordirland möglich.

14.10 Auszüge aus einer Maut-Tabelle

Legende:

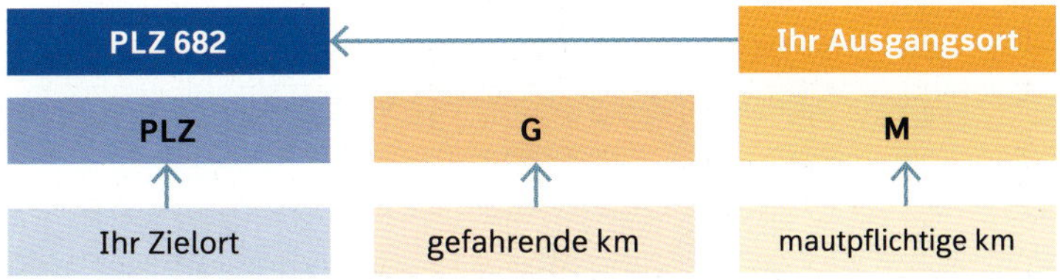

Ausgangsort PLZ 010..			...	Ausgangsort PLZ 682..		
PLZ	**G**	**M**		**PLZ**	**G**	**M**
780	619	590		**701**	128	107
785	628	598		**750**	61	31
790	684	664		**763**	69	58
840	385	355		**780**	223	202
850	388	369		**790**	194	180
880	619	573		**820**	358	330
890	604	465		**830**	424	414
930	357	346		**840**	360	328
940	463	447		**854**	373	359
951	186	162		**881**	334	282
960	285	269		**900**	237	222
970	373	350		**922**	274	256
990	218	198		**950**	355	342

Ausgangsort PLZ 011..			...	Ausgangsort PLZ 683..		
PLZ	**G**	**M**		**PLZ**	**G**	**M**
030	107	59		**686**	19	0
080	117	104		**701**	141	115
120	186	166		**708**	130	115
130	181	162		**720**	172	144
155	223	186		**737**	158	138
180	401	311		**750**	75	39
200	491	478		**766**	53	29
259	674	647		**780**	237	210
330	469	427		**803**	353	328
350	408	354		**850**	316	302
402	605	580		**869**	350	283
460	597	568		**950**	369	350
520	645	622		**995**	364	339

14.11 Entfernungstabelle

	Aachen	Augsburg	Bayreuth	Berlin	Bremen	Cottbus	Dresden	Erfurt	Essen	Frankfurt/Main	Frankfurt/Oder	Freiburg	Fulda	Garmisch-Part.	Hamburg	Hannover	Karlsruhe	Kassel
Aachen		570	532	637	369	739	651	446	123	240	721	466	330	740	475	354	345	307
Augsburg	570		239	593	715	574	472	422	601	365	649	340	335	117	720	600	221	432
Bayreuth	532	239		352	572	339	237	187	494	264	414	457	187	334	596	460	337	278
Berlin	637	593	352		375	125	214	288	480	564	91	800	474	686	279	258	670	367
Bremen	369	715	572	375		496	478	351	249	450	467	722	388	856	110	118	595	288
Cottbus	739	574	339	125	496		138	320	608	585	119	800	490	686	430	378	670	502
Dresden	651	472	237	214	478	138		220	581	485	177	700	390	586	492	385	570	402
Erfurt	446	422	187	288	351	320	220		367	268	366	533	180	515	376	289	403	135
Essen	123	601	494	480	249	608	581	367		256	600	524	297	736	350	258	397	188
Frankfurt/Main	240	365	264	564	450	585	485	268	256		661	262	95	502	509	362	135	190
Frankfurt/Oder	721	649	414	91	467	119	177	366	600	661		873	547	759	382	331	743	440
Freiburg	466	340	457	800	722	800	700	533	524	262	873		357	490	759	624	130	457
Fulda	330	335	187	474	388	490	390	180	297	95	547	357		477	410	272	238	105
Garmisch-Part.	740	117	334	686	856	686	586	515	735	502	759	490	477		869	742	360	575
Hamburg	475	720	596	279	110	430	492	376	350	509	382	759	410	869		154	640	312
Hannover	354	600	460	258	118	378	385	289	258	362	331	624	272	742	154		500	238
Karlsruhe	345	221	337	670	595	670	570	403	397	135	743	130	238	360	640	500		330
Kassel	307	432	278	367	288	502	402	135	188	190	440	457	105	575	312	238	330	
Kiel	556	820	693	343	205	511	573	459	454	599	446	852	504	960	85	238	731	405
Koblenz	145	430	345	610	415	633	533	318	160	125	683	333	227	580	520	410	206	243
Köln	60	538	431	553	315	683	583	373	75	185	626	435	277	675	381	295	310	243
Leipzig	573	431	198	184	367	244	140	170	475	407	211	642	311	513	387	252	515	278
Lindau	625	184	372	739	780	739	639	567	655	430	812	175	390	155	806	656	273	490
Magdeburg	496	530	295	131	251	233	228	209	384	445	202	700	346	615	271	136	576	247
Mannheim	284	297	329	657	541	660	560	339	327	106	730	195	166	444	580	433	58	265
München	650	81	244	596	766	596	496	425	646	412	669	400	382	89	772	647	270	482
Münster	206	620	520	450	170	579	597	384	87	280	523	548	304	763	260	190	421	200
Neubrandenburg	715	729	494	130	353	304	366	438	599	704	279	942	605	813	235	395	815	508
Nürnberg	472	180	74	426	590	426	325	264	465	235	499	378	202	267	616	476	253	309
Osnabrück	256	580	635	410	120	528	590	373	135	340	483	556	290	755	200	135	429	180
Passau	683	232	273	625	796	478	378	459	676	330	559	480	412	293	816	676	459	509
Regensburg	570	167	159	511	690	440	340	344	560	326	584	480	295	195	710	567	353	404
Rostock	642	782	547	237	277	382	444	435	525	686	317	935	577	866	140	327	802	477
Saarbrücken	321	356	446	745	590	768	668	453	359	188	815	312	290	508	690	553	188	383
Schwerin	590	742	562	200	228	359	421	480	474	629	306	881	525	855	120	269	754	428
Stuttgart	408	149	264	631	645	631	531	435	472	200	704	207	260	300	668	526	81	360
Trier	255	475	485	725	524	748	648	433	292	235	799	360	345	611	624	487	233	361
Ulm	505	83	252	604	660	604	504	447	535	310	677	268	270	181	686	536	160	370
Wilhelmshaven	418	825	682	485	110	598	660	451	290	500	558	716	450	915	220	225	589	345
Würzburg	367	243	147	490	490	485	385	298	360	130	647	318	100	389	512	369	195	209

Kiel	Koblenz	Köln	Leipzig	Lindau	Magdeburg	Mannheim	München	Münster	Neubrandenburg	Nürnberg	Osnabrück	Passau	Regensburg	Rostock	Saarbrücken	Schwerin	Stuttgart	Trier	Ulm	Wilhelmshaven	Würzburg
556	145	60	573	625	496	284	650	206	715	472	256	683	570	642	321	590	408	255	505	418	367
820	430	538	431	184	530	297	61	620	729	180	580	232	167	782	356	742	149	475	83	825	243
693	345	431	198	372	295	329	244	520	494	74	635	273	159	547	446	562	264	485	252	682	147
343	610	553	184	739	131	657	596	450	130	426	410	625	511	237	745	200	631	725	604	485	490
205	415	315	367	780	251	541	766	170	353	590	120	796	690	277	590	228	645	524	660	110	490
511	633	683	244	739	233	660	596	579	304	426	528	478	440	382	768	359	631	748	604	598	485
573	533	583	140	639	228	560	496	597	366	325	590	378	340	444	668	421	531	648	504	660	385
459	318	373	170	567	209	339	425	384	438	264	373	459	344	435	453	480	435	433	447	451	298
454	160	75	475	655	384	327	646	87	599	465	135	676	560	525	359	474	472	292	535	290	360
599	125	185	407	430	445	106	412	280	704	235	340	330	326	686	188	629	200	235	310	500	130
446	683	626	211	812	202	730	669	523	279	499	483	559	584	317	815	306	704	799	677	558	647
852	333	435	642	175	700	195	400	548	942	378	556	480	480	935	312	881	207	360	268	716	318
504	227	277	311	390	346	166	382	304	605	202	290	412	295	577	290	525	260	345	270	450	100
960	580	675	513	155	615	444	89	763	813	267	755	293	195	866	508	855	300	611	181	915	389
85	520	381	387	806	271	580	772	260	235	616	200	816	710	140	690	120	668	624	686	220	512
238	410	295	252	656	136	433	647	190	395	476	135	676	567	327	553	269	526	487	536	225	369
731	206	310	515	273	576	58	270	421	815	253	429	459	353	802	188	754	81	233	160	589	195
405	243	243	278	490	247	265	482	200	508	309	190	509	404	477	383	428	360	361	370	345	209
	600	493	485	895	369	671	882	348	280	702	297	911	800	194	778	139	762	714	715	315	605
600		110	454	501	496	145	521	243	760	350	300	580	445	687	203	635	270	128	381	460	248
493	110		488	604	417	247	578	144	646	415	200	611	510	562	283	521	367	217	484	360	300
485	454	488		564	108	497	436	450	322	266	410	461	349	375	585	364	471	568	444	485	410
895	501	604	564		727	363	194	683	879	301	733	364	310	932	480	908	216	417	126	888	309
369	496	417	108	727		505	522	342	269	360	291	563	449	316	611	311	573	599	537	366	460
671	145	247	497	363	505		347	350	761	248	410	444	343	731	117	686	138	146	214	570	162
882	521	578	436	194	522	347		668	731	162	655	180	106	771	413	773	210	522	124	825	294
348	243	144	450	683	342	350	668		529	490	60	695	585	471	427	398	502	361	560	220	385
280	760	646	322	879	269	761	731	529		567	436	762	644	103	870	187	764	871	741	474	752
702	350	415	266	301	360	248	162	490	567		485	205	105	615	356	604	213	309	188	645	108
297	300	200	410	733	291	410	655	60	436	485		746	585	367	478	317	557	412	610	160	390
911	580	611	461	364	563	444	180	695	762	205	746		128	814	562	803	400	618	310	860	323
800	445	510	349	310	449	343	106	585	644	105	585	128		702	455	699	286	504	208	740	207
194	687	562	375	932	316	731	771	471	103	615	367	814	702		848	90	809	821	791	424	702
778	203	283	585	480	611	117	413	427	870	356	478	562	455	848		822	210	103	303	633	309
139	635	521	364	908	311	686	773	398	187	604	317	803	699	90	822		789	763	771	335	612
762	270	367	471	216	573	138	210	502	764	213	557	400	286	809	210	789		307	100	717	157
714	128	217	568	417	599	146	522	361	871	309	412	618	504	821	103	763	307		418	515	351
715	381	484	444	126	537	214	124	560	741	188	610	310	208	791	303	771	100	418		770	180
315	460	360	485	888	366	570	825	220	474	645	160	860	740	424	633	335	717	515	770		554
605	248	300	410	309	460	162	294	385	752	108	390	323	207	702	309	612	157	351	180	554	

Quelle: Entfernungstabelle Deutschland. In: www.auslandsversicherungen.de, veröffentlicht o.A., unter: http://www.auslandversicherungen.de/entfernungstabelle/entfernungstabelle-deutschland.html [22.10.2019].

Sachwortverzeichnis

Bildquellenverzeichnis

BITO-Lagertechnik Bittmann GmbH, Meisenheim: 15, 68, 68, 68, 71, 71.

Brauner, Angelika, Hohenpeißenberg: 63, 63, 64, 67, 163, 165, 166.

Bundesanstalt für Straßenwesen, Bergisch Gladbach: 168.

Deutsche Post AG, Bonn: 142, 142, 144, 145, 147, 147, 210, 210, 211, 211, 211, 212, 212, 213, 213, 214, 214, 214.

Deutscher Sparkassen Verlag GmbH, Stuttgart: 108.

fotolia.com, New York: Ingo Bartussek 110; Markus Mohr 25; PRILL Mediendesign 72; Scanrail 55, 65.

Microsoft Deutschland GmbH, München: 135, 135.

Picture-Alliance GmbH, Frankfurt/M.: dpa-infografik 34; Thomas Frey 151.

Schmitz Cargobull AG, Horstmar: 13.

stock.adobe.com, Dublin: hacohob Titel; mavoimages Titel; Raths, Alexander 1.

Wir arbeiten sehr sorgfältig daran, für alle verwendeten Abbildungen die Rechteinhaberinnen und Rechteinhaber zu ermitteln. Sollte uns dies im Einzelfall nicht vollständig gelungen sein, werden berechtigte Ansprüche selbstverständlich im Rahmen der üblichen Vereinbarungen abgegolten.